SOUTHEAST EUROPEAN STUDIES

VOL. 2

巴尔干研究

（第二辑）

梁占军 / 主编

WA 世界知识出版社

图书在版编目（CIP）数据

巴尔干研究.第二辑 / 梁占军主编.—北京：世界知识出版社，2021.12

ISBN 978-7-5012-6491-9

Ⅰ.①巴… Ⅱ.①梁… Ⅲ.①巴尔干半岛—历史—研究 Ⅳ.①K540.7

中国版本图书馆CIP数据核字（2021）第279242号

书　　名	巴尔干研究（第二辑） Baergan Yanjiu (Di Er Ji)
主　　编	梁占军
责任编辑	狄安略　蒋少荣
责任出版	王勇刚
责任校对	张　琨
出版发行	世界知识出版社
地址邮编	北京市东城区干面胡同51号（100010）
网　　址	www.ishizhi.cn
电　　话	010-65265923（发行）　010-85119023（邮购）
经　　销	新华书店
印　　刷	北京虎彩文化传播有限公司
开本印张	710毫米×1000毫米　1/16　13⅛印张
字　　数	220千字
版次印次	2021年12月第一版　2021年12月第一次印刷
标准书号	ISBN 978-7-5012-6491-9
定　　价	80.00元

序言：巴尔干半岛、巴尔干问题及巴尔干研究

在近现代史学研究和当前国际关系领域，无论在日常生活还是学术语境中，“巴尔干”都是一个出现频度很高、内涵特别丰富的概念。与此相关联的词汇与术语，如“巴尔干半岛”“巴尔干地区”“巴尔干文化”“巴尔干文明”“巴尔干同盟”“巴尔干协约国”“巴尔干战争”“巴尔干火药桶”等，凡此种种，不一而足。

从地理学上讲，“巴尔干”指的是欧洲东南地区亚得里亚海与黑海之间、50多万平方千米的一片山峦地带，素称“巴尔干半岛”。但在古希腊时代，这里被称为“哈伊莫斯半岛”。由于该半岛与西班牙和葡萄牙所在的伊比利亚半岛、意大利所在的亚平宁半岛相互毗邻，因此三者通常被并称为“南欧三大半岛”，地缘战略地位非常重要。

巴尔干半岛是人类文明的主要发祥地之一。公元前10万—前4万年，这里即已有人类活动。公元前2000年，民风彪悍、喜武善战的色雷斯人就定居于此，创造了古老的色雷斯文明。而后，这里诞生了对整个人类文明进程影响巨大的古希腊文明和古罗马文明，并且随着外族势力不断入侵和进占，相继形成了基督教文明、伊斯兰文明和斯拉夫文明。多种文化同时并存而又相互激荡的“巴尔干文明”兼收并蓄，历史悠悠。

巴尔干半岛自古民族众多、文化多样。时至今日，总数仍不到600万人的阿尔巴尼亚人和总共不足200万人的北马其顿人，同已经消失的色雷斯人、伊比利亚人、克尔特人一样，均属于当地最古老的原住民族之一。这些原住民族谋求建立独立国家的努力虽屡屡受挫，但经久未衰。例如北马其顿人的聚居区在历史上被多次分割，故有瓦尔达马其顿、皮林马其顿、爱琴马其顿之说。

1991年北马其顿宣布独立时，因希腊强烈反对，该国不得不以“前南斯拉夫马其顿共和国”这样一个怪诞的国名加入联合国。又如黑山人，公元9世纪，斯拉夫人在黑山地区建立了“杜克里亚”国家。11世纪，“杜克里亚”改称“泽塔”，并于12世纪并入塞尔维亚。1356年，“泽塔”脱离塞尔维亚独立。1918年第一次世界大战后，黑山再次并入塞尔维亚，加入“塞尔维亚人—克罗地亚人—斯洛文尼亚人王国”。在历经“三个南斯拉夫”和“塞尔维亚和黑山”之后，黑山于2006年再次独立。

巴尔干半岛各民族独立建国的努力，在进入19世纪后终于取得较大进展，希腊人、塞尔维亚人、罗马尼亚人、保加利亚人、黑山人等先后获得独立或自治地位。进入20世纪，地区内国家间的关系以及地区内各国与外部世界的关系，极为复杂地交织在一起。这里先后爆发了两次巴尔干战争，并且成为第一次世界大战的直接策源地。与此相关的便是一战前昙花一现的“巴尔干同盟”和二战爆发后不久就夭折的“巴尔干协约国”。

第一次世界大战后，巴尔干半岛政区版图改写。以塞尔维亚人为主、统一了8个民族的联邦制大国南斯拉夫应运而生。此后，这里的领土纠纷、政权更迭、利益角逐并未止息，英法德等欧洲大国争夺势力范围的博弈也日甚一日。第二次世界大战时期，这里又成为反法西斯的正义战争与民族复仇的血腥屠杀相互交织的地区。

二战结束后，巴尔干半岛的政治格局再次重组。罗马尼亚、保加利亚、南斯拉夫和阿尔巴尼亚建立了社会主义制度，希腊和土耳其加入了美国主导的北约，罗马尼亚和保加利亚加入了苏联主导的华约。同为社会主义国家的南斯拉夫与罗保阿三国关系长期紧张。巴尔干地区不仅是东西方冷战与对峙的重要前沿，同时也是社会主义阵营最先破裂的一个地区。

20世纪80年代末90年代初，随着苏东剧变、冷战结束，巴尔干半岛脆弱的和平稳定被打破。罗保阿放弃社会主义制度，南斯拉夫遭遇“国亡政息”之灾。原南斯拉夫境内先后独立出6个国家，某些国家之间发生了极为惨烈的战争，被称为新南斯拉夫的南联盟内部也发生了异常残酷的内战。以美国为首的北约以南联盟发生人道主义危机为借口，对该地区狂轰滥炸了70余天，举世惊骇！

今天的巴尔干半岛，依然是一个历史文化背景千差万别、国情民情差异甚大、国家体量极不平衡的地缘政治版块。例如，根据中国外交部网站的数据统计，就人口而言，罗马尼亚有1932万人（2020年），希腊有1070.9万人（2020

年），保加利亚有695万人（2019年），塞尔维亚有692万人（不含科索沃地区，2020年），克罗地亚有408万人（2019年），波黑有353万人（2016年），阿尔巴尼亚有285万人（2020年），斯洛文尼亚有211万人（2020年），北马其顿有206.8万人（2020年），建国最晚的黑山只有62.2万人（2020年）。[①]

就经济发展水平而言，巴尔干半岛各国差距更大。2020年，经济发展水平较高的斯洛文尼亚人均GDP为2.2万欧元；被西方视为南欧穷国的希腊，人均GDP为1.79万欧元。同年，罗马尼亚人均GDP为1.1万欧元，保加利亚人均GDP为8748欧元，塞尔维亚人均GDP为6708欧元，而最差的阿尔巴尼亚人均GDP为5276美元。在就业方面，2020年就业情况最好的是斯洛文尼亚，失业率为5.1%，最差的是黑山，失业率为17.9%。

在历史文化和价值观体系方面，巴尔干半岛各国存在很大差异，但普遍接受了西方通行的"三权分立"理念，全部实行议会民主和多党竞选体制。进入21世纪后，除塞尔维亚依然被科索沃问题所困扰外，其余各国的政局总体上都比较稳定。不过，这些国家依然存在政党数量过多、分化组合频繁、相互争斗以至于有失理性等问题。

这些看似平常的数据与事实，背后暗含着巴尔干地区极为复杂的历史经纬和难于言表的多重隐患。包括西方国家专家学者在内的国际社会，对这里所发生的重大历史事件和未来可能发生的重大变故，常常不甚了了。五花八门的研究机构和不可计数的研究成果，也存在严重同质化的弊端与低水平重复建设等痼疾。

在我国，诚如梁占军教授所说，巴尔干研究存在"关注现实问题的多，剖析历史根源的少""分散的专题研究多，贯通的整体性研究少""研究队伍语言学科背景的多，其他专业的少"的问题。再加上"对象国语言的限制，相关的专业人才比较稀缺，且学科背景单一，相关研究的深度和广度均有待拓展"。[②]2013年秋习近平主席提出共建"一带一路"的倡议后，中国与巴尔干各国的全方位交流与多领域合作不断向纵深发展，国内巴尔干研究亟待深化的问题也迅速提上日程。

所幸，首都师范大学率先垂范，担起了时代重托，将巴尔干研究纳入本校文明区划研究中心的工作中来，中国的巴尔干研究基础弱、起步晚、队伍分散

---

① 土耳其只有极小部分国土位于巴尔干半岛，故未做统计。

② 梁占军主编《巴尔干研究（第一辑）》，世界知识出版社，2020，第2—3页。

的问题开始得到解决。该中心主任梁占军教授主编的《巴尔干研究（第一辑）》已于2020年4月问世。这本辑刊将历史研究与现实研究、国内研究与国外研究、信息推送与史料评述结合起来，迈出了中国特色的“巴尔干学”学科建设和巴尔干研究的重要一步。

《巴尔干研究（第二辑）》即将付梓，标志着我国的巴尔干研究即将步入稳定发展、可持续发展的健康轨道。本辑收录的文稿来自国内外两个方面，既有对历史事件的深入探讨，也有对现实问题的冷静思考；既有国外档案编译，也有学术信息和新书评介。相信《巴尔干研究（第二辑）》的出版，能在更大范围内拓展巴尔干研究人员及相关人士的专业视野，能在更高层次上助力我国的巴尔干外交，更直接更有效地服务于我国与巴尔干各国的友好交往与务实合作，为中华文明与欧洲文明乃至整个人类文明的良性互动作出应有的贡献！

于洪君

中联部原副部长

2021年9月5日

目 录

史料选译

学术信息

专题研究

从“他者之地”到“我们的土地”——希腊地理教科书中的马其顿地区（1878—1913）*

陈莹雪

内容提要 从1878年柏林会议到1913年第二次巴尔干战争结束期间，巴尔干各国对马其顿地区展开了激烈的争夺。与此同时，以收复失地为目标的希腊民族主义意识形态“伟大理想”深度影响并渗入了希腊基础教育阶段的地理教学。在地理教科书中，马其顿地区从此前的“他者之地”被塑造为希腊的土地。为加强希腊人对马其顿地区的认同，教科书编者一方面极力放大马其顿地区的希腊因素，赋予这一地区希腊属性；另一方面则尽量弱化马其顿地区其他民族的因素，不仅在编写时取消了此时马其顿地区的主权所有者奥斯曼帝国在此地的行政区划，而且在介绍马其顿城镇时普遍无视其他民族。除了对“他者”的沉默之外，希腊教科书中更是有对其主要竞争民族保加利亚人的贬损与敌视。所有这些都服务于一个主题：马其顿地区是希腊的必要组成部分。

关键词 希腊民族主义；马其顿地区；伟大理想；地理教学

作者简介 陈莹雪，北京大学历史学系助理教授，研究方向为希腊现代史和巴尔干地区的教会与国家

* 本文是国家社会科学基金项目“东正教会与希腊民族统一运动的互动关系研究（19世纪末至20世纪初）”（项目号20BSS041）的阶段性成果。

一、导论

根据当代民族主义理论家安东尼·D.史密斯对民族的经典定义，民族首先是“具有名称、占有领土的人类共同体”。[①] 史密斯的定义来自大多数现代民族国家的普遍经验，但民族国家必须有界限分明的疆域，这首先是欧洲主流国家（英、法等）的实践，而地处欧洲边缘地带的巴尔干半岛成为这种模式较早的输出地。[②] 19世纪以来巴尔干的民族主义活动，无一不是围绕领土争夺和边界划定而展开。争夺领土和划定边界的手段既有意识形态的建构与宣传和外交谈判与博弈，更有兵戎相见的热战。19世纪末20世纪初，巴尔干各民族国家对民族构成多样、民族界限模糊不清的马其顿地区的争夺尤其体现了这种领土竞争的复杂与惨烈。

1878年《柏林条约》签订，宣告了俄国支持下的涵盖马其顿大部分地区的“大保加利亚国”计划的失败。[③] 位于巴尔干半岛中心区域的马其顿，作为沟通中东欧与地中海的战略要地，[④] 其主权此时虽名义上仍为奥斯曼帝国所有，但事实上已成为保加利亚、希腊、塞尔维亚民族主义统一与扩张活动竞相争夺的目标。19世纪70年代起，[⑤] 巴尔干各民族对马其顿的争夺首先表现在上述三国在此地通过扶植和建立服务于本民族利益的东正教教区和学校进行广泛的意识形

---

① ［英］安东尼·D.史密斯：《民族主义：理论、意识形态、历史》，叶江译，上海人民出版社，2006，第14页。

② John Agnew, “No Borders, No Nations: Making Greece in Macedonia,” *Annals of the Association of American Geographers*, Vol.97, No. 2 (Jun. 2007), pp.403-404.

③ 参见B. Jelavich, *History of the Balkans, Eighteenth and Nineteenth Centuries*, Vol.1 (Cambridge: Cambridge University Press, 1983), pp.352-360; Andrew Rossos, *Macedonia and Macedonians: A History* (California: Hoover Institutions Press, 2008), pp.72-73；高建芝：《马其顿问题起源研究》，《世界历史》2019年第3期，第19页，注释4。

④ 有关马其顿的战略价值，参见H.R. Wilkinson, *Maps and Politics: A Review of the Ethnographic Cartography of Macedonia* (Liverpool, Liverpool University Press,1951), pp.4-5。

⑤ 参见Andrew Rossos, *Macedonia and Macedonians*, pp.76-77, 87; Spas T. Raikin, “The Bulgarian Orthodox Church,” in *Eastern Christianity and Politicis in the Twentieth Century*, eds. Pedro Ramet (Durham: Duke University Press, 1988), pp.161-168; D. Kalkandjieva, “The Bulgarian Orthodox Church,” in *Orthodox Christianity and Nationalism in Nineteenth-Century Southeastern Europe*, eds. L.N. Leustean (New York: Fordham University Press, 2014), pp.183-197。

态宣传与渗透。[①] 19世纪末，巴尔干各民族纷纷付诸武力夺取马其顿并最终爆发两次巴尔干战争（1912—1913）。根据战后签署的《布加勒斯特条约》，希腊得到马其顿地区51%的领土，塞尔维亚得到39%，保加利亚得到10%，[②] 希腊事实上成为这场马其顿争夺的最大赢家。

时间倒回现代希腊国家的草创年代，这个新生国家的缔造者们并未将马其顿纳入版图。1821年希腊独立战争爆发后，希腊总督伊奥尼斯·卡帕吉斯特里亚斯（Ioannis Kapodistrias, 1776-1831）认为应以奥林匹斯山—迈措沃（Metsovo）一线划定希腊的北部边界，[③] 马其顿位于此线以北。把马其顿排除在外，除了来自列强和奥斯曼帝国的压力之外，更重要的是此时这个新生国家的统治精英并不认同马其顿的希腊属性。对于将以雅典城邦为核心的古希腊文明作为自身文明起源的他们来说，马其顿是希腊文明之外的蛮族世界，而中世纪以来这一地区又逐渐被斯拉夫人和其他民族占据，希腊人和希腊因素十分有限。[④]

然而，对马其顿的这种排外情绪并没有持续太久，且在19世纪中叶逐渐消失，与之相反的是越来越明显地对马其顿希腊属性的认可。转折的关键在于此时出现了主宰19世纪后半叶和20世纪初希腊政治生活的民族主义意识形态"伟大理想"（Megali Idea），也就是希腊的领土收复（Irredentism）理想。[⑤] 根据这一理想，希腊民族的目标是解放希腊王国之外那些尚处于奥斯曼帝国统治下的希腊人和希腊人聚集地，将之与希腊王国合并，建立统一的民族国家，重拾拜占庭帝国的荣光。虽然在希腊国内就哪些地方需要被"解放"一直存在争议，但不同方案都不约而同地包含了马其顿——希腊向小亚细亚开拓疆土并最

---

① 这方面的竞争，参见Vemund Aarbakke, *Ethnic Rivalry and the Quest for Macedonia* (New York: Columbia University, 2003), pp.71-74,78-81, 83-85, 88-90; Andrew Rossos, *Macedonia and Macedonians*, pp.74-78; Κ. Απ. Βακαλόπουλος, *Ιστορία της Μείζονος Μακεδονίας (1350-1950)*, pp.233-246。

② Konstantinos A. Vakalopoulos, *Modern History of Macedonia (1830-1912): From the Birth of the Greek State until the Liberation* (Thessaloniki: K. & M. Ant. Stamouli Publications, 2019), p.235.

③ Θ. Βερέμης, Γιάννης Κολιοπούλος, *Ελλάς η σύγχρονη συνέχεια από το 1821 μέχρι σήμερα*, 3η εκδ. (Αθήνα: Εκδόσεις Καστανιώτη, 2006), p.64.

④ Θ. Βερέμης, Γιάννης Κολιοπούλος, *Ελλάς η σύγχρονη συνέχεια από το 1821 μέχρι σήμερα*, pp.64-65.

⑤ 有关"伟大理想"这一概念的发展与演进，参见Έλλη Σκοπετέα, *Το "Πρότυπο Βασιλείο"και η Μεγάλη Ιδέα: όψεις του εθνικού προβλήματος στην Ελλάδα (1830-1880)* (Αθήνα: Πολύτυπο, 1988); Αλέξης Πολίτης, *Ρομαντικά Χρόνια: Ιδεολογίες και Νοοτροπίες στην Ελλάδα του 1830-1880*, 3η εκδ. (Αθήνα: Εταιρεία Μελέτης Νέου Ελληνισμού-Μνήμων, 1993), pp.61-73; Βασίλης Κρεμμυδάς, *Η Μεγάλη Ιδέα: Μεταμορφώσεις ενός εθνικού ιδεολογήματος* (Αθήνα: Εκδόσεις Τυπωθήτω, 2010)。

终重夺君士坦丁堡的必经之地。[1] 与"伟大理想"相伴而生的是大一统的希腊民族史：希腊民族的历史从古典经由拜占庭帝国直到现代从未中断。这方面最主要的代表作是19世纪希腊民族史学家康斯坦丁·帕帕里科普洛斯（Constantine Paparrigopoulos, 1815-1891）的鸿篇巨著《希腊民族史》[2]。这部作品肯定了腓力二世与亚历山大的征服活动对于缔造统一的希腊帝国和在更广阔的范围内传播希腊文化的杰出贡献，将古马其顿的历史视为希腊民族历史必不可少的组成部分，而且中世纪斯拉夫人的到来并没有改变希腊人和希腊文化在马其顿的主导地位，[3] 由此彻底摒弃了此前对马其顿的排斥态度。这一历史观念的转变反过来又为希腊抢夺马其顿提供了历史依据。[4]

19世纪末20世纪初，早在政府军介入马其顿的争夺之前，希腊社会就不乏"伟大理想"在马其顿的自发实践者，如成立于1894年的民间爱国组织"国民协会"就成功招募了大批希腊王国内外的志愿军偷越希土边界加入对抗保加利亚人和土耳其人的游击战中。[5] 而国民协会只不过是当时众多民间爱国组织中的一个，这些组织所体现出的民众不断高涨的民族主义情绪和迫切推进"伟大理想"的愿望严重影响了这一时期希腊的政治决策，执政党迫于民意压力，越过宪法行事，仓促发动战争，最终导致1897年希土战争中希腊的惨败。[6]

所有这一切都说明，经过近半个世纪的发酵与浸润，以"伟大理想"为依托的对马其顿的诉求已不只是官方的意识形态，而成为越来越多希腊人的共识并内化为他们自愿为之牺牲的民族理想。本文感兴趣的正是"伟大理想"这一官方意识形态逐渐渗入希腊社会肌理进而为普通民众广泛认可的过程与机制，笔者尤其关注马其顿何以在半个世纪的时间里由"他者之地"转而成为大众心

---

① Αλέξης Πολίτης, *Ρομαντικά Χρόνια*, p.63.

② 帕帕里科普洛斯的《希腊民族史》（*Ιστορία του Ελληνικού Έθνους*）共15卷，出版时间为1861—1877年，包括了从古代希腊一直到希腊独立战争的历史。有关这部作品的成书过程，参见K.Θ. Δημαράς, *Κωνσταντίνος Παπαρρηγόπουλος: Η εποχή του, η ζωή του και το έργο του* (Αθήνα: Μορφωτικό Ίδρυμα Εθνικής Τραπέζης, 2006), pp.221-249。

③ Σπύρος Καράβας, "Ο Κωνσταντίνος Παπαρρηγόπουλος και οι εθνικές διεκδικήσεις," στο Π.Μ. Κιτρομηλίδης, Τρ. Ε. Σκλαβενίτης, *Ιστοριογραφία της νεότερης και σύγχρονης Ελλάδας 1883-2002*, τ.Α΄ (Αθήνα: Κέντρο Νεοελληνικών Ερευνών, 2004), pp.154-155.

④ 参见Robert S. Peckham, *National Histories, Natural States: Nationalism and the Politics of Place in Greece* (London: I.B. Tauris Publishers), pp.45-46。

⑤ 关于"国民协会"（Εθνική Εταιρεία），参见K. Απ. Βακαλόπουλος, *Ιστορία της Μείζονος Μακεδονίας*, pp.273-277; Douglas Dakin, *The Greek Struggle in Macedonia (1897-1913)* (Thessaloniki: Institute for Balkan Studies, 1966), pp.40-41。

⑥ 详见Γιάννης Κολιοπούλος, *Ελλάς η σύγχρονη συνέχεια από το 1821 μέχρι σήμερα*, pp.294-296。

中希腊国土必不可少的组成部分。除了大众媒体的宣传作用之外，[①] 笔者认为对这一问题的解答，更值得我们关注的是对公民认知有着广泛、持续、系统影响力和塑造力的公共教育，并将主要考察公共教育体系内的地理教学。这不仅是因为地理这门课程主要关注的正是民族生存的物质与文化环境，而且相比当时的其他两类意识形态载体课程（希腊历史与希腊语），地理课尤其是其中的政治地理部分具有无可比拟的即时性，即它更迅速地反映了变化中的巴尔干国际局势：例如1878年柏林会议对巴尔干各国的安排旋即出现在了当年出版的地理课本中，[②] 而1913年出版的地理课本更是迫不及待地报告了第二次巴尔干战争之后希腊的胜利果实以及各国对马其顿的占有情况。[③] 地理教学的这种即时性可以帮助我们更好地了解19世纪末20世纪初巴尔干瞬息万变的国际形势、激烈的民族竞争与希腊民族主义意识形态之间的互动在公共教育领域的投射，进而有助于探讨复杂因素造就下的地理教学给学生的民族意识与民族认同带来的可能影响。有鉴于此，本文选取的基本史料是1878年至1913年出版的用于希腊公共教育基础教育阶段的地理课本。

尽管在“伟大理想”被提出的同时，公共教育就已被视为最重要的宣教媒介，[④] 而且正如前文中所提到的，在希腊王国之外，希腊学校也是灌输民族主义理想和民族竞争意识形态的重要工具，但到目前为止，有关19世纪到20世纪初希腊公共教育与民族主义之间关系的研究并不充分，值得一提的有学者库鲁丽（Ch. Koulouri）的系列研究:《希腊学校的历史与地理（1834—1914）：认知客体与意识形态的延伸》[⑤]（1988）、《19世纪教学中的民族固有形象与希腊民族认同》[⑥]（1992）、《想象、教条主义、认同建构：教科书角色的一种进路》[⑦]（1996），学者布丽（S. Bouri）的《教育与巴尔干的民族主义：以西北马其顿

---

① 关于大众传媒与“伟大理想”的相关研究，参见Κατερίνα Μυστακίδου, *Η Μεγάλη Ιδέα στον τύπο του Γένους, ο τύπος στην Ελλάδα στην Οθωμανική Αυτοκρατορία (1800-1923)*(Αθήνα: Εκδόσεις Πατάκη, 2004)。

② Dimitsas, 1878, p.84. 本文所引用的地理课本详见文后附表。

③ Sarris, 1913, pp.58-59, 71-73.

④ Αλέξης Πολίτης, *Ρομαντικά Χρόνια*, p.65.

⑤ Χρ. Κουλούρη, *Ιστορία και Γεωγραφία στα Ελληνικά Σχολεία(1834-1914): Γνωστικό αντικείμενο και ιδεολογικές προεκτάσεις* (Αθήνα: Ιστορικό Αρχείο Ελληνικής Νεολαίας, 1988).

⑥ Χρ. Κουρούλη, “Εθνικά στερεότυπα και ελληνική εθνική ταυτότητα στο σχολείο του 19ου αιώνα,” στο *Αφιέρωμα στον πανεπιστημιακό δάσκαλο Βας. Βλ. Σφυρόερα από τους μαθητές του* (Αθήνα: Λύχνος, 1992) , pp.323-342.

⑦ Χρ. Κουρούλη, “Φανατισμός, Δογματισμός, Συγκρότηση ταυτότητας, μια προσέγγιση στο λόγο των Σχολικών Εγχειρίδιων,” *Μνήμων*, τ.18, 1996, pp.143-155.

（1870—1904）为例》[①]（1992），学者泽瓦斯（Theodore G. Zervas）的博士论文《重构过去，建构未来：学校中希腊民族认同形成的历史考察（1834—1913）》[②]（2010）。这些研究中，布丽的著作讨论的是希腊王国之外西北马其顿地区希腊学校网的建设过程及学校在民族竞争中的意识形态宣传作用，但对地理教学并没有给予足够的关注。而另外两位学者中，虽然库鲁丽的部分研究触及了地理教科书中对其他民族脸谱化的描述，[③] 但他们的研究重点都更加集中于直接反映课本编写意图和教育理念的前言部分，[④] 并不注重系统分析课本的正文内容。而这种阅读模式可能与这些课本在当时的最直接受众——在读的希腊学生正好相反，因为学生更关注的是课本的具体内容而不是编纂前言。因此，本文将系统解析这些教科书的正文内容，并由此感知与体察这些教学内容如何塑造了希腊学生对“马其顿”的认知。

二、地理教学与“伟大理想”

现代希腊国家的公共教育体系创建于1834年，公共教育的基础教育由初级教育和中级教育组成。其中，初级教育分四个年级；中级教育由两个阶段构成：希腊学校（Hellenic schools）阶段分三个年级，中学（Gymnasium）阶段分四个年级。1834年通过的法案规定，5—12岁的儿童强制接受初级教育和中级教育第一个阶段的免费教育，这样的义务教育架构直到1929年都没有发生实质的变化。[⑤] 整个19世纪，希腊虽非经济强国，但特别重视基础教育的发展，希腊人的识字率在欧洲范围内也达到了较高水平。到1913年，希腊人的识字率达到53%，远超同时期的欧洲强国法国和意大利。[⑥] 较高的教育普及率保证了公共

---

① Σ. Βούρη, *Εκπαίδευση και εθνικισμός στα βαλκάνια, η περίπτωση της βορειοδυτικής Μακεδονιας (1870-1904)* (Αθήνα: Gutenberg, 1992).

② Theodore G. Zervas, “Resurrecting the Past, Constructing the Future: A Historical Investigation on the Formation of a Greek National Identity in Schools, 1834-1913” (Doctoral Dissertation in Program in Cultural and Educational Policy Studies, Loyola University Chicago, 2010).

③ 尤见Χρ. Κουρούλη, “Εθνικά στερεότυπα και ελληνική εθνική ταυτότητα στο σχολείο του 19ου αιώνα,” pp.323-342。

④ 库鲁丽《希腊学校的历史与地理（1834—1914）：认知客体与意识形态的延伸》一书的主体部分是史料汇编，其中很多是历史和地理课本的前言。

⑤ 关于希腊王国的基础教育体系，详见Theodore G. Zervas, “Resurrecting the Past, Constructing the Future,” pp.101-103。

⑥ Theodore G. Zervas, “Resurrecting the Past, Constructing the Future,” p.98.

教育对国民的普遍影响力，也更便于民族主义意识形态借助学校向全社会传播。另外，1878年起，希腊王国借助它的驻外机构，与东正教宗主教会（Ecumenical Patriarchate）合作在马其顿地区逐渐建立起较完备的希腊学校网，[①] 这些学校实行与希腊王国标准统一的教育模式，通行于王国内的教材也往往会被马其顿的学校所使用。[②] 论及课本编写，此时希腊政府虽未设立统一的编写组，但会给出编写指南，个人编写的教材都必须遵照指南并接受教育部组织的审查，审查合格的课本才可用于教学。[③] 这一时期的教材虽出于众手，种类繁多，也包含一定的个性化因素，但因为必须接受审查，所以总体上不会偏离意识形态的规范与指导。

19世纪到20世纪初，希腊的初级教育和中级教育均包含一定的地理课程。从19世纪80年代开始，根据教育部的课程指导意见，在有关课程内容的编排中，希腊王国的地理知识和王国以外的希腊人聚集地的地理知识不应分开讲授，而应合二为一，统称“希腊及希腊地的地理”（Γεωγραφία της Ελλάδος και των Ελληνικών χωρών）。[④] 在包含有世界各大洲的地理课本中，马其顿通常被放置在“欧洲土耳其”单元，紧随“希腊王国”单元之后，这种地理课程最早出现于小学四年级，学生在希腊学校阶段和中学阶段还会进一步深化学习。[⑤] 这样的课程设置无疑是在向各阶段的学生持续灌输希腊民族的同一性，而且这种同一性并不为希腊王国现有的有限国土所阻断。正如地理学家马加里蒂斯·迪米特萨斯（Margaritis Dimitsas, 1829-1903）在他所编写的中学课本《政治地理》（1878）中所指出的：希腊人无论是否生活在狭小的希腊王国，都是“一个民族”，是“共同的语言、族群上的亲缘关系、相同的宗教信仰、无法割舍的精神联系和难以打破的经济往来将我们紧紧团结在一起”。[⑥] 如果说强调民族的同一性仍是在暗示“伟大理想”的合理性的话，那么之后越来越多的教材编写者就已开始直接点明地理学习在民族解放与民族统一方面所肩负的重任。在1886年出版的《世界地理》一书中，编者在回顾了希腊王国领土拓展的最新成果后，表示希望未来“希腊可以继续这一运动，用武力保护北方那些得不到土耳其统

① 参见Σοφία Βούρη, *Εκπαίδευση και εθνικισμός στα βαλκάνια*, pp.19-46。

② Σοφία Βούρη, *Εκπαίδευση και εθνικισμός στα βαλκάνια*, pp.123-137.

③ 参见Χρ.Κουλούρη, *Ιστορία και Γεωγραφία στα Ελληνικά Σχολεία(1834-1914)*, pp.19-21。

④ A.I. Αντωνιάδης, “Πρόλογος στην *Γεωγραφία της Ελλάδος και των Ελληνικών χωρών για τα γυμνάσια*,” στο Χρ. Κουλούρη, *Ιστορία και Γεωγραφία στα Ελληνικά Σχολεία (1834-1914)*, p.341.

⑤ Theodore G. Zervas, “Resurrecting the Past, Constructing the Future,” pp.137-138.

⑥ Dimitsas, 1882, (δ').

治者保护、在野兽般的保加利亚人魔爪下生活的希腊同胞，我们将看到一个统一、强大、自由的希腊”。[①] 而1902年出版的《自然与政治地理》也指出“大部分‘希腊地’（伊比鲁斯、马其顿、色雷斯、小亚细亚的城市及周边岛屿）依然处于异族的奴役之下。对于我们而言，我们有义务解放这些地区，并将一个伟大、幸福的祖国交于我们的后世子孙”。[②]

这些教材编者的豪言壮语在这一时期的地理课本中十分常见，尤其在北部领土抢夺越演越烈的20世纪初，此类表达出现得更为密集。[③] 这些充满民族鼓动性的表述事实上是紧密追随了官方的教材编写要求。根据1881年的一份教材编写指南，老师们在讲授欧洲土耳其和小亚细亚部分，也就是尚处于奥斯曼帝国统治下的“希腊地”的地理时，被要求“要描述我们受奴役同胞的苦难，要与我们所享有的自由形成鲜明对比，要向学生讲述，我们的自由是浴血奋战而得，如果没有战争，不流血，我们也依然在奴役中痛苦呻吟。以此来激发学生对自由的热爱，并且向学生表明我们要努力解放其余的‘希腊地’，并将之与希腊王国合并，这样才能完成父辈未尽之事业。只有在学生时代播种民族的宏愿，才有希望在未来结出丰硕的果实”。[④]

由此可见，在这一时期希腊的地理教学中，无论是官方的指导原则还是教材编者的编写实践，都高度呼应了“伟大理想”的基本理念：希腊人有义务解放“希腊地”，实现民族统一。

三、“希腊半岛”中的马其顿

今天我们称之为巴尔干半岛的地区，在19世纪到20世纪初的希腊地理课本中一共有四种名称：巴尔干半岛、海慕斯（Αίμος/ Haemus）半岛、希腊土耳其半岛、希腊半岛。其中，取自土耳其语balkan的“巴尔干”在当时便通行于欧洲并沿用至今。所谓的“海慕斯半岛”，是因为横亘于半岛北边的山脉在古希腊语中的名字是“海慕斯”。此外，当时希腊人之外的欧洲人因近代土耳其人对这一地区的统治以及希腊文化在此地的持续影响力，也会称这一地区为“希

① Petalas, 1886, p.92.

② G. Metaksas, N. Metaksas, 1902, p.24.

③ 亦见Mitsopoulos, 1906, p.25; Karagiannidis, 1911, p.21。

④ “Η διδασκαλία της γεωγραφίας και της ιστορίας, Στοιχειώδες Πρακτικαί οδηγίαι του Δ.Γ. Πετρίδη για τα δημοτικά σχολεία,” στο Χρ. Κουλούρη, *Ιστορία και Γεωγραφία στα Ελληνικά Σχολεία (1834-1914)*, p.263.

腊土耳其半岛”。[①]

从这四个名称的实际使用情况来看，“希腊土耳其半岛”在本文所研究的地理课本中只出现过两次，[②] 此外再无其他课本提及这个地名。与之相反的是“希腊半岛”的压倒性地位——在所有课本中，“希腊半岛”都是半岛的首选名称，且更多的情况下是唯一的名称，甚至有编者会在“希腊半岛”之后加上“我们的半岛”这样的修饰语。[③] 如果出现另外两种名称“巴尔干半岛”或“海慕斯半岛”，那么两者通常会被放置在首次提到的“希腊半岛”这个地名之后来做进一步的解释，即行文时一般写作“希腊半岛，又名巴尔干半岛或海慕斯半岛”。[④] 在这句简单的解释之后，这两个名称就不再出现于后文的讲述中。

19世纪末20世纪初，巴尔干半岛仅马其顿地区的主要民族就有土耳其人、希腊人、保加利亚人、塞尔维亚人、阿尔巴尼亚人、弗拉赫人（vlach）、犹太人等。至于为什么要将这个拥有众多民族的半岛称为“希腊半岛”，大多数课本并不会给出解释，而是将之视为一个不言自明的概念。一些课本也会有简要说明，综合它们的意见，巴尔干半岛之所以是“希腊”的半岛，主要出于如下两方面原因：历史上，这个半岛曾是马其顿帝国和“希腊帝国”的重要组成部分；[⑤] 现实中，希腊人是这个半岛上占主导地位的民族。在这些课本中，可频繁见到由希腊语动词επικρατώ[⑥] 派生而来的词来修饰、限定希腊人与希腊民族。[⑦] “主导”其实是一个相当抽象的评价，至于希腊人为什么是主导民族，主导地位又体现在哪些方面，大多数编者对此并不会做更多的解释。但在课本外，现实世界中希腊人19世纪70年代之前在巴尔干半岛的绝对影响力越来越受到保加利亚民族主义运动的挑战。由于保加利亚当时正在努力将半岛变成“保加利亚的”半岛，[⑧] 因此希腊地理课本中不断强调的希腊人的“主导”地位更有可能

---

① Χρ. Κουλούρη, *Ιστορία και Γεωγραφία στα Ελληνικά Σχολεία(1834-1914)*, p.335.

② Dimitsas, 1878, p.52; Dimitsas, 1882, p.41.

③ Antoniadis, 1882, p.108; Antoniadis, 1885, p.99.

④ 例如Sakellarios, 1887, p.60; G. Metaksas, N. Metaksas, 1902, p.22; Mitsopoulos, 1909, p.8。

⑤ 所谓的“希腊帝国”就是指拜占庭帝国，参见Antoniadis, 1885, pp.99-100; G. Metaksas, N. Metaksas, 1902, p.22。

⑥ 意为“占统治地位、主导”。

⑦ 例如Dimitsas, 1878, p.52, “Λέγεται Ἑλληνική ἐκ τῆς ἐπικρατήσεως τῶν ἐν αὐτῆ Ἑλλήνων κατοίκων”; Makrinaios, 1908, p.101, “Οἱ κάτοικοι τῆς Ἑλληνικῆς Χερσονήσου εἶναι διαφόρων ἐθνῶν. Ἐκτούτων ἐπικρατέστερον εἶναι τὸ ἑλληνικόν”; Mitsopoulos, 1909, p.12, “τὸ επικρατέστερον ἔθνος εἶναι τὸ ἑλληνικόν”。

⑧ Charles and Barabara Jelavich, *The Establishment of the Balkan National States*, pp.208-209; H.R. Wilkinson, *Maps and Politics*, pp.45, 64.

是对这种趋势的抗议。鉴于希腊人在“希腊半岛”的这种主导地位，教材编者将身处半岛中心位置的马其顿描述为“希腊地”就显得更顺理成章，有些编者甚至会用“最希腊的”（Ἑλληνικωτάτη）一词来定义马其顿。①

与希腊人的主导地位相对应的是讲述马其顿地理时的“去奥斯曼化”倾向。如前所述，马其顿在当时主权仍为奥斯曼帝国所有，而且“马其顿”作为一个独立行政单位的情况在整个奥斯曼帝国统治时期都不存在——在19世纪的绝大多数时间里和20世纪初，奥斯曼帝国在此处设有三个省（vilayet）：萨洛尼卡省（Salonica）、比托拉省（Bitola）和科索沃省（Kosovo），省以下又设有若干桑贾克（sanjak）、卡扎（kaza）。② 但是，反观此时希腊的地理课本，一个很明显的现象就是其正在尽量弱化或完全不使用奥斯曼帝国的行政区划。这就是为什么有些编者在讲述马其顿的时候根本不会提及奥斯曼帝国从省到桑贾克、卡扎的任何一级行政区划，而是在完成马其顿的地理概述后直接对大小城镇进行介绍，仿佛这些城镇在行政区划上是相互独立和平等的。③ 然而，提到奥斯曼帝国行政区划的课本只会涉及省一级，一省之内仍然是独立且平行地介绍城镇，也就是说，这里提到的省更多的只是起到一种区域划分的作用，并没有任何行政意义，而且对马其顿的这种讲述方式也出现在了对其他“未收复希腊地”（伊比鲁斯、小亚细亚、色雷斯）的介绍中。④

地理教材的编写是否要顾及奥斯曼帝国现有的行政区划，当时希腊国内的意见也并非完全统一。虽然的确有课本完全遵从了奥斯曼帝国的行政区划，但是从1880年的一份教材审查简报中可以看出，这样的编写方式比较少见且被审查者完全否定。审查意见认为，这会使学生无法了解这些地区历史上的、与希腊相关的名称（如马其顿、色雷斯、伊比鲁斯等），而后者对希腊人来说才是

---

① N. Metaksas 1899, p.110; Chatsopoulos, 1905, p.158; Makrynaios, 1908, p.113; G. Metaksas, N. Metaksas, 1902, p.78; Mitsopoulos, 1906, p.71; Mitsopoulos, 1909, p.20.

② 关于这一时期马其顿地区的行政区划，参见K. Βακαλόπουλος, *Νεότερη Ιστορία της Μακεδονίας (1830-1912): από τη γένηση του νεοελληνικού κράτους ως την απελευθέρωση* (Θεσσαλονίκη: Εκδοτικός Οίκος Αντ. Σταμούλη, 2000), pp.90-92。

③ 这类课本有Dimitsas, 1878, 1882; Dimitsas, 1888; Antoniadis, 1882, 1885; Sakellarios, 1882, 1883, 1885; Petalas, 1886; Papagiannopoulos, 1892; N. Metaksas, 1899。

④ 这类课本有Antoniadis, 1881; Androutsellis, 1902, 1904; Chrysanthakopoulos, 1905; Chatziemmanouil, 1905; Mitsopoulos, 1906, 1909; N. Metaksas, 1910; Karagiannidi, 1911。

更重要的。① 完全摒弃奥斯曼帝国行政区划的编者，比如迪米特萨斯，他的解释是奥斯曼帝国的行政区划“不稳定、经常变动”，因此不能按照奥斯曼帝国的行政区划方式，而应该选择遵从“希腊半岛自然的、历史的划分”来编写地理教材。② 迪米特萨斯关于奥斯曼帝国行政区划“不稳定、经常变动”的担忧并非没有理由，③ 但对他来说更重要的恐怕还是对半岛所谓“自然的”和“历史的”划分。

去奥斯曼化的这种编写方式使马其顿等“希腊地”看上去更像是希腊的一个省，而不是奥斯曼帝国的组成部分，从而在同一本地理教材中不会在希腊王国和王国外“希腊地”的地理讲述之间造成明显的割裂感，既保持了编写风格的前后统一，也借此向学生潜移默化地输出了一种“合乎历史逻辑”的民族同一性。

四、北方新敌——保加利亚人

19世纪到20世纪初，希腊基础阶段公共教育的一个突出特点就是“希腊民族中心主义”。④ 课程设置上，所有有关希腊的部分都是课程的主体，占据大部分的授课时间。⑤ 教材编写也总是在凸显希腊民族的各种文化优势和美德，而与之形成鲜明对比的是教材对大多数其他欧洲民族都一笔带过，对这些民族的描述也趋于固化，内容与语言表达高度雷同，并不能体现不同民族的历时变化。⑥ 除希腊人外，还能引起教材编写者兴趣的就只有巴尔干各民族，而且越是与希腊人关系不佳的民族就越会被详细描摹。因此，在这一时期的希腊地理课本中可以时常发现大段对土耳其人和保加利亚人的描写。相比历时形象相对稳定的

---

① “Εκθέσεις κριτών των διδακτικών βιβλίων: Έκθεση του N.K.Σπαθή για τις γεωγραφίες της μέσης εκπαίδευσης (1888),” στο Χρ. Κουλούρη, *Ιστορία και Γεωγραφία στα Ελληνικά Σχολεία(1834-1914)*, pp.335-336.

② Dimitsas, 1882, p.71.

③ 这一时期奥斯曼帝国在马其顿地区的行政区划变动，参见K. Βακαλόπουλος, *Νεότερη Ιστορία της Μακεδονίας (1830-1912)*, p.90。

④ 参见Γ. Κουζέλης, “Ο λόγος και τα υποκείμενα του έθνους,” στο Α. Φραγκουδάκη, Θ. Δραγώνα εδ., *Τί εἶν'ή πατρίδα μας;: Εθνοκεντρισμός στην Εκπαίδευση* (Αθήνα: Αλεξάνδρεια, 1997), pp.133-142; E. Avdela, “The Teaching of History in Greece,” *Journal of Modern Greek Studies*, Vol.18, 2000, pp.245-249。

⑤ Theodore G. Zervas, “Resurrecting the Past, Constructing the Future,” p.22.

⑥ Χρ. Κουρούλη, “Εθνικά στερεότυπα και ελληνική εθνική ταυτότητα στο σχολείο του 19ου αιώνα,” p.330.

希腊人“宿敌”土耳其人，本文将更关注希腊人的“新敌”保加利亚人在地理课本中的肖像。对敌对民族的描写固然关乎希腊民族的自我认同建构，[①] 但正如本文将要展示的那样，这更与此时希腊和保加利亚之间激烈的领土争夺密不可分。

学者库鲁丽认为，19世纪80年代之前，保加利亚人作为一个独立的民族，并不存在于希腊的课本之中，因为那时的希腊课本并不会在斯拉夫民族内部做细致区分，保加利亚人是一个被课本“忽略”的民族。[②] 她的观察大致可信，但也确有例外，比如1859年出版的一种希腊地理课本对斯拉夫民族就进行了区分（保加利亚人、塞尔维亚人），并对保加利亚人做了如下描述：“保加利亚人因宗教、农牧业而走向文明，是勤劳、喜静又好客的民族。”[③] 这里所谓的“走向文明”多少暗示了保加利亚人的“野蛮”来源，但总体而言是十分正面的评价。事实上，直到19世纪90年代，除了指出保加利亚人在文化教育方面落后于希腊人之外，大多数希腊地理课本对保加利亚人很少会有其他的负面评价。[④] 但是，从19世纪的最后几年一直到两次巴尔干战争爆发，越来越多有关保加利亚人的负面描述充斥着希腊的地理课本，这里笔者选择了以下两个比较有代表性的段落作为参考。

保加利亚人是野蛮、掠夺成性的民族，土耳其人的近亲……因长期与斯拉夫人混居，失去了他们的民族性、语言，被斯拉夫化。尽管他们皈依了基督教，但他们掠夺成性，成为拜占庭（或希腊）帝国的芒刺。他们对与之有救赎之恩的君士坦丁堡宗主教会和伟大的基督教会表现得忘恩负义。保加利亚人不是正教徒，而是教会分裂者……1877—1878年的俄土战争给了他们自由与自治。从那以后，保加利亚人就变得肆无忌惮，他们愚蠢地认为他们可以占据马其顿、色雷斯甚至是君士坦丁堡。因此，我们希腊人的神圣使命（ἱερόν καθῆκον）就是反抗他们的入侵，从他们的手中拯救‘希腊地’。保加利亚人憎恶希腊人，无所不用其极，企图将希腊人变成保加利亚人。[⑤]

保加利亚人……公元7世纪迁至希腊半岛。他们是野蛮、掠夺成性的民族，

---

① Χρ. Κουρούλη, “Εθνικά στερεότυπα και ελληνική εθνική ταυτότητα στο σχολείο του 19ου αιώνα,” p.330.

② Ibid., p.332.

③ Ι.Π. Αντωνιάδης, Γεωγραφία Σχοιχειώδης μαθηματική, φυσική και πολιτική, 4εκδ. (εν Αθηναίς, 1859), p.181.

④ 参见Dimista, 1878, pp.82-83; Antoniadis, 1887, p.34; Papanianopoulos, 1892, p.88。

⑤ Mitsopoulos, 1906, p.79.

后与斯拉夫人混居，失去了民族性和语言。保加利亚人是基督徒，但是他们的教会是分裂教会，违反教会法，不为君士坦丁堡宗主教会所承认……保加利亚人视希腊人为他们的劲敌，多次迫害希腊人。但正是希腊人基里尔和麦托迪曾借希腊字母和基督宗教向他们传播文明，使其开化。①

以上两位编者从一开始就不约而同地选择了用“野蛮”“掠夺成性”来给保加利亚人定性，而之后对保加利亚的历史勾勒也是紧密围绕这两个关键词展开：“野蛮”的保加利亚人原本是“希腊半岛”的外来移民，是希腊人向他们传教、传播文化，改变他们的野蛮状态；但是，保加利亚人对希腊人的“恩德”并“不知感恩”，而是“掠夺成性”，从中世纪至今一直在侵犯、掠夺希腊人，尤其是当下保加利亚人制造教会分裂、妄图占领本不属于他们的“希腊地”。而“不知感恩”事实上是地理课本中除“野蛮”“掠夺成性”之外另一个形容保加利亚人的高频词语。② 显然，在这种叙事模式中，编者们着力强调的是保加利亚人的“外来侵略者”身份，以及与之对应的作为保加利亚人“恩人”的希腊人的原住民地位和受害者形象，以此证明保加利亚人对马其顿、色雷斯等地的诉求既不合情也不合法，因此他们无权占领这些地区。

另外值得我们注意的是康斯坦蒂诺斯·米措普洛斯（Konstantinos Mitsopoulos, 1844-1911）口中希腊人反暴、反侵略的“神圣使命”。事实上，除了他所编写的教材外，同样的“神圣使命”也出现在了其他希腊地理课本中。③ 一方面，这一口号的出现反映了希腊人此时所承受的来自保加利亚民族扩张的巨大压力，以及两国不断升级的民族矛盾；另一方面，这些课本中反复强调的保加利亚人对希腊人的“恨”，④ 使希腊人的“神圣使命”看上去更像是一种战争动员，并且很可能会在学习这些教材的希腊青少年心中播种仇恨。

虽然在当时就有教材审查者意识到了这样的编写方式很可能会煽动民族仇恨，并不可取，⑤ 但显然来自官方的这种理性声音并没有被大部分编写者所接受。进入20世纪后，教材编者们在塑造“敌人”保加利亚人的形象方面似乎达成了一种难以撼动的默契。

---

① Karagiannidis, 1911, p.54.

② 亦见Mitsopoulos, 1909, p.32。

③ 亦见N. Metaksas, 1899, p.119; Makrinaios, 1908, p.125; N. Metaksas, 1910, p.7。

④ 除上述引文外，亦见Androutsellis, 1902; G. Metaksas, N. Metaksas, 1902; Makrinaios, 1908, p.125; N. Metaksas, 1910, p.7。

⑤ Χρ. Κουρούλη, “Εθνικά στερεότυπα και ελληνική εθνική ταυτότητα στο σχολείο του 19ου αιώνα,” p.334.

五、打造“希腊”城市

希腊地理教材中有关马其顿的部分占据篇幅最多的是对城镇的介绍，但除了马其顿的两大城市萨洛尼卡和比托拉之外，对其余城镇的介绍一般都不会超过50字，大多只有一句话（约5—20字），有的甚至只有城镇名。因为篇幅有限，编入课本的内容都经过了编者的精心挑选，即都是编者认为对学生来说比较重要的内容。同时，对这些被选入课本的马其顿城镇的介绍在内容上多有雷同，编者的语言表述也很接近。可以说，虽然这部分内容的编写存在个别的差异之处，但总体而言趋于标准化和程式化。

相比民族指向性并不明显的关于城镇地理位置、面积、自然环境、物产、工商业、交通等方面的内容，本文更关注有民族标识作用的内容：学校、教区、古迹遗址、历史人物、历史事件等。除了萨洛尼卡与比托拉之外，各类希腊地理课本还会略带民族指向性进行介绍的马其顿主要城镇还有纳乌萨（Naousa）、贝里亚（Berea）、艾泽萨（Edessa）、詹尼察（Giannitsa）、塞雷斯（Serres）、奥赫里德（Ochrid）、斯特鲁米察（Stroumnitsa）、梅尔尼科（Melenik）、涅夫罗科比（Nevropopi）、莫斯克波里（Moschopoli）、兹拉马（Drama）、卡瓦拉（Kavala）、科扎尼（Kozani）、卡斯托里亚（Kastoria）、戈里察（Koricha）和斯科普里（Skopje）。这些城镇中只有斯科普里属于更远离希腊王国的科索沃省，而其他城镇均属于更靠近希腊王国的萨洛尼卡省和比托拉省，相应的课本中占据更多篇幅的也是关于这两省的城镇的介绍。希腊地理教材中的这种详略安排，应该与此时为希腊官方认可并被用于指导其外交决策的“马其顿三地带”的划分方式高度相关。① 马其顿地区由南到北被希腊官方划分为南部、中部、北部三个地带：南部马其顿的最北线由西到东穿过卡斯托里亚、纳乌萨、萨洛尼卡、塞雷斯、卡瓦拉；中马其顿最北线由西到东贯穿奥赫里德、斯特鲁米察，这条线以北就是北部马其顿。三地带的划分依据是这些地区希腊人口的稠密程度以及与之相应的希腊文化的辐射力：南部通常被认为是较纯粹的“希腊地”；北部斯拉夫人的势力更强盛；中部介于两者之间，民族成分复杂，希腊人与斯

① 关于“马其顿地区三地带”，参见Σ. Βούρη, *Εκπαίδευση και εθνικισμός στα βαλκάνια*, pp.50-51; Σ. Καραβάς, “Ο Κωνσταντίνος Παπαρρηγόπουλος και οι εθνικές διεκδικήσεις (1877-1885),” στο Π.Μ. Κιτρομηλίδης, Τρ. Ε. Σκλαβενίτης εκδ., *Ιστοριογραφία της νεότερης και σύγχρονης Ελλάδας (1833-2002)*, τ.Α΄ (Αθήνα: Κέντρο Νεοελληνικών Ερευνών, 2004), pp.156-159, 164-168。

拉夫人都没有绝对优势。希腊政府认为如果努力争取中部地区，就有可能将其变成希腊的，[①] 所以当时希腊王国在马其顿的各种民族扩张和国土索求活动也集中发生在中部地带。反观地理教材中的城镇，大部分也都落在了中马其顿地带，与希腊此时的国土争夺重心恰好吻合。

根据希腊的地理教材，马其顿的这些城镇或为名人故里［如詹尼察辖内的派拉（Pella）古城诞生了亚历山大大帝，[②] 斯科普里是拜占庭皇帝查士丁尼的故里，[③] 莫斯克波里是希腊1821年独立战争的重要资助人——希腊商人、银行家斯纳斯（S. Sinas, 1783-1856）的出生地。[④] 更为教材编者们津津乐道的还有亚里士多德的诞生地斯塔基拉（Stagira），虽然在这个时期这里只不过是一个名不见经传的小村子］，[⑤] 或留下了名人足迹（如使徒保罗曾在古城贝里亚传教），[⑥] 或辖区内有古城遗址（除了前文提到的派拉古城、贝里亚古城，还有艾泽萨曾为马其顿帝国都城。[⑦] 教材中描写最为细致的当然还属萨洛尼卡，这里保留了完整的古罗马建筑群，又有著名的拜占庭教堂），[⑧] 或曾发生过重要历史事件（如纳乌撒因参与希腊独立战争而遭奥斯曼土耳其人屠城）。[⑨] 这些标准化的城镇介绍，兼顾了希腊从古典到现代的历史，很好地呼应了前文提到的这一时期大一统的希腊民族历史观。值得一提的是，人们基本再看不到任何同样居住在这些城镇

---

① Σ. Καραβάς, “Ο Κωνσταντίνος Παπαρρηγόπουλος και οι εθνικές διεκδικήσεις (1877-1885),” pp.165, 167.

② Antoniadis, 1882, p.129; Papagiannopoulos, 1892, p.79; G. Metaksas, 1901, p.70; Chrysanthakopoulos, 1905, p.141; Mitsopoulos, 1906, p.72; Makrinaios, 1908, p.109; N. Metaksas, 1910, p.103.

③ Papagiannopoulos, 1892, p.80; N. Metaksas, 1899, p.110; G. Metaksas, 1901, p.70; Androutsellis, 1902, p.140; Chatziemmanouil, 1905, p.161; Makrinaios, 1908, p.112.

④ Sakellarios, 1887, p.69; Papagiannopoulos, 1892, p.79; Androutsellis, 1902, p.138; Chrysanthakopoulos, 1905, p.143; Chatziemmanouil, 1905, p.160; Makrinaios, 1908, p.109; Mitsopoulos, 1909, p.2.

⑤ Papagiannopoulos, 1892, p.80; G. Metaksas, 1901, p.70; Androutsellis, 1902, p.138; G. Metaksas, 1902, p.89; N. Metaksas, 1910, p.103.

⑥ Dimitsas, 1878, p.124; Antoniadis, 1882, p.129; Androutsellis, 1902, p.137.

⑦ Dimitsas, 1878, p.122; N. Metaksas, 1899, p.109; G. Metaksas, 1901, p.70; G. Metaksas, N. Metaksas, 1902, p.79; G. Metaksas, 1902, p.89; Lazos, 1903, p.82; Chrysanthakopoulos, 1905, p.141; Chatziemmanouil, 1905, p.160; Makrinaios, 1908, p.109; N. Metaksas, 1910, p.103; Karagiannidis, 1911, p.72.

⑧ Dimitsas, 1878, p.122; N. Metaksas, 1899, p.109; G. Metaksas, 1901, p.70; Androutsellis, 1902, p.137; G. Metaksas, 1902, p.88; Chrysanthakopoulos, 1905, p.140; N. Metaksas, 1910, p.103; Karagiannidis, 1911, p.72.

⑨ Antoniadis, 1882, p.129; N. Metaksas, 1899, p.109; Androutsellis, 1902, p.137; Makrinaios, 1908, p.109; Karagiannidis, 1911, p.72.

中的其他族群的历史。

历史维度之外，城镇现状中最频繁被提及的就是此地是否有希腊学校，是否归属于东正教宗主教会的主教区。显然，这两个当时马其顿地区希腊民族归属的重要标识①也被此时的希腊地理教材广泛采纳，用以强调这些城镇的希腊属性。这种关于现状的内容又往往与历史介绍形成互补，如塞雷斯、科赞尼、科里察等地，虽然没有值得一书的历史名人、古迹遗址、历史事件，但是却有远近闻名的希腊学校。②而梅尔尼科、涅夫罗科比这种虽在历史上籍籍无名、也无希腊学校的城市，却是宗主教会大主教区的所在地。③与历史介绍相仿，现状介绍也极少涉及其他民族，只有在像萨洛尼卡、比托拉这样多民族混居的大城市的介绍中，才会略微看到一些“他者”的身影。比如教材在介绍萨洛尼卡时，就会提到该城中人口占比居首的犹太人，还有人口占比显著的土耳其人；④在介绍比托拉时，除了希腊人，还会稍微提及此处居住的阿尔巴尼亚人。⑤

尽管这一时期希腊地理教材中对城镇的介绍内容趋同，但偶尔也会有一些差异性信息。最明显的就是1906年之后，多位编者都在介绍斯科普里时加入了素有“保加利亚人屠夫”之称的拜占庭皇帝瓦西里二世（Basil II）于1002年在此处大败保加利亚人的历史事件。⑥作为希腊人成功击败保加利亚人的“高光时刻”，在民族矛盾与民族竞争越演越烈、战争一触即发的年代被写入课本，这显然与马其顿的时局密切相关。插入这样的情节，似乎是在向希腊的年轻人暗示同样的胜利也有可能再次重演。

综上所述，可以发现这一时期希腊地理教材中的城镇介绍着力从历史和现实两方面强调和凸显马其顿尤其是中马其顿地带的城镇的希腊因素，希腊文明从古典、中世纪直到现代都在这里留下了深刻的印记。与之相反的是这些教材

---

① Σ. Βούρη, *Εκπαίδευση και εθνικισμός στα βαλκάνια*, p.57.

② Dimitsas, 1878, p.124; Sakellarios, 1887, p.68; Papagiannopoulos, 1892, p.79; N. Metaksas, 1899, p.109; G. Metaksas, 1901, p.70; Androutsellis, 1902, p.138; G. Metaksas, N. Metaksas, 1902, p.79; G. Metaksas, 1902, p.89; Lazos, 1903, pp.82-83; Chatziemmanouil, 1905, pp.160-161; Chrysanthakopoulos, 1905, pp.141, 143; Makrinaios, 1908, pp.109, 111; N. Metaksas, 1910, pp.103-104.

③ G. Metaksas, 1902, p.89; Chrysanthakopoulos, 1905, pp.141,143.

④ Dimitsas, 1878, p.122; Sakellarios, 1887, p.68; Papagiannopoulos, 1892, p.79; N. Metaksas, 1899, pp.108, 110. G. Metaksas, 1901, p.70; Androutsellis, 1902, p.137; Chrysanthakopoulos, 1905, p.139; Chatziemmanouil, 1905, p.160; Mitsopoulos, 1906, p.72; Makrinaios, 1908, p.109.

⑤ G. Metaksas, 1901, p.70; Lazos, 1903, p.83; Mitsopoulos, 1906, p.73; Makrynaiou, 1908, p.111.

⑥ Mitsopoulos, 1906, p.73; Makrinaios, 1908, p.112; Mitsopoulos, 1909, p.23; Karagiannidis, 1911, p.72.

对同样居住于此的其他民族的忽视与弱化，仿佛这些城镇只有希腊人，从而在课本中打造出一个又一个“希腊”城市，也再次印证了编者们的普遍预设：马其顿是“希腊地”。

六、结语

1878—1913年，就在巴尔干各国对马其顿展开激烈争夺的时期，希腊公共教育中的地理教学与希腊民族主义的领土收复理念“伟大理想”也实现了高度融合，并最终将此前的“他者之地”塑造为“我们的土地”。作为地理教学的基本前提，“伟大理想”渗入了教材编写的每一个环节：一方面，编者们将关于马其顿的讲述纳入所谓的“希腊王国”单元，极力强调希腊民族在此地的主导地位，并精心挑选能够标识希腊民族归属的信息用于城镇介绍，以凸显马其顿的希腊属性；另一方面，编者们在编写过程中极力淡化马其顿的“他者”痕迹，不仅集体排斥此时马其顿主权的实际所有者奥斯曼帝国在此地的行政区划，而且在介绍马其顿城镇时普遍无视其他民族。除了对“他者”的淡化之外，这些教材中还有对希腊人的主要竞争民族保加利亚人的贬损与敌视。所有这一切，无疑都是在强调马其顿是希腊领土的一部分，从而强化了希腊学生对马其顿的国土认同。

1917年，希腊学者I.约阿尼迪斯（I. Ioannidis）发表了一篇题为《学校要为当下的战争负责吗?》的文章，在文中他反思了完全沦为官方意识形态宣传工具的学校教育对社会的负面影响。[①] 而他的发问未尝不适用于本文所关注的时代的地理教学，毕竟无限放大希腊因素的地理课本向学生们呈现的更多的是一个失真的世界。课本之外，马其顿的归属从来都不是如此纯粹单一的问题，而是充满争议。而且，这些课本中时不时出现的所谓希腊人的“神圣使命”与义务（即解放马其顿等“未收复希腊地”并与希腊王国合并）在向年轻人灌输民族主义意识形态的同时，更有可能激发的是他们激进的民族主义行为。

---

① I. Ιωαννίδης, “Ευθύνεται το σχολείον δια τον παρόντα πόλεμον; Πως ειργάσθη και πως πρέσεπι να εργασθή δια την πραγματικήν ειρήνην,” *Νέος Αίων* 1 (1917), pp.335-338, 387-390, 459-462, 535-540, 610-612, 644-649.

附表 本文所用的地理课本

注释简写	书名及出版信息
Androutsellis, 1902, 1904	Σ.Θ. Ανδρουτσελλής, *Γενική Γεωγρφία φυσική και πολιτική προς χρήσιν των ελληνικών σχολείων και παρθεναγωγείων*, εν Αθηναίς, 1902, 1904
Antoniadis, 1881	Α.Ι. Αντωνιάδης, *Στοιχειώδης Πολιτική Γεωγραφία, προς χρήσιν των Ελληνικών Σχολείων*, 4η εκδ, εν Αθήναις, 1881
Chatziemmanouil, 1905	Δ.Π. Χατζηεμμαουήλ, *Φυσική και Πολιτική Γεωγραφία προς χρήσιν των μαθητών των ελληνικών σχολείων και παρθεναγωγείων*, εν Αθηναίς, 1905
Chrysanthakopoulos, 1905	Θ.Γ. Χρυσανθακόπουλος, *Γεωγραφία προς χρήση των μαθητών των ελληνικών σχολείων και παρθεναγωνείων*, εν Αθηναίς, 1905
Dimitsas, 1888	Μ.Γ. Δημιτσά, *Εγχειρίδιον της Φυσικής και Πολιτικής Γεωγραφίας προς χρήσιν των ελληνικών σχολείων και παρθεναγωγείων*, 1888
Karagiannidis, 1911	Α. Καραγιαννίδης, *Γεωγραφία δια τα δημοτικά σχολεία*, εν Αθήναις, 1911
Lazos, 1903	Ι.Ν. Λαζός, *Γεωγραφία προς χρήσιν των μαθητών της Γ΄και Δ΄τάξεως των δημοτικών σχολείων*, εν Αθηναίς, 1903
Makrinaios, 1908	Α.Γ. Μακρυναίος, *Γεωγραφία προς χρήσιν των μαθητών των πλήρων δημοτικών σχολείων*, εν Αθήναις, 1908
G. Metaksas, 1901, 1902, 1903	Γ. Μεταξάς, *Γενική Γεωγραφία προς χρήσιν των ελληνικών σχολείων και παρθεναγωγείων*, εν Αθηναίς, 1901, 1902, 1903
N. Metaksas, 1899	Ν. Μεταξάς, *Γεωγραφία φυσική και πολιτική προς χρήσιν των δημοτικών σχολείων*, εν Αθηναίς, 1899
N. Metaksas, 1910	Ν. Μεταξάς, *Νέα Φυσική και Πολιτική Γεωγραφία προς χρήσιν της Δ΄,Ε΄ και Σ΄τάξεως των δημοτικών σχολείων και παρθεναγωγείων*, εν Αθηναίς, 1910
G. Metaksas, N. Metaksas, 1902	Γ. Μεταξάς, Ν. Μεταξάς, *Γεωγραφία-Ατλάς, Φυσική και πολιτική προς χρήσιν των δημοτικών σχολείων*, εν Αθηναίς, 1902
Mitsopoulos, 1906, 1909	Κ.Μ. Μητσόπουλος, *Γεωγραφία προς χρήσιν των δημοτικών σχολείων και παρθεναγωγείων*, εν Αθήναις, 1906, 1909
Papagiannopoulos, 1892.	Ν.Α. Παπαγιαννοπούλος, *Γεωγραφία Φυσική και Πολιτική προς χρήσιν των ελληνικών σχολείων και παρθεναγωγείων*, 1892
Papaionnidis, 1905	Κ.Δ. Παπαϊωαννίδης, *Γεωγραφική Σειρά προς χρήσιν των εν Βουλγαρία, Ελληνικών Εκπαιδευτήριων*, εν Αθήναις, 1905

续表

注释简写	书名及出版信息
Petalas, 1886	Ν.Σ. Πεταλάς, *Περιηγήσις της Γής ήτοι Παγκόσμιος Γεωγραφία, προς χρήσιν των ελληνικών προτύπων και γυμνασίων*, μέρος Α΄και Β΄, εν Αλεξάνδρεια, 1886
Sakellarios, 1882, 1883, 1885, 1887	Α.Α. Σακελλαρίου, *Στοιχειώδης Γεωγραφία Πολιτική, Μαθηματική και Φυσική, προς χρήσιν της εν τοις ελληνικοίς σχολείοις σπουδαζούσης νεολαίας*, εν Αθηναίς, 1882, 1883, 1885, 1887
Sarris, 1913	Ι. Σαρρής, *Γεωγραφία προς χρήσιν των ελλήνων σχολείων*, εν Αθήναις, 1913
Tsolekidis, Anagnostopoulos, 1903	Ν. Τσολεκίδης, Μ. Αναγνωστοπούλος, *Γενική Γεωγραφία προς χρησιν των ελληνικών σχολείων και παρθεναγωγείων*, εν Αθηναίς, 1903

保加利亚与第二次世界大战——从加入轴心国到战争结束阶段参与反抗德国①

［保加利亚］伊斯克拉·巴耶娃 撰，马细谱 译

内容提要 保加利亚在第二次世界大战期间立场多次改变。在战争前期，保加利亚尽管与德国关系日益密切，但保持中立立场。从1941年初开始，保加利亚不顾社会舆论的强烈反对，加入《三国同盟条约》，在随后的三年里与德国结盟，但同时保加利亚的抵抗运动非常活跃。随着国际和国内局势的变化，1944年9月保加利亚改弦易辙，加入反对希特勒的同盟，为反法西斯战争取得最后胜利做出了贡献。从保持中立到加入轴心国集团再到参与反对德国的立场变化过程来看，保加利亚的立场既不是保加利亚人民也不是保加利亚政治家完全的自由意愿的结果。

关键词 保加利亚；抵抗运动；第二次世界大战

作者简介 ［保加利亚］伊斯克拉·巴耶娃（Искра Баева），保加利亚“克里门特·奥赫里茨基”索非亚大学历史系教授

译者简介 马细谱，首都师范大学历史学院特聘教授、文明区划研究中心首席专家

当我们讨论保加利亚在第二次世界大战中的立场的时候，首先应该看到，这既不是保加利亚人民也不是保加利亚政治家完全的自由意愿的结果。这一切是许多历史的、国家的和地缘政治的因素造成的结果。我之所以这么说，是因

① 本文为作者2020年10月20日为本集刊撰写的专稿，原文题为“България и Втората Световна Война: От принадлежност към Тристранния пакт до участие в заключителния етап на войната срещу Третия райх”，译文略有删节。

为早在1919年，保加利亚社会民主运动的创始人迪米特尔·布拉戈耶夫就指出，在保加利亚发生的事件只有1/4的因素取决于我们自己的意志，而3/4取决于欧洲和世界的因素。[①]

那么，二战前夕保加利亚处于什么样的国内和国际环境呢？最重要的一个情况是，在1913年巴尔干战争结束后签订《布加勒斯特条约》和1919年第一次世界大战结束后缔结《纳伊条约》之后，保加利亚经受了两次民族灾难。从此，所有保加利亚人实现生活在统一国家里的民族理想的努力付诸东流。而后，保加利亚收复失地的政策与所有邻国的坚定立场发生冲突。各邻国要求维持现状，为此（南斯拉夫、罗马尼亚、希腊、土耳其四国）在1934年缔结了《巴尔干公约》。这样，保加利亚面对欧洲出现的新冲突时的选择余地非常有限，它的命运完全取决于国王鲍里斯三世和聚集在他周围的一小撮人的意愿，因为1934年5月19日政变后所有的政党已经被取缔。国王利用这种局面在1935年清除了政变分子，之后又不顾各政党的担忧开始自己独揽大权。另外，国王鲍里斯三世在行动上总是谨小慎微，因为他见证了两次民族灾难，而且他父亲斐迪南国王就是由于造成了民族灾难而逊位的。一国君主的谨慎和犹豫必然会影响保加利亚在军事领域的命运。

中立的保加利亚

欧洲的战事始于1939年9月1日德国入侵波兰，但欧洲政治版图的改变却发端于1938年3月德国兼并奥地利，以及其在同年9月底根据慕尼黑会议的决议进入捷克斯洛伐克的苏台德地区，并得到了法西斯意大利和民主国家英国和法国的同意。1939年3月15日，德国军队开进捷克斯洛伐克领土，并将“波希米亚和摩拉维亚”变成自己的保护国。纳粹德国的这种侵略行动刺激了保加利亚的胃口，因为它也想收回失地。鲍里斯三世开始向希特勒献殷勤。他于1938年9月22日在柏林与希特勒会谈后，于9月24日致信英国首相张伯伦，建议支持希特勒的行动。[②]

1939年9月15日，保加利亚政府宣布中立，并得到全体人民的一致支持。中立政策持续到了1940年底。不同政治势力对中立政策存在不同的解读：对

① 那时他在谈到保加利亚革命运动时说：“保加利亚的革命3/4取决于外部环境，而1/4取决于国内环境。” Д. Благоев, "‘Тесни социалисти’с анархистически глави," *Ново време*, 1919, No.10-11.

② Я. Рихлик, Вл. Пенчев, *История на Чехия*, "Парадигма", С., 2010, с. 862.

政府来说，这种政策具有亲德性质；对公开的反对派来说，这是亲西方的表现；而对地下共产党来说，这是亲苏的倾向。各方暂时未能达成一致的意见，因为反对派继续批评政府取消了政治自由，建立了御用青年组织“战斗团”（Бранник），并正在制定反犹太人的《国家保护法》。[①] 但这些批评并没有阻止政府和国民议会的行动，因为反对派议员只有区区17人。

保加利亚的中立收获了硕果。早在1939年，保加利亚就提出要和平修改《纳伊条约》，收回南多布罗加。保加利亚政府在同德国和英法两国的谈判中都提出了这个要求，借口是面临着“苏联的威胁”。1940年春，将南多布罗加归还保加利亚的公正要求得到了德国、英国、法国、苏联、美国和意大利等大国的承认。有鉴于此，罗马尼亚也不得不同意和平修改条约。同年8月19日谈判开始，尽管谈得非常困难，但最终保加利亚在外交上获得重大胜利，于1940年9月7日签订《克拉约瓦条约》，使面积7527平方千米、人口34.46万人的南多布罗加回到保加利亚的怀抱。[②]

1940年秋，巴尔干地区也发生了战事，保加利亚要维系中立已相当困难。巴尔干的战火不是来自德国，而是来自意大利。意大利1939年4月吞并阿尔巴尼亚后，于1940年10月28日向希腊发出最后通牒，要求占据整个伊庇鲁斯、爱奥尼亚海和爱琴海各岛屿的大部分领土。最后通牒遭到希腊的坚决拒绝，意大利军队遂入侵希腊领土。意大利邀请保加利亚参加作战行动，但鲍里斯三世国王拒绝派军队进入希腊，其中立政策似乎在继续维持。不久，形势发生了变化，意大利的进攻受阻，意大利法西斯面临失败，而只有德国军队的介入才能挽回败局。

保加利亚地缘政治局势的变化也激活了包括苏联在内的外部因素。1940年11月2日，苏联政府考虑到保加利亚传统上的亲苏主义及其与德国的和解，向保加利亚提议缔结互助条约。11月24日，苏联外交人民委员部秘书长阿尔卡季·索波列夫访问保加利亚，与鲍里斯国王、博格丹·菲洛夫首相和伊万·波波夫外相举行了会谈。苏联向保加利亚提出了12点建议，根据这些建议，苏联计划支持保加利亚在西色雷斯和东色雷斯的民族利益，在保加利亚受到第三国威胁时提供军事和其他援助；保加利亚需要在黑海和海峡地区向苏联提供帮助（指提供布尔加斯和瓦尔纳港口作为军事基地）。两天之后，即11月27日，苏

① 根据《国家保护法》，将禁止犹太人从事某些职业、与保加利亚人通婚、在企业中持有股权，并向他们增加附加税，还限制他们的活动。后来，他们被赶出大城市，其中男人和青年被送到劳改营。

② *История на България*, Т.9, 1918-1944, БАН-ИИИ, С., 2012, с.366-375.

联驻保加利亚大使亚历山大·拉夫里什切夫收到了保方的答复——温文尔雅，但满口的拒绝。①

但是，保加利亚的地下共产党却动员社会舆论全力支持苏联的建议。身处莫斯科的格奥尔基·季米特洛夫号召保加利亚共产党人向人民做解释工作，并征集签名支持。这种友好关系体现了保加利亚对"解放者俄国"的承认，形成了"索波列夫运动"。② 从1940年11月到1941年1月中旬，保加利亚全国的共产党、共青团员、保苏友协会员、工会会员散发号召书、张贴标语口号，征集了150万人的签名，赞同索波列夫的建议。此外，还有发给国民议会的约34份信件、电报和署名的提案。③ 能够收集如此之多（就算可能有所夸大）的签名说明这不仅仅是共产党人及其同情者所为。参加签名运动的有农民联盟盟员、社会民主党人、律师和各界人士。然而，社会各界的支持并没有帮助苏联的建议得到实现，保加利亚仍然朝着不同的方向前进。

德国对保加利亚当局施加的压力与日俱增，而亲苏的社会舆论也威胁着鲍里斯三世国王。国王试图遏制国家的"布尔什维克化"，制止"人民的亲苏感情"。他甚至宣称，会晤索波列夫是他生平中最不愉快的日子，因为"如果说希特勒是坚决用军队威胁我的话，那斯大林就是用我的臣民向我施压"。④ 保加利亚国王明白无误的表态说明，他的地缘政治选择方向明确，保加利亚的中立已徒有虚名。很快，真相就大白于天下。希特勒出兵巴尔干不仅是为了帮助深陷希腊的意大利盟友，而且是为了加强针对最大意识形态敌人的苏联的"巴巴罗萨计划"的南翼。该计划通过希特勒1940年12月18日签署的第21号指令得到批准，意大利在希腊的失利和英国介入巴尔干事务导致冲突一触即发，因此希特勒决定在东方展开大战之前先解决巴尔干问题。保加利亚的重要性凸显出来，它位于德军从罗马尼亚的多瑙河岸到达希腊的最短路线上。德军进入保加利亚似乎已经不可避免，问题是他们以什么身份进入——是作为盟友还是作为侵略者？

战前鲍里斯三世国王的亲德路线和首相菲洛夫的极端媚德态度都决定了保

---

① Недю Недев, *Три държавни преврата или Кимон Георгиев и неговото време*, "Сиела", С., 2007, с.480-484.

② В. Чичовска, *Соболевата акция*, С., 1972.

③ *История на антифашистката борба в България*, Т.1, 1939/1943 г., "Партиздат", С., 1976, с.120-125.

④ Е. Калинова, *Победителите и България 1939-1945*, УИ "Св. Климент Охридски", С., 2004, с.83-84.

加利亚将加入1940年9月27日在柏林缔结的《三国同盟条约》。[1]保加利亚政府在1941年1月20日做出了加入该条约的决定，这意味着中立政策的结束并引起了反对派的不满——1941年1月29日，15名国会议员发表声明，要求维持中立并接受苏联的建议。保加利亚工人党中央七中全会做出了类似的决议，号召人民抗议政府加入《三国同盟条约》。2月10日，以尼科拉·穆沙诺夫为首的7名反对党派国会议员会见了菲洛夫首相，对与德国关系的发展表示担忧，并要求获得更多的信息，但未收到答复。2月21日，抗议浪潮达到高峰，12名反对派政党的议员发表倡议，要求觐见国王鲍里斯三世。他们指出，“人民对卷入战争深感不安”，国王应该“拯救和平和维持中立”，以捍卫民族独立，以免国家沦为“交战国的战场”[2]。保持中立的所有努力都化为无济于事，因为政府早在这年1月就做出了加入《三国同盟条约》的决定。

保加利亚加入《三国同盟条约》

1941年3月1日，德国外交部长约阿希姆·冯·里宾特洛甫和保加利亚首相博格丹·菲洛夫[3]（不是保加利亚外交部长伊万·波波夫，据称他“病了”）在维也纳签署了《三国同盟条约》。保加利亚由此抛弃中立，加入了第二次世界大战。1941年3月2日，国民议会讨论入约问题，以尼·穆沙诺夫为首的17名议员提出抗议质询，但他们被禁止在议会大厅宣读。相反，绝大多数议员高呼“乌拉!”对加入《三国同盟条约》表示欢迎。1941年3月6日，尽管共产党人的《工人事业报》发表文章，称加入条约是迈出了“灾难性一步”，号召为争取和平、撤离德国军队和与苏联签订条约而斗争，但保加利亚社会似乎已经接受了新的形势。

唯一试图组织武装抵抗与德国结盟的人是农民联盟“普拉德内派”（Пладне）的领袖格奥尔基·梅·迪米特洛夫，他受到了英国情报机构的指使。英国情报部门希望帮助保加利亚像南斯拉夫的三月政变一样搞一场反对德国的

---

① 《三国同盟条约》由德国、意大利和日本签署，它是1936年签署的《反共产国际协定》的延续。它向其他国家的加入敞开了大门，但一直沿用原来的名称。到1940年底，匈牙利（11月20日）、罗马尼亚（11月23日）和斯洛伐克（11月24日）参加了《三国同盟条约》。

② И. Димитров, *Буржоазната опозиция 1939-1944*, С., 1997, с.52.

③ 菲洛夫的观点反映在1941年1月4日他与里宾特洛甫会晤时的谈话中：“我们的命运与德国的命运紧密相连。我们的政策自1914年以来永远十分明确和坚定不移，我们加入条约是这一政策顺理成章的结果，而不是一时的应景而为。” Б. Филов, *Дневник*, “Наука и изкуство”, С., 1991, с.201-203.

政变。这个行动计划预计在1941年4月12日至13日进行，迪米特洛夫招募了约50人，英国使馆则提供资金、武器和炸药。但是，计划在1941年2月22日暴露，迪米特洛夫在抓捕过程中逃到了英国大使馆。2月26日，他藏身于一个英国使馆的行李箱，被送到了伊斯坦布尔。其他政变的参与者被抓获、受到审判并被判处死刑。

德国军队在保加利亚加入《三国同盟条约》后立即进入保加利亚领土，驻扎在南部边境。保加利亚进行了部分动员，军队从最初的10万人增加到29.5万人。在巴尔干地区不断升级的战争中，保加利亚开始为参与军事行动做准备。1941年4月6日，德国同时入侵希腊和南斯拉夫，力图控制巴尔干半岛并将英国人赶出该地区。保加利亚军队没有参与这些军事行动，因为它负责守卫与土耳其的边界。

这场“闪电战”迫使南斯拉夫和希腊于4月17日和4月30日投降，两国领土被瓜分，保加利亚则积极参与其中。4月18日，鲍里斯三世国王拜会希特勒，要求保加利亚占据波莫拉维尔和瓦尔达尔马其顿，以及斯特鲁马和马里查之间的爱琴海马其顿，并且还想获得白海出海口和西色雷斯等地。这意味着将面积39756.6平方千米、人口1875904人的地区并入保加利亚，使其国土面积达到150668平方千米。保加利亚军队的主要任务是维持新占领土地上的秩序和安全。[①] 在德国的帮助下，保加利亚扩张了领土，这被统治者和大多数民众解释为保加利亚的统一。因此，鲍里斯国王被冠以“统一者”之名。问题是，这种连德国和意大利官方都不承认的临时性战果，在多大程度上可以保留下来。

1941年6月22日，战争进程和保加利亚局势都发生了根本性变化。德国对苏联发动进攻意味着第二次世界大战开始进入了一个新的阶段。保加利亚社会形成了亲苏派和反苏派的鸿沟，政府当局也承认人民思想混乱，出现强烈亲苏情绪。[②] 这种强烈的亲苏情绪使保加利亚当局不敢公开支持德国的入侵，尽管暗中监视苏联使馆的活动在不断增加，但保加利亚仍与苏联保持着外交关系。

---

① 保加利亚史学界认为，保加利亚军队具有地方军性质，因为这些由保加利亚控制的土地上有保加利亚居民。根据国际法，这些地区不是保加利亚领土的一部分，它们与南多布罗加不同，只是临时由保加利亚控制。战后它们的归宿得到了解决。对于这些地区的非保加利亚居民来说，保加利亚军队是占领者。

② 例如，布拉戈耶夫区的区长报告说：“我们这里主要是农民，对苏联怀有深厚的感情。第一，他们希望加入《三国同盟条约》后仍然是俄国的朋友；第二，他们相信，苏联拥有千百万人民和辽阔的土地，是不可战胜的。”瓦尔纳州的警察局长反映说：“苏德战争的爆发完全出人意料。它让大部分保加利亚人惊恐不安，无所适从，陷入苦恼。”引自*История на антифашисткатa...*, T.1, c.166-167。

面对形势的变化，保加利亚共产党人的反应最为强烈。6月22日，格·季米特洛夫被斯大林召见，讨论共产国际的立场。季米特洛夫在日记中写道："我们就工作达成了一致意见。目前，共产国际不应公开出面。各国党应就地开展保卫苏联的运动。不应提出社会主义革命问题……这是粉碎法西斯主义的问题，它奴役了一系列国家的人民并企图继续奴役其他国家的人民。"[①] 从此，德国法西斯成了共产党人的主要敌人。6月22日保加利亚共产党人发出号召："无论如何不能让本国的土地和军队被德国法西斯利用于侵略目的。"[②] 6月24日，保加利亚工人党中央政治局扩大会议决定发动保加利亚人民进行武装抵抗，反对"希特勒侵略者"及其保加利亚"君主—法西斯"走狗。

为了开展武装斗争，保工人党成立了军事委员会。但是，在保加利亚并没有开展武装斗争的条件：保加利亚并没有被占领，它已与德国结盟解决了其民族问题，与苏联还保持着名义上的外交关系。因此，准备起义的想法在8月初遭到了抛弃。于是，抵抗运动开始寻找同盟者，开展怠工和破坏活动，建立游击队战斗小组，并特别重视散发传单和印刷品来进行反法西斯宣传。1941年7月23日，设在莫斯科的"赫里斯托·鲍特夫"电台开始工作，10月7日，"人民之声"广播电台从苏联播音。而地下报刊源源不断地引用着这些广播稿。

在保加利亚国内，在索非亚、瓦尔纳、鲁塞、普罗夫迪夫等多地出现了战斗小组，进行破坏活动。1941年7月25日，索非亚至瓦尔纳一线的托普利特火车站被炸毁；8月12—18日，斯利文的一个战斗小组烧毁了准备运往德国的2万捆小麦；8月22日，瓦尔纳的一节油罐车被引爆；9月22日，多斯帕特的板材厂被毁于大火；9月26日，克里奇姆的胡椒厂被烧毁；10月，鲁塞至瓦尔纳的铁路遭破坏，德军的运输受阻。[③]

1941年夏，为支持保加利亚的抵抗运动，苏联通过潜艇和空运派来了约150名保加利亚志愿者（另有5名苏联发报员），这些政治侨民也被称为"潜艇兵"和"伞兵"。当时保加利亚的抵抗运动刚刚起步，而这些派来的志愿者却没有受过良好的训练，也没有为适应保加利亚的环境做好准确。在大多数情况下，他们的任务都以失败告终。一些人在抵达后不久就在枪击中丧生，还有人被抓捕并受审（27名受审者中有18人被判处死刑），只有个别人存活下来参加

① 中文见：《季米特洛夫日记选编》，马细谱等译，广西师范大学出版社，2002，第143页。——译者注

② 引自 *История на антифашисткатa*..., T.1, c. 171。

③ *История на антифашисткатa*..., T.1, c.197-200.

了武装抵抗运动。

保加利亚当局对抵抗运动的出现反应强烈，立即通过立法进行残酷镇压。早在1941年7月10日，共产党议员就遭到起诉被关进劳改营。1941年9月1日至10月30日，警察逮捕了7448人，其中有667名妇女。要对这么多人进行审判相当困难，所以国家安全机关采取“坚决措施”，把他们送往劳改营，受到警察的“严密监控”。[①] 这种劳改营遍布保加利亚，到1942年，被劳改者已有1625人。

1941年底，第二次世界大战和保加利亚的局势都出现重大变化。这年12月7日，日本偷袭太平洋上的美国海军基地珍珠港，第二天，美国便决定向日本宣战。为了声援日本和鼓动日本加入对苏战争，德国也向美国宣战。随后，德国也唆使更多的盟友参与战争。12月12日，德国代表通知保加利亚外长伊万·波波夫，称保加利亚必须向美国和英国宣战。保加利亚政府唯德国马首是瞻，遂决定参战。鲍里斯三世国王对此表示赞成，并于12月13日参加了国民议会的投票表决。用菲洛夫首相的话来说，向美英宣战是在“一片欢呼声中通过的，没有任何争论”。这样，保加利亚与两个大国交战，却还希望这只是“象征性的”。但是，1943年底和1944年初英美空军对索非亚和其他城市进行了轰炸，造成了严重破坏和4206人死亡。[②]

1941年底，德国在莫斯科战役中遭遇第一次重大失败。事实证明，德军并非不可战胜，其对苏联的“闪电战”失灵了。东线战事的持续也改变了保加利亚的形势。一方面，政府不得不更加紧密地绑在德国的战车上；另一方面，反法西斯抵抗运动将是持久的，因此必须寻找新的同盟者。

1942年，共产党人开始寻求更广泛的支持，以遵循季米特洛夫关于“人民阵线”的思想（1935年夏在共产国际七大上提出），团结一切社会和政治力量，反对法西斯主义和纳粹主义。这一行动有助于在敌后帮助苏联反对德军的进攻。这一思想也是对未来的政治和社会选择的补充。为实现这一任务，保加利亚祖国阵线应运而生。1942年7月17日，“赫里斯托·鲍特夫”电台广播了祖国阵线的12点纲领，其中有几点非常重要：“保加利亚要断绝与希特勒德国和其他轴心国的关系”；“停止向希特勒德国和其他轴心国出口粮食和原材料”；“基于保加利亚人民的民族利益，遵守《大西洋宪章》，协调与其他巴尔干国家的行动，

---

① Н. Начев, *Българската полиция 1878-1944: Факти и събития*, С., 2002, с.206-207.

② Р. Руменин, *Американският тероризъм над българите*, “Жар птица”, С., 2004.

建立保加利亚与苏联和英国、美国以及其他自由人民的紧密友谊和合作”；“立即释放所有因反对法西斯和希特勒德国而被捕的军人和平民百姓”；“要恢复人民的政治权利，尤其是出版、集会和结社的权利；取消所有反宪法的、反人民的和法西斯的法律”。[①] 祖国阵线及其纲领是由保共国外局起草和公布的，反映了外部和“上层”的思想。因此，在国内建立广泛的同盟阻力很大，温和的反对派担心共产党人的影响扩大，他们不接受已经开始的武装斗争，害怕引起当局更加残暴的报复和镇压。[②] 结为政治联盟的倡议只得到了农民联盟中以尼科拉·佩特科夫为首的“普拉德内派”和以基蒙·格奥尔吉耶夫为代表的“环节派”（Звено）的响应。

1942年4月11日，保加利亚政局发生变化，成立了新政府。首相菲洛夫留任并兼任外交部长，国防部长是尼科拉·米科夫将军。这次改组政府旨在表明继续镇压抵抗运动的决心。1942年春，3名著名共产党活动家格·敏切夫、安·伊瓦诺夫和特·科斯托夫被捕；7月26日，27名政治侨民遭到审判，其中18人被判处死刑，其他人被判长期监禁；7月23日，60名保共党员及其同情者被推上法庭，其中12人被判处死刑（有6人缺席审判）。但是，镇压并无法消灭抵抗运动，反而激起了更加强烈的反抗——游击队对政府军的打击更加频繁。

1943年，事态的发展使东线战场和保加利亚都迎来了转折。苏联在斯大林格勒战役中取得重大胜利，德军元帅弗里德里希·保卢斯于2月2日宣布被围困的德军投降。德军的此次失败激发了保加利亚的社会和抵抗运动。这年春季，保共国外局领导层重新号召在祖国阵线的政治基础上做好武装起义的准备。由此，全国被划分为12个起义区，中央军事委员会改名为人民解放起义军（НОВА）总指挥部，战斗小组和游击队也变得活跃。但随后的实践表明，这个决议并不符合保加利亚的具体情况。保加利亚的状况与被占领的南斯拉夫完全不同，建立解放区（类似铁托游击队的解放区）的设想是不现实的。战斗小组策划了一系列暗杀事件，但遭到的报复却更加严厉。据1943年警察局的资料，这年共逮捕了137278人。[③]

1943年初，在德国的要求下，保加利亚政府不得不在1月的关于讨论欧洲犹太人问题的“最终解决方案”的万湖会议结束后决定将保加利亚的犹太人送往死亡集中营。早在1942年夏天，保加利亚就成立了犹太人问题委员会

① *История на антифашисткаta борба*..., Т.1, с.242-244.

② М. Минчев, *България отново на кръстопът (1942-1946)*, Тилия, С., 1999, с.11-15.

③ *История на антифашисткаta*..., Т. 2, с. 22-30.

(KEB)。1943年2月12日，在德国驻保大使阿道夫·贝克尔的施压下，保加利亚政府批准了遣送2万名保加利亚犹太人的协议。为履行协议，保加利亚政府于1943年3月4日开始遣送白海地区的4058名犹太人，他们由火车被运至多瑙河沿岸的洛姆，再由洛姆运至维也纳。3月10日起，瓦尔达尔马其顿地区的7144名犹太人被驱逐到洛姆和维丁，再从那里被驱逐到特雷布林卡死亡集中营。

仅仅驱赶新并入的土地上的犹太人满足不了2万人的人数，还需要从保加利亚境内遣送近8000名保加利亚犹太人。这引起保加利亚犹太人的抗议，保加利亚社会各界开始进行拯救4.8万保加利亚犹太人的行动。最后，鲍里斯三世国王同意不再从保加利亚境内驱赶保加利亚犹太人，但他们受到《国家保护法》的所有限制。[①]

1943年夏天，抵抗运动向着建立新的组织迈出了一大步。1943年8月10日，祖国阵线全国委员会诞生，各进步党派的领导人如尼·佩特科夫、基·格奥尔吉耶夫等参加了领导机构。当时，年仅49岁的鲍里斯三世国王于8月28日逝世，给当局带来了沉重打击。由于王位继承人西美昂年仅6岁，根据宪法不能登基，国民议会经过辩论于9月9日决定设立由博格丹·菲洛夫首相、尼古拉·米霍夫将军和基里尔亲王组成的摄政委员会辅佐年幼的西美昂，[②]财政大臣多布里·鲍仁诺夫则当选为新任首相。与此同时，保加利亚政府中的权力危机和三国轴心在战场上接连失败——苏联在库尔斯克战役中获胜、英美军队登陆亚平宁半岛以及9月3日意大利投降，这一切都鼓舞着保加利亚的抵抗运动。据德国“阿贝维尔”军情处的资料，1943年头9个月里发生了1052起武装行动和破坏活动，而在这年的最后3个月里，又有512起游击队的行动。

武装抵抗运动名义上虽然由祖国阵线联盟领导，但实际上受共产党人的指挥，是在贯彻莫斯科的意图。1943年11月27日，人民解放起义军总指挥部下达命令，让各游击队“最大限度地扩大自己的行动”。但是，结果大大低于预期，因为在冬季采取大规模行动只会导致大量的人员伤亡。尤其是在1944年1月，政府建立了宪兵队，专门打击游击队。政府为游击队首领设置了高达5万列弗

① 关于拯救保加利亚犹太人的图书资料有很多，但值得重点关注的著作是：Р. Аврамов, *“Спасение” и падение: Микроикономиката на държавния антисемитизъм в България 1940-1944 г.*, Св. Кл. Охридски, 2012。

② 选举摄政委员会的程序违背《特尔诺沃宪法》，因为它是普通国民议会，而不是大国民议会；此外，推选王室成员摄政也是宪法不允许的。

的悬赏，并向3624人发放了65135772列弗的奖励。[①]

在这种情况下，保加利亚迎来了1944年的转折之年。对保加利亚当局和反希特勒同盟来说，游击运动都不容忽视。1944年初，英国试图与保加利亚游击队建立联系，以便与他们在南斯拉夫抵抗运动中的军事使团协调行动。于是，英国向保加利亚派来了以戴维斯少校为首的秘密军事使团，以帮助保加利亚的抵抗运动。1944年1月，英国又派遣了以弗兰克·汤普森上尉带领的新军事使团。由此保加利亚特伦游击队获得了大批武器、弹药和军服，但政府军袭击了游击队，并在战斗中杀死了戴维斯少校及其同伴，后来又杀死了汤普森上尉。汤普森上尉在6月10日被捕，尽管他亮明了英国军官的身份，但还是遭到处决。美国情报部门也很关注保加利亚的抵抗运动，称其潜在人数约有2万人，是“年轻的理想主义共产党人”，并认为祖国阵线以共产党人为主，其纲领是“温和的”和“非革命的”。[②]

由于1944年春天游击运动明显活跃，政府命令宪兵队、警察和军队全力扼杀抵抗运动。5月10日，政府颁布第26号命令，对于游击队员和帮助游击队的老百姓以及外国游击队员格杀勿论。但是，第二次世界大战的历史表明，屠杀平民百姓并不能消灭抵抗运动，而只会增强抵抗运动。

温和的反对派也逐渐活跃起来，寻求新的政治地位。1944年初，尼·穆沙诺夫、阿·布罗夫和迪·季切夫与苏联驻保加利亚大使馆取得联系，宣布如果他们领导政府，他们就将与苏联合作。他们还建议摄政委员会在没有共产党人参与的情况下改变外交政策，但在4月11日被拒绝。直到这时，温和反对派才意识到，外交政策的转变离不开共产党人的支持，于是他们在8月初宣布与祖国阵线合作。温和反对派和共产党人共同向摄政委员会呼吁“彻底”改变外交政策，保卫宪法，成立“受全体保加利亚人民信任的人民政府”，但也以失败告终。[③]

从盟友到德国的敌人

1944年夏季，东线战场越来越接近保加利亚，如何发生变革和谁将上台

---

① В. Тошкова, “България в европейската съпротива през Втората световна война,” *Изследвания по история на социализма в България*, Т.1, 1891-1944, С., 2008, с. 422.

② В. Тошкова, “България в европейската...,” с.220-221, 235.

③ Б. Филов, *Дневник*, с.726-727.

的问题已经提上了议事日程。保加利亚当局筹划以较小的代价退出《三国同盟条约》，因为保加利军队没有参与战事。6月1日，保加利亚成立了以伊万·巴格利扬诺夫为首的新政府。8月8日，政府派出特使斯托伊乔·莫沙诺夫前往开罗，希望与英美就退出战争进行谈判。然而莫沙诺夫的任务失败了，因为国家的命运取决于苏联。8月26日，保加利亚政府宣布中立，但由于苏军已在东线展开全面反攻，所以这种中立并未奏效。其时雅西—基什尼奥夫战役（8月20—29日）已迫使罗马尼亚休战，苏军以摧枯拉朽之势直抵多瑙河畔的保加利亚边境。保加利亚反对派策划改组政府，并吸收祖国阵线代表参加，但遭到后者拒绝。9月2日，以农民联盟人士康斯坦丁·穆拉维耶夫为首的保加利亚新政府成立，为保加利亚和平过渡创造条件。该政府开始大赦，解散亲法西斯组织，从保加利亚占领的土地上撤军。9月5日，苏联向保加利亚宣战，保加利亚遂于9月8日向德国宣战。

早在1944年8月30日，祖国阵线全国委员会就发表《致保加利亚人民和军队宣言书》，号召成立祖国阵线政府取代巴格利扬诺夫政府，并提出了16点纲领。1944年9月1日，人民解放起义军总指挥部发布命令，要求“全面动员，为建立祖国阵线政权举行全民武装起义”。[①]9月初，索非亚、佩尔尼克、普罗夫迪夫等大城市组织了罢工和游行，游击队开始占领农村。1944年9月8日至9日，支持祖国阵线纲领的军队在索非亚发动政变，政权落入以基蒙·格奥尔吉耶夫为首的祖国阵线联合政府手中。

新政府由当时的反对派政党代表组成，其在9月17日公布的施政纲领称：“与苏联竭诚友好，与兄弟的苏联人民结为永恒的友谊，与西方民主国家和伟大的美国建立友好关系……恢复宪法和保加利亚人民的一切权利与自由……根据人民的自由意志重建国家……（实施）无障碍和广泛的公共教育……军队全面民主化。”[②] 由此可以看出，9月9日起保加利亚社会开始民主化，恢复了政治多元化，采取了遏制投机倒把和剥削的经济措施，支持中小企业和合作社。这种政治和经济管理的混合模式被称为“人民民主”。

到1944年9月，保加利亚军队都没有参加军事行动，德国建议保加利亚向

---

① *Въоръжената борба на българския народ против фашизма (1941-1944)*, Документи, С., 1962, с. 640.

② 参见Петко Симеонов, *Публичното събрание от 17 септември 1944*, Изд.: Омда, С., 2009, с.5-8。

东线派兵但遭到拒绝。[①]保加利亚的理由是，它的军队要维持被占领土上的秩序，后来又强调要同游击队做斗争，由此免去了义务。9月8日，当保加利亚向德国宣战时，它发现自己与德国和以美、英、苏为首的反希特勒同盟都处于战争状态。为此，新政府不得不在9月9日请求与反希特勒同盟休战并开始谈判，还建议将保加利军队加入同德国正在进行的战争。为了表达善意，甚至在10月28日保加利亚在莫斯科与苏、美、英签订停战协议之前，保加利亚军队就掉转枪口，打击它之前的盟友。

从这时起，保加利亚才真正参与战争。第一个需要解决的问题是如何处理被占领和新近并入保加利亚领土上的保加利亚军队。无论是反希特勒同盟的战胜国还是南斯拉夫和希腊的抵抗运动，都要求保加利亚军队尽快撤出瓦尔达尔马其顿、波莫拉维尔和白海等地区。保加利亚军队被迫撤出了这些地区。与此同时，祖国阵线政府希望保加利亚军队站在反希特勒同盟一边继续对德作战，以证明新保加利亚具有反希特勒性质，并为未来讨论和平条约创造条件。

当保加利亚军队撤出上述占领地区时，祖国阵线政府开始改组军队，并进行了新的动员，建立了一支拥有45万人的人民军队。这支军队被重组为4个军，还成立了新的由游击队员、反法西斯战士和志愿者组成的近卫兵团，其人数超过7000人。在人民军队里，按照苏联军队的模式设立了政治部和士兵委员会。

9月11日，德军攻占了库拉，后又强攻维丁。保加利亚军队于9月14日发起反攻，解放了维丁。到9月17日，德军已彻底被驱赶出保加利亚。

9月17日，保加利亚军队被编入由费奥多尔·托尔布欣元帅指挥的乌克兰第三方面军。10月5日，保加利亚祖国阵线政府与南斯拉夫领导人铁托在克拉约沃签订协议，保加利亚军队出国作战的政治障碍已经消除。保加利亚3个军的兵力开赴莫拉瓦和瓦尔达尔河谷，截断德军从希腊和爱琴海各岛屿撤退的主要道路。保加利亚军队进攻的方向是尼什（第二军）和斯科普里（第一军）。夺取尼什的战斗从10月8日持续到14日。10月8日，保军开始攻打斯科普里，但直到11月14日才和南斯拉夫军队一起解放了斯科普里。保加利亚第四军的任务是南下进攻察雷沃—什蒂普—维雷斯防线。第二军的主攻方向是科索沃平原，

---

① 这些建议被拒绝，但菲洛夫政府在1941年10月同意向东线派出一列保加利亚红十字会的医疗火车帮助德军。1942年初火车出发，帮助治疗德军伤员直到1945年初。Спас Спасов-Разбойников, *Българският Червен кръст на Източния фронт 1941-1945*, Изд.: Литературен форум, 1996; Български военни на окупираната територия в СССР през Втората световна война. Българският санитарен влак на Източния фронт, 17 October, 2010, http://www.extremecentrepoint.com/archives/7072.

到11月底，已攻克普里什蒂纳、拉什卡和诺威·帕扎尔（新市场）。保军成功阻断了德军的退路，完成了参战后第一阶段的任务。

保加利亚第一军的10万人在弗拉迪米尔·斯托伊切夫将军的指挥下，在1945年1月至5月参加了与德国最后阶段的战斗。保军作为乌克兰第三方面军的南翼，在匈牙利和奥地利的领土上作战。最激烈的一场战役号称“德拉瓦辉煌”，保加利亚第一军与苏联第57军于3月8日至11日击退了德军的猛烈进攻。为表彰保军固守阵地的战功，托尔布欣元帅在3月11日向第一军司令部发来如下电报：“在最激烈的鏖战中，前线的战士们和你们的官兵一起，顶住了敌人9个坦克师、1个摩托化师和15个步兵师的进攻，顽强地守住了阵地和防线，使敌军遭受惨重的损失。”①

3月26日至30日，保军与苏联第57军向德拉瓦以西挺进40—50千米。1945年5月7日，保军突破“马尔格特”和“普林奇帕里斯”防线。5月9日以后，保军与英军会师，在与乌斯塔沙部队发生遭遇战之后，他们才抵达阿尔卑斯山麓。

保军参加了第二次世界大战结束阶段的战斗，这使斯托伊切夫将军有机会出席6月24日在莫斯科举行的胜利大阅兵，并向包括保军在内的将士们致敬。保军在战斗中牺牲8337人、失踪9155人和负伤22958人。

保军在战争结束阶段的军事行动并不能掩盖保加利亚加入《三国同盟条约》的事实。因此，停战协议中要求保加利亚放弃亲德遗产：“所有法西斯组织都必须解散，被控犯有战争罪行的人都必须受到审判。”从1944年12月20日至1945年4月2日，保加利亚审判了11122人，9155人获刑，其中2618人被判死刑（至今也无法准确地知道到底有多少人被执行了死刑，因为有的死刑犯缺席审判，有的则已经死亡）。主要战犯包括1941年1月1日至1944年9月9日期间的摄政王、大臣、第25届国民议会的议员、高级官吏和军人，等等。②

第二次世界大战期间，保加利亚的立场多次改变。在战争的头两年，保加利亚尽管与德国的关系日益密切，但保持中立。在随后的三年里，出于“国家统一”的幻想，保加利亚不顾社会舆论的强烈反对加入了《三国同盟条约》，与德国结盟。再后8个月在战争结束阶段改弦易辙，加入战胜国反希特勒同盟。最后，从1944年9月至1945年5月，保加利亚支援反希特勒同盟国部队作战，

① *История на България*, Т.3, “Наука и изкуство”, С., 1964, с. 504.

② 1945年2月1日，枪决了3位前摄政王、22名大臣、67位国会议员、47名将军和上校。那些在保加利亚本土和新并入土地上作恶多端实施屠杀的人也被执行死刑。Васил Т. Василев, *Нищоизмислено, нищослучайно. Народният съд... някъде в България*, Изд.: Валентин Траянов, С., 2010.

并为胜利作出了自己的贡献。

时至今日，有人说保加利亚参加欧洲的抵抗运动和战争结束阶段的战斗是徒劳无益的，因为战后保加利亚被视为战败国、遭到占领并被迫签署和约。但是，如果把1947年2月10日的《巴黎和约》与1919年11月27日的《纳伊条约》和1913年7月28日的《布加勒斯特条约》比较一下，就会发现其中的巨大差异。正是由于参加了抵抗运动和反抗德国的战争，保加利亚才不仅没有丧失领土，反而收回了南多布罗加。在加入《三国同盟条约》的国家中，只有保加利亚赢得了这种待遇。这是已经被忘却和否定的那些民众和将士们的伟大功绩，他们躺在安静而又炽热的前线，仍在为祖国尽忠。

巴尔干国家史学界对第二次世界大战中若干问题的争论——以保加利亚为例

马细谱

内容提要 围绕第二次世界大战的讨论、分析和评价，各个被卷入战争的国家对本国二战时诸问题的争论和分歧从来都是存在的。东欧剧变后，巴尔干半岛上的原社会主义国家的民主派人士对于二战中各国共产党领导的反法西斯抵抗运动进行了指责，甚至公开否认。面对这种攻击，一些有良知的中左翼学者纷纷站出来为抵抗运动辩护、“正名”，有的也根据新的史料在撰文修正过去的一些提法和观点。

1989年是保加利亚当代史的分水岭。保加利亚社会政治制度变革后，新的政治力量谴责共产主义的意识形态和社会主义的实践，开始争论应该怎样对待保加利亚历史，并对整个当代史的观念提出了挑战和质疑。一些历史学家则提出，应该结束过去在历史问题上的“内战”，停止那些无休止的争论。历史科学不是法院，不能对历史做出“裁决”，不能对重大历史事件和人物做出简单的否定或赞扬。尽管如此，近年来保加利亚史学界在第二次世界大战中是否存在反法西斯抵抗运动、1944年“九·九”起义的性质及其后的人民法庭审判的合法性、苏联是保加利亚的“解放者”还是“占领者”、今天应该如何评价保苏/保俄关系等问题上的争论仍然非常激烈。本文将以保加利亚为例对此进行一定的梳理，并提出笔者的拙见。

关 键 词 第二次世界大战；历史认识；反法西斯抵抗运动；保加利亚

作者简介 马细谱，首都师范大学历史学院特聘教授、文明区划研究中心首席专家第二次世界大战结束至今已有70余年，围绕这场战争的讨论、分析和评价，从来都是“共同的认识”占据主导地位，但各个被卷入战争的国家对本国二战时历史认识的争论和分歧也一直都是存在的。在国内外政治气候的影响下，不同历史时期会产生不同看法，甚至相互对立的观点。

东欧剧变后，巴尔干半岛上的原社会主义国家南斯拉夫、阿尔巴尼亚、保加利亚和罗马尼亚等国的民主派人士对于第二次世界大战中各国共产党领导的反法西斯抵抗运动进行了指责，甚至公开否认。他们认为，无论是游击队的人数还是抵抗运动的规模及其贡献，都存在虚报、夸大、编造的现象。他们根据某些新解密的史料，断言所谓的“武装斗争”是苏联一手操纵的“反政府”“反希特勒”的行动，目的在于强加苏联的政治制度。面对这种攻击，一些有良知的中左翼学者纷纷站出来为抵抗运动辩护、“正名”，有的也根据新的史料在撰文修正过去的一些提法和观点。这样，关于二战中抵抗运动的书籍和文章较苏东剧变前明显减少。有的书籍、回忆录和文章在谈到抵抗运动时，开始比较客观地讲到共产国际对各国抵抗运动的一些不恰当的指令和位于苏联的巴尔干共产党国外局对各国国内运动的盲目干预，以及游击队的具体人数等问题。这些著述都有利于恢复这段历史的真相，客观地对其予以认识和评价。

在这个从肯定到否定、从承认到不承认的过程中，保加利亚史学界的争论具有一定的代表性，在此笔者以保加利亚为例进行一定的梳理，并提出笔者的拙见。

1989年是保加利亚当代史的分水岭。保加利亚社会政治制度变革后，新的政治力量谴责共产主义的意识形态和社会主义的实践，开始争论应该怎样对待保加利亚的历史，并对整个当代史的观念提出了挑战和质疑。而反对派民主力量联盟的原则是：凡是1989年之前得到赞扬和肯定的，一律予以否定；而那时遭到谴责的，一律予以平反。[①]

有的历史学家则提出，应该结束过去在历史问题上的“内战”，停止那些无休止的争论。他们指出，历史不只是胜利者的历史，有胜利者就有失败者，两者都是历史。历史科学也不是法院，不能对历史做出“裁决”，不能对重大历史事件和人物做出简单的否定或赞扬。尽管如此，近年来他们在很多问题上的争论仍然非常激烈。这些问题有：二战中是否存在反法西斯抵抗运动，1944年

① 保加利亚科学院历史研究所编《保加利亚历史科学：现状与前景》（Институт по история при БАН, *Историческата наука в България—състояние и перспективи*），索非亚，2006，第50页。

“九·九”起义的性质及其后的人民法庭审判的合法性，苏联是保加利亚的“解放者”还是“占领者”，今天应该如何评价保苏/保俄关系，等等。

问题之一：关于1944年“九·九”起义的性质

关于1944年9月9日起义的性质问题，保加利亚学者们的看法存在严重的分歧。过去在保加利亚史学界占统治地位的观点是：这是一场人民革命，绝不是旧军队的“军事政变”。苏联红军无疑在这一进程中起了重大作用，但这是保共领导的武装抵抗运动的结果，是“一场历史性的胜利”，奠定了“社会主义革命的基础”。绝大多数学者指出，这是一场“人民的武装起义”，是“社会主义革命的开端”。因此，9月9日被定为保加利亚国庆日。当然，也有少数学者强调这只是“人民民主革命”，还远不是“苏维埃无产阶级专政”。

1989年保加利亚的社会制度发生剧变后，学者们对“九·九”起义提出了与以往截然不同的看法，甚至完全曲解了历史真相。一些历史学家和政治家的主要论点有：在战争的结束阶段，王国政府“将一个现存的政权交给了保共”；在保加利亚不存在法西斯主义，因而就不应该有“反法西斯斗争”或“抵抗运动”；这次的所谓“起义”，是在克里姆林宫和季米特洛夫等“共产党领袖”唆使下，人为地发动和进行的“共产党暴乱”，是“外国作用的结果”，“违背人民的意愿”；苏军“占领了”保加利亚，把“苏维埃制度强加于保加利亚”；9月9日成为“保加利亚历史上最黑暗的一天”，是“专制主义的节日”；如果不是苏联的干预，保加利亚很可能就跟英、美站在一起，成为欧洲的“民主国家”；因为战前保加利亚的政治制度是“民主制度”，所以它是“欧洲文明”国家之一，而国王鲍里斯三世是“欧洲一位最民主和最文明的统治者”；等等。①

在讨论1944年“九·九”起义的性质时，不应该忘记这一事件所产生的历史影响。保加利亚站在德国法西斯一边参战，其目的是修改一战后协约国与保加利亚签订的《纳伊条约》，从而扩大领土和增加人口。随着德国法西斯的

---

① 例如：留鲍米尔·奥格尼亚诺夫:《1944—1948年保加利亚的国家政治制度》，索非亚，1993；斯·特伦斯基:《不可能的真相》，索非亚，1994；斯·特伦斯基:《保加利亚史——解读某些隐瞒至今的历史事实，681—1996》，索非亚，1997；阿·塞梅尔吉耶夫:《过去的事应免予追究》，索非亚，1999。最新的著作见鲁门·达斯卡洛夫:《从斯坦姆博洛夫到日夫科夫——保加利亚历史中的重大争论问题》（Румен Даскалов, *От Стамболов до Живков—Големите спорове за новата българска история*），索非亚：古滕贝格出版社，2009。

惨败，保加利亚又一次受到战胜国的惩罚，再次面临割地赔款的民族灾难。我们看到，正是由于保加利亚共产党人领导人民进行了反法西斯斗争，并成立了“祖国阵线”及其政府，又与同盟国一起参加了战争结束阶段的反法西斯战斗，才使保加利亚保持了1940年参战前包括从罗马尼亚收回的南多布罗加在内的边界。这在所有参加轴心国的战败国中是唯一的例外，即保加利亚不仅没有丧失战前的领土，反而略微增加了一些领土。

当然，与南斯拉夫和希腊相比，保加利亚的武装抵抗运动确实规模不大，但它参加的人数却远远超过了同样是德国卫星国的罗马尼亚和匈牙利。因此，我们可以说，唯一积极抵抗轴心国军事力量、站在反希特勒同盟胜利一方的，是保加利亚共产党。1944年9月的起义确定了保加利亚共产党的领导地位，使得“祖国阵线”的纲领得以实施。这份纲领证实了共产党民主和反法西斯的身份，描绘了共产党掌权的宝贵行动，也促进了保加利亚被纳入苏联的影响和控制范围的进程。① 同时，它也为保加利亚与同盟国缔结享有尊严的停战协定与和平条约奠定了基础。

在纪念1944年9月9日事件70周年的一次学术会议上，保加利亚科学院院士、历史学家格奥尔基·马尔科夫指出：“达成一个共识较难，但可以找到一个接近的平衡点。不管你叫它是政变性事件还是转折性事件，客观上它都是保加利亚历史上一个分水岭，产生了深刻的影响。9月8日深夜和9日凌晨在索非亚确实发生了国家政变，我深信这一点，因为我研究了军事同盟的所有政变。而这场政变的结果是一场社会革命。如果我们采用今天的时髦说法，这就是一场制度的变革，是经济的、社会政治的和生活方式的变革。”②

问题之二：关于游击队员的人数

无论是对于游击队员和联络员（帮助者）的人数，还是抵抗运动中牺牲的人数，保加利亚史学界还没有根据史料进行精准的研究。综合各方的资料，参

---

① 维特卡·托什科娃：《第二次世界大战期间欧洲抵抗运动中的保加利亚》，尤金·坎迪拉罗夫主编《保加利亚社会主义史研究，1891—1944》（Витка Тошкова, “България в европейската съпротива през Втората световна война,” *Евгений Кандиларов, съставител, Изследвания по история на социализма в България, 1891-1944*），索非亚：格拉菲麦克斯有限公司，2008，第428页。

② 转引自学术研究集《1944年9月9日转折70年——历史假设与后果》（*70 години от поврата на Девети септември 1944 г.— исторически придпоставки и последствия*, Сборник к ньучни изследвания），索非亚，2015，第8页。

加游击队的人数为9000—1万人，而联络员有2.7万—3万人。[①] 1941—1944年，没有经过审讯就被打死的游击队员和联络员约有2740人，而根据其他统计，牺牲的游击队员和联络员约有6000人。[②]

传统的史料认为，二战中保加利亚游击队员、各战斗小组成员和联络员等共约12万人，约9000名游击队员和2万名联络员牺牲。也就是说，在保加利亚存在反法西斯抵抗运动。保加利亚人民在反法西斯斗争中付出了牺牲，作出了自己的贡献。但是，近几年保加利亚报刊公布的材料称，1989年以前的书籍有些夸大，当时的游击队员只有2500—1万人。[③] 因此保加利亚不存在“游击运动”，而只有一些“恐怖小组”。这些小组没有完全脱离“贫民百姓”，他们的行动对“现政权并不构成任何威胁”。共产党人之所以取得政权，完全是“依仗了苏联红军的占领和帮助”。从这一逻辑出发，他们得出了一个荒唐的结论：战后共产党人建立的政权是“非法的、违反宪法的、恐怖主义的”。因此，应该在议会通过专门的“反共法”，宣布共产党人的政权“不合法”，等等。

二战期间保加利亚游击运动的活跃引起了英国的关注。1943年12月底，英国向保加利亚的游击队派遣了第一个军事使团。1944年1月底，英国向保加利亚特伦游击队和第一起义战斗区（ВОЗ）司令部派遣了以弗兰克·汤普森上尉为首的使团，特伦游击队得到了一大批武器、弹药和军服。1944年5月，英国再次派遣以特姆拜尔少校为首的使团到普罗夫迪夫战区游击队司令部，并带来了少量武器。

保加利亚武装抵抗运动的影响也受到美国侦察部门的重视。1944年初，美国侦察部门认为保加利亚工人党“人数最多”，是“最活跃的公开的小组”；“祖国阵线”以共产党人为主，它的纲领是“温和的”。1944年2月，美国人估计保

① 关于游击队员人数的不同说法，参见迪·东切夫：《游击队——神话与现实：社会调查》（Д. Дочев, *Партизаните—мит и реалност:* Социологическо изследване），普罗夫迪夫，2004年，第9—10页。

② 各种不同资料可参见卡洛金和卡巴若夫的《以生活的名义》（М. Калонкин, Н. Кабаджов, *В името на живота*）一书的第25—158页，其中提供了1941—1944年反法西斯抵抗运动中牺牲者的名单，包括他们的姓名、出生地、活动和牺牲时间。

③ 二战中保加利亚有多少名游击队员和牺牲了多少人，这是保加利亚史学界争论的一个大问题。1989年以前，有的书籍认为，到1944年9月，约有3万名游击队员和近20万名帮助游击队的“联络员”。1989年以后，一些书籍称，到1944年9月9日，约有6900名游击队员和2.7万—3万名联络员；牺牲的游击队员和联络员只有2740人，其中90%为共产党员和共青团员。详见鲁门·达斯卡洛夫：《从斯坦姆博洛夫到日夫科夫——保加利亚历史中的重大争论问题》（Румен Даскалов, *От Стамболов до Живков—Големите спорове за новата българска история*），索非亚，2009年，第254—255页。

加利亚抵抗运动大约有2万人，其中有“最激情的年轻的理想主义共产党人”，他们不顾追捕迫害，积极开展自己的活动。[①]

根据保加利亚工人党中央1944年3月的资料，游击运动包括26支游击队，共有2320人，其中1/3是非党群众，其余为党员和工人青年团员（PMC）；游击队员中70%—75%是贫苦农民，20%是工人，其余是知识分子。[②]

1989年保加利亚发生社会变革后，新版中学教科书中称1941年6月22日德军进攻苏联后战争发生了重大变化。在共产党人的建议下，保加利亚出现了有组织的抵抗运动。但是，编者视抵抗运动为“事实上的反国家行动”，称“在保加利亚领土上派来了军事指导员，组织怠工破坏活动；在山区出现了武装游击队”，“所谓的战斗小组打死军官和警察”。这是指责游击队不是在反法西斯，而是在反政府。

应该说，保加利亚的游击运动是存在的，是巴尔干地区和欧洲反法西斯运动的一部分。只是因为保加利亚是德国的盟国和保加利亚共产党的主要领导力量处在国外（苏联），所以它的规模和激烈程度有所不同，但其反法西斯的性质没有改变。

游击队员是英勇无畏的战士，也是充满理想的革命者。他们在战斗中一往无前、视死如归，他们在最困难的条件下也对自己和国家的前途充满了革命的乐观主义精神，而这种革命精神正是在全世界反对法西斯主义、纳粹主义的共同斗争中诞生的。正是因为如此，巴尔干各地的男女老少，都奋起反抗侵略者，手持简陋的武器参加了战斗。他们决心不惜一切代价赶跑外国侵略者，祈盼自由、民主，渴望更加美好的生活，追求更加公平的社会。时至今日，在保加利亚，在其他巴尔干国家，反法西斯战士的名字仍然受到人们的尊敬，享有一定的殊荣。反法西斯战士的革命精神和坚强的理想信念，一直鼓舞着一代又一代后人。

---

① 维特卡·托什科娃：《第二次世界大战期间欧洲抵抗运动中的保加利亚》，第220—221页。关于游击队员的人数，还可以参见索非亚大学历史系教授艾夫根尼娅·卡琳诺娃和伊斯克拉·巴耶娃撰写的《保加利亚反纳粹抵抗运动真相》，载《新时代》2017年第1—2期（Евгения Калинова, Искра Баева, “Реалният облик на антинацистката съпротива в България,” *Ново време*, No.1-2, 2017），第93—119页。

② 参见《季米特洛夫日记选编》，马细谱等译，广西师范大学出版社，2002，第286页。

问题之三：人民法庭的合法性问题

1945年8月8日，苏美英法四国签订了关于控诉和惩处欧洲轴心国首要战犯的《伦敦协定》。根据该协定成立的纽伦堡国际军事法庭于1945年11月20日开庭，负责对纳粹德国的首要战犯和犯罪组织进行审判。早在此前，英、美、苏等同盟国驻保加利亚监督委员会就要求保加利亚尽快成立法庭，审判战争罪魁和法西斯分子，否则保加利亚作为德国的卫星国和战败国，将在签订战后和约时受到严厉的制裁。因此，保加利亚人民政权接受同盟国的要求，于1944年9月30日制定和通过了人民法庭法令，并于11月28日成立了人民法庭。12月20日，该法庭开始“人民审判”运动。

根据法令，人民法庭审判的主要对象是1941年1月1日至1944年9月9日期间王国的摄政王、内阁大臣、第25届国民议会议员、警察、宪兵和军事长官、州县官吏、市长以及战争罪犯等。据称，在1944年12月至1945年4月的5个月中，人民法庭共受理了135起案件，共有11122人受到审判，其中1516人无罪释放，451人因故停止审判；最后受到惩处的有9155人，其中2730人被判死刑（约占被审判人数的30%），1305人被判终身监禁，4312人被判处1—20年徒刑，808人缓刑判决。

1989年保加利亚发生社会变革后，围绕人民法庭问题出现很大的争论。一方面，反对派政党及其领导人，特别是昔日受到审判的那些人的子女和后代，指责人民法庭是“非法的”，它的成立和活动没有得到宪法和国民议会的认可。他们不分青红皂白，统称审判是“滥杀无辜”，共产党人是“杀人犯”，要求给这些死者和受到“侵害”的人“平反”，“恢复名誉和归还财产”，并向他们的子孙后代提供“补偿”。为此，他们还向议会提交了一项法律草案，要求宣布人民法庭审判关于第二次世界大战中致使保加利亚参战罪犯的法律条例是无效的。

另一方面，部分历史学家和政治家认为，在战后的特殊条件下，人民法庭尽管犯有“扩大化”的错误，对一些著名的民主人士和政治人物的处理是“不公平的”，但其做法是正确的，符合国际上大多数反法西斯国家的惯例，应该予以肯定。他们列举材料来说明相比之下保加利亚人民法庭的审判是“温和的”，例如它只审判了近万人，而丹麦的类似法庭却审判了1.5万人，匈牙利则为2.6万人，捷克斯洛伐克为3.8万人，荷兰为4.5万人，挪威为4.6万人，比利时为5.3万人，法国为9万人。[①] 如果否定人民法庭，那就是否定“法西斯及其罪魁祸首”和一切战犯，就是否定签订的和约和二战的成果。如果把国王和一切确实对民族犯有罪过的人列入“平反”名单，并把二战后期保加利亚脱离德国法西斯的功劳也归功于这些人，那显然违背了历史事实，属于谎言。

问题之四：苏联是“解放者”还是“占领者”

保加利亚与俄罗斯有紧密的历史联系，两国的风俗习惯、语言（使用基里尔字母）相近，有共同的文化和文明，相同的东正教—斯拉夫文化传统。与西方的文化和文明相比，保加利亚更接近俄罗斯，这一点谁都无法否认。

早在1877—1878年俄国同奥斯曼土耳其的最后一次战争中，俄国用牺牲几十万军人生命的代价打败奥斯曼土耳其的征服者，成为保加利亚的解放者。由此，保加利亚获得实质上的独立，俄国也从1878年起临时管理保加利亚，直至1885年帮助南北保加利亚实现统一。此后，俄国在保加利亚的影响开始削弱，而西欧对保加利亚的影响不断加强。

毫无疑问，沙皇俄国在针对保加利亚的政策中，其基本战略目标是占领黑海两海峡，变黑海为“俄国的内海”，变保加利亚为其桥头堡，从而进入地中海。但在打败奥斯曼土耳其的过程中，它对保加利亚和其他巴尔干国家来说，客观上起了“解放者”的作用，推动了巴尔干地区建立民族国家的进程。

到了第二次世界大战的结束阶段，1944年8—9月苏联红军南下，又一次帮助保加利亚打败法西斯，获得解放，在保加利亚各地建立的俄军和苏军纪念碑也成为保加利亚与俄国/苏联友好的见证。因此，二战后保加利亚与苏联建立了一种特殊的、比其他社会主义国家更加密切的友好关系。对保加利亚来说，保苏友谊被喻为像“阳光”和“空气”一样重要，俄国/苏联一直被视为保加利亚的“两次解放者”。

在社会主义年代，保加利亚处处紧随苏联。在国际活动中，保加利亚一贯支持苏联政府的立场和做法。例如，保加利亚1949年支持苏共把南斯拉夫共产党开除出共产党和工人党情报局，1956年支持苏联干涉匈牙利事件，1968年随苏联出兵镇压“布拉格之春”，等等。保加利亚参与苏联的上述活动，在很大

① 见鲁门·达斯卡洛夫:《从斯坦姆博洛夫到日夫科夫——保加利亚历史中的重大争论问题》（Румен Даскалов, *От Стамболов до Живков—Големите спорове за новата българска история*），索非亚，2009，第364—366页。

程度上是为了自己的经济利益，因为保加利亚传统上是农业国，在经济上尤其是在能源上依赖苏联。同时，这也是保加利亚履行“国际主义义务”的表现。

20世纪90年代以后，保加利亚在融入欧洲一体化的同时，对保俄关系进行了全盘否定，谴责俄国/苏联在历史上是保加利亚的“占领者”“掠夺者”。应该说，在新形势下对过去的历史予以新的评价，提出新的看法，这是值得肯定的。但问题是，保加利亚的这种重新评价不是建立在客观、科学和学术的基础之上，而是基于某种政治需要所做出任意的解释和武断的结论。

保加利亚发生剧变之前，因为历史科学中存在“禁区”和“禁题”，一些历史学家对俄国的巴尔干政策有不同看法，但不敢公开表达自己的意见，这是可以理解的。保加利亚发生剧变之后，拿苏联/俄罗斯与保加利亚的关系大肆炒作，则反映了不同的党派利益和政治目的。用政治和意识形态代替历史研究，这不是对历史事实和历史人物的尊重，也不是对历史科学的严肃态度。毫无疑问，历史学家不仅要书写胜利者和失败者的历史，而且要书写历史发展和社会变革的中坚力量——人民群众的历史。只有这样，才能恢复和反映历史的真相，否则，历史将残缺不全、支离破碎，甚至被歪曲和篡改。

东欧剧变30多年来，东欧国家发生的捣毁纪念第二次世界大战中的反法西斯运动及其战士的建筑物、头像，捣毁苏军纪念碑和纪念建筑物，破坏社会主义时期的重要纪念建筑和民族历史文物等行为，让人们感到愤怒。历史证明：任何想摧毁历史纪念物，试图用消除历史遗迹来改变历史、改变人心的做法，都是徒劳和愚蠢的。除了破坏财物、毁灭文明、成为历史罪人之外，这些行为达不到任何目的。

浅析第二次世界大战期间罗马尼亚民族构成的变化*

董希骁

内容提要 自1918年实现“大统一”后，罗马尼亚将“罗马尼亚化”视作建构民族国家的重要手段。第二次世界大战期间，这一进程在内外两方面因素的作用下大大加快：一方面，在民族主义思想的主导下，罗马尼亚政府推行“民族纯化”政策，对一些族裔采取了包括屠杀在内的极端手段；另一方面，领土归属和地缘格局的变化引发了人口交换或少数民族人口的单向流失。这些现象对于当代罗马尼亚的民族构成以及罗马尼亚与邻国的关系有着深远的影响。

关键词 罗马尼亚；第二次世界大战；领土变更；民族纯化

作者简介 董希骁，北京外国语大学欧洲语言文化学院教授、罗马尼亚研究中心主任

第一次世界大战结束后，罗马尼亚借欧洲格局重组之机，于1918年12月1日实现了“大统一”，并最终获得凡尔赛体系的认可。① 在版图迅速扩大的同时，新并入领土上大量少数族裔的存在改变了该国原先的民族构成，这对致力于建构民族国家的罗马尼亚而言无疑是巨大的挑战。在此背景下，“罗马尼亚化”成

* 本文系2018年度国家社科基金冷门“绝学”和国别史等研究专项“罗马尼亚通史”（批准号2018VJX092）的阶段性成果。

① 1918年11月，罗马尼亚和匈牙利的边界初步确立，匈牙利辖下的特兰西瓦尼亚的部分地区被划归罗马尼亚。同年12月1日，来自特兰西瓦尼亚各地的10万多名代表在阿尔巴—尤利亚（Alba-Iulia）举行集会，一致通过与罗马尼亚联合的决议。12月24日，罗马尼亚国王颁布关于特兰西瓦尼亚与罗马尼亚合并的敕令，罗马尼亚实现“大统一”。1920年6月4日签署的《特里亚农条约》标志着国际社会对特兰西瓦尼亚归属罗马尼亚的正式认可。

为该国政府大力推行的国策。第二次世界大战爆发后，民族主义思想在罗马尼亚得到无限释放。随着各方势力此消彼长、欧洲战局跌宕起伏、部分领土反复易手，“罗马尼亚化”政策的整合功能迅速衰退，蜕变为极具排斥性的“民族纯化”政策，呈现出多样化、规模化、极端化特征，对该国的民族构成产生了深远的影响。

国内学者在介绍第二次世界大战中的罗马尼亚时，多着眼于该国外交立场的摇摆和疆域的变更，[①] 对该国民族问题的关注则聚焦于犹太人的命运，[②] 仅有一篇译文涉及其他少数族裔。[③] 而欧洲史学界的视角更为精细和多元，出版了许多深入研究特定族群或地域的著作，[④] 专题论文更是不胜枚举。本文基于对前人

---

① 参见张建辉、王天恩：《第二次世界大战中的罗马尼亚》，《咸阳师专学报》1995年第4期，第58—64页；周旭东：《论第二次世界大战前罗马尼亚的平衡外交》，《史学集刊》2005年第2期，第77—82页；金重远：《巴尔干和第二次世界大战》，《复旦学报（社会科学版）》2005年第3期，第83—94页；徐军良：《特兰西瓦尼亚命运的归属（1919—1947）》，《唐山师范学院学报》2009年第6期，第109—112页；梁强：《苏联与第二次世界大战中的特兰西瓦尼亚问题（1940—1945）》，《俄罗斯研究》2013年第5期，第61—86页。

② 参见姜天明：《希特勒统治下东南欧犹太人的命运》，《世界民族》1992年第5期，第59—66页；胡舶、任霞：《罗马尼亚反犹主义的历史根源》，《历史教学问题》2012年第6期，第26—31页。此外，还有任霞在胡舶教授指导下撰写的硕士学位论文《安东尼斯库时期罗马尼亚的反犹主义（1940—1944）》（陕西师范大学，2009年）。

③ F.H. 波斯特玛：《罗马尼亚的日耳曼人：从移民成为迁居者》，《世界民族》1987年第2期，第13—20页。

④ 较具代表性的论著有：萨宾·马努伊勒：《多布罗加的人口》，布加勒斯特：中央统计局，1939（Sabin Manuilă, *La population de la Dobroudja*, București: Institut central de statistique, 1939）； 拉杜·约阿尼德：《安东内斯库统治下的犹太人》，布加勒斯特：有经人出版社，1998（Radu Ioanid, *Evreii sub regimul Antonescu*, București: Editura Hasefer, 1998）；维奥雷尔·阿基姆：《罗马尼亚历史上的茨冈人》，布加勒斯特：百科全书出版社，1998（Viorel Achim, *Țiganii în istoria României*, București: Editura Enciclopedică, 1998）；索琳娜·宝拉·博罗万、约安·博罗万：《历史和人口视阈下的罗马尼亚日耳曼人》，克鲁日—纳波卡：罗马尼亚文化基金出版社，2000（Sorina Paula Bolovan, Ioan Bolovan, *Germanii din România, Perspective istorice și demografice*, Cluj-Napoca: Fundația Culturală Română, 2000）； 扬-奥雷尔·波普、托马斯·纳格勒、安德拉斯·马扎里：《特兰西瓦尼亚史》（3卷本），克鲁日—纳波卡：特兰西瓦尼亚研究中心，2003—2008［Ioan-Aurel Pop, Tomas Nägler, András Magyari（coordonatori）, *Istoria Transilvaniei*, 3 vol., Cluj-Napoca: Centrul de Studii Transilvane, 2003-2008］；玛丽安娜·豪斯莱特纳：《布科维纳的罗马尼亚化：1918—1944年大罗马尼亚民族国家权利的实施》，慕尼黑：奥尔登堡出版社，2001（Mariana Hausleitner, *Die Rumänisierung der Bukowina: Die Durchsetzung des nationalstaatlichen Anspruchs Grossrumäniens, 1918-1944*, München: R. Oldenbourg Verlag, 2001）；尼古拉·卡拉日、哈利·库勒尔：《罗马尼亚犹太人对文明和文化的贡献》（第2版），布加勒斯特：有经人出版社，2004（Nicolae Cajal, Hary Kuller, *Contribuția evreilor din România la cultură și civilizație*, ediția a II-a, București: Editura Hasefer, 2004）；阿尔贝托·巴斯奇亚尼：《艰难的统一：比萨拉比亚与大罗马尼亚（1918—1940）》，罗马：阿拉克内出版社，2005（Alberto Basciani, *La difficile unione: La Bassarabia e la Grand Romania, 1918-1940*, Roma: Aracne, 2005）；尤特·施密特：《比萨拉比亚：来自黑海的日耳曼殖民者》，基希讷乌：街区出版社，2014（Ute Schmidt, *Basarabia: Coloniștii germani de la Marea Neagră*, Chișinău: Editura Cartier, 2014）；弗洛里安·屈勒-维拉赫：《没有特兰西瓦尼亚人的特兰西瓦尼亚？——第一次世界大战后的中央政府一体化和政治区域主义》，慕尼黑：德古意特奥尔登堡出版社，2014（Florian Kührer-Wielach, *Siebenbürgen ohne Siebenbürger?: Zentralstaatliche Integration und politischer Regionalismus nach dem Ersten Weltkrieg*, München: De Gruyter Oldenbourg, 2014）。

观点的梳理，以及对部分历史档案的解读，力求较为系统地介绍第二次世界大战期间罗马尼亚各民族人口数量和占比的变化，并归纳此类变化的原因，揭示其对罗马尼亚民族国家建构的影响。

一、"大罗马尼亚"时期民族构成的特点

罗马尼亚史学界所说的"大罗马尼亚"（România Mare）[①] 特指该国在两次世界大战之间的状态，通常以《凡尔赛条约》（1919）和《苏德互不侵犯条约》（1939）的签订作为起止点。其间，罗马尼亚王国拥有近现代史上最大的疆域面积：除了1878—1913年"旧王国"的领土外，还包括1913年后渐次并入的南多布罗加（Dobrogea de sud / Cadrilater）、比萨拉比亚（Basarabia）、布科维纳（Bucovina）和特兰西瓦尼亚（Transilvania）[②] 等地区。

"大罗马尼亚"是在欧洲民族主义思想持续发酵、民族国家相继建立的背景下产生的。自19世纪下半叶起，欧洲人就逐渐形成了"一个民族，一个国家"的认识，进而发展为最普遍的民族主义信念。而罗马尼亚也开始将民族权利置于至高无上的地位，建构统一的民族国家成为不言自明的国策。到第一次世界大战末期，民族主义第一次成为解决国际问题的指导原则，尽可能按照种族划分各国疆界，尊重民族同一性和民族自决也成为《凡尔赛条约》的特色之一。[③] 但凡尔赛体系只是降低了东欧少数民族的数量，所有的新国家依然是拥有多个民族的国家。经过该体系的领土划分，在东欧国家中形成了这样一种局面：一方面，每个国家都存在一个数量上占优势并居于统治地位的主体民族；另一方面，每一个主体民族都有小部分人居住在自己亲缘国家的边界之外，不在其管辖权之内。[④] 罗马尼亚亦不例外，尽管它凭借其战胜国地位，在列强博弈中为本

① 本文中地名的外文标注均采用罗马尼亚文形式。

② 罗马尼亚在第二次巴尔干战争（1913）中战胜保加利亚并获得南多布罗加；《凡尔赛条约》（1919）和《圣日耳曼条约》（1919）分别确认比萨拉比亚和布科维纳归属罗马尼亚；广义的特兰西瓦尼亚包括克里沙纳（Crişana）、巴纳特（Banat）和马拉穆列什（Maramureş），《特里亚农条约》（1920）确认其归属罗马尼亚。

③ 李少军：《论民族与民族主义》，《中国社会科学院研究生院学报》1994年第5期，第38—44页。

④ 安东尼·波隆斯基：《小独裁者：1918年后的东欧历史》，伦敦：劳特利奇出版社，1975，第163页（Antony Polonsky, *The Little Dictators: The History of Eastern Europe since 1918*, London: Routledge and Kegan Paul, 1975, p. 163）。转引自茹莹：《凡尔赛体系与东欧民族关系》，《滨州学院学报》2006年第2期，第25—28页。

国争取到了最大利益，实现了“建立一个所有罗马尼亚人的国家”的夙愿，但大片领土的并入使其民族构成更趋复杂，族际冲突和社会矛盾陡增。

1918年的“大统一”使罗马尼亚的领土和人口都增长了不止一倍（领土从13.7万平方千米增至29.5万平方千米，人口从723.5万人[①]增至1805.7万人[②]），少数民族人口也随之增长。1930年12月，在统计学家萨宾·马努伊勒（Sabin Manuilă）的主持下，罗马尼亚进行了有史以来最全面、最专业的一次人口普查。结果显示，罗马尼亚族占全国总人口的71.89%，少数民族占了近三成（见图1）。

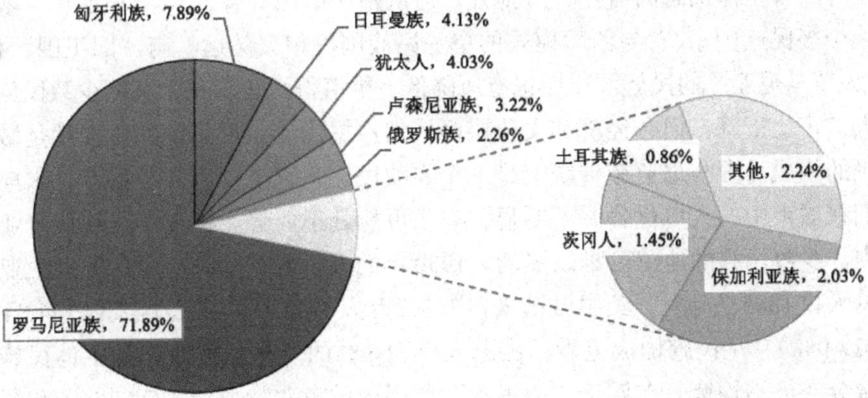

图1 “大罗马尼亚”的民族构成（1930）

在那些新并入的省份，人口构成的“罗马尼亚性”要更弱一些。在特兰西瓦尼亚和比萨拉比亚，“异族”占总人口的40%—50%，而在布科维纳和多布罗加（包括南多布罗加），这一比例甚至超过了半数。实际上，与“大统一”之前相比，该国少数民族的占比还是有所降低的。至少从单个民族的人口占比看，罗马尼亚族在所有地区的数量都占优。而在1918年之前，特兰西瓦尼亚的匈牙利人、布科维纳的日耳曼人，以及比萨拉比亚的俄语族群都曾在当地占据多数。

① 1912年的统计数据。

② 萨宾·马努伊勒：《1930年12月29日罗马尼亚人口大普查》（共9卷），布加勒斯特，1938—1941（Sabin Manuilă, *Recensământul general al populației României din 29 decembrie 1930*, 9 vol., București, 1938-1941）。如无特别说明，本文中涉及1930年人口普查的数据均源自此处。

“大统一”前后民族结构的变化主要是由两方面的原因造成的：其一，彼时对“民族”的定义尚不成熟，导致统计标准存在差异。例如1910年匈牙利（彼时的疆域包括特兰西瓦尼亚和布科维纳）进行人口普查时，为了提升匈牙利族的占比，将语言作为区分标准，把说匈牙利语的犹太人全部算作匈牙利族。而罗马尼亚在1930年进行人口普查时，强调从人种、文化传统、宗教信仰等方面来定义民族属性，要求犹太人另行登记。其二，由于对居住国缺乏认同，大量少数民族居民移居至其作为主体民族存在的国度。仍以特兰西瓦尼亚为例，“大统一”后约有20万匈牙利族人返回了母国。上述两大原因导致匈牙利族在特兰西瓦尼亚的占比从1910年的31.6%降至1930年的24.4%。

尽管主体民族的占比有所提升，但从整体结构上看，“大罗马尼亚”依然是一个多民族国家，[①] 与西欧模式的单一民族国家相去甚远。与“旧王国”相比，“大罗马尼亚”的民族同质性也有所降低。更值得注意的是，某些少数民族虽然人口占比下降，但在经济和文化层面依然占据优势，最集中的体现就是城镇居民的构成。罗马尼亚族传统上是一个农牧民族，直至“大罗马尼亚”末期，他们在城市中的人口优势并不明显，甚至可能处于弱势。在某些近现代行业领域内，少数民族的地位已难以撼动。1930年的人口普查结果显示，罗马尼亚全国总人口1805.7万人，其中城镇人口363.2万人（20.1%），农村人口1442.1万人（79.9%）。从民族构成上看，占总人口71.9%的罗马尼亚族作为主体民族，地域分布极不均衡：在属于“旧王国”范围内的奥尔特尼亚（Oltenia）和蒙特尼亚（Muntenia），罗马尼亚族的占比高达97.5%和93.4%，但是在蒙特尼亚地区的中心城市布加勒斯特（București），这一比例仅为77%（犹太人11%、匈牙利族4%、日耳曼族2%）。在摩尔多瓦（Moldova，含比萨拉比亚）地区，罗马尼亚族占89.8%，但在城市中仅占70.8%，而犹太人所占比例则高达23.1%；中心城市雅西（Iași）的罗马尼亚族仅占61%，而犹太人却占34%。罗马尼亚政府在兼并南多布罗加后采取了殖民措施，但该地区的罗马尼亚族依然未满半数，仅占44.2%，而保加利亚族占22.8%，土耳其族占18.5%。特兰西瓦尼亚地区各民族的占比分别为：罗马尼亚族57.8%、匈牙利族24.4%、日耳曼族9.8%、犹太人3.2%。

在“大罗马尼亚”建立之初，当局就意识到了民族构成的变化，因此反复

① 各国民族构成的分类标准，可参考周庆生：《国家民族构成与语言政策问题》，《语言政策与规划研究》2014年第2期，第1—12页。

强调“罗马尼亚化”的重要性，并在1923年颁布的《罗马尼亚王国宪法》中增加了“统一的民族国家”的表述。也许正是因为在人口构成方面缺乏同质性，才必须在法律表述上进行弥补。[①] 从国家的行政架构上看，“大罗马尼亚”延续了“旧王国”的集权理念，极少考虑各地民族构成的特点。不过总的来说，从一战结束到20世纪30年代，罗马尼亚对少数民族的态度较为积极和温和，一些法律也显然是偏向少数民族的。[②] 这主要是因为《凡尔赛条约》中包含关于少数民族的条款，无论罗马尼亚是否情愿，都必须受其制约。卡罗尔二世（Carol II, 1893-1953）在1930年篡位登基后加强了专制统治，罗马尼亚的民族政策也迅速转向保守，原本具有民族整合内涵的“大罗马尼亚化”理念迅速演变为“民族纯化”政策。

二、第二次世界大战期间主要少数民族人口的变化

第二次世界大战前夕，在国内外政治、经济因素的影响下，罗马尼亚的民族主义情绪再次高涨，甚至受法西斯势力的裹挟而出现极端行为。无论在罗马尼亚政界还是民间，都出现了对“大统一”以来民族国家建构进程的不满情绪。除了上文提到的各民族人口比例的问题外，教育和经济领域的情况也差强人意。尽管当局自1930年起在教育体系内实行了一系列“罗马尼亚化”的措施，例如要求所有大学都用罗马尼亚语授课，但1935年公共教育部（Ministerul Instrucţiunii Publice）对学校进行的评估显示，“罗马尼亚化”进程并不彻底，甚至是完全失败的。[③] 而经济层面最让罗马尼亚人感到不安的地方在于，一个所谓“民族国家”的经济命脉居然掌握在“异族”手中。1938年的统计数据显示，在总共22.9万家私营工商企业中，罗马尼亚族占比48.49%，而犹太人为31.14%，另有20.37%属于其他少数民族。其中，只有蒙特尼亚和奥尔特尼亚的经济由罗马尼亚族主导（分别占76.95%和92.55%）。在摩尔多瓦，罗马尼亚族在私营工商企业中的占比为40.65%、而犹太人为56.12%。在以下地区，罗马尼亚族

---

① 卢奇安·博亚:《罗马尼亚是如何罗马尼亚化的》，布加勒斯特：人性出版社，2018，第53页（Lucian Boia, *Cum s-a românizat România*, Bucureşti: Humanitas, 2018, p. 53）。

② 约安·斯库尔图主编《罗马尼亚人史》（第3卷），布加勒斯特：百科全书出版社，2003，第6页（Ioan Scurtu, *Istoria românilor*, Vol. VIII, Bucureşti: Editura Enciclopedică, 2003, p. 6）。

③ 罗马尼亚科学院图书馆藏档案，“康斯坦丁·安杰列斯库手稿”，第2卷第8号（Biblioteca Academiei Române, manuscrise, arh. Constantin Angelescu, II ms. 8）。

拥有的比重更不容乐观：比萨拉比亚17.61%、布科维纳14.56%、特兰西瓦尼亚36.15%、巴纳特47.36%、克里沙纳—马拉穆列什21.22%。[①] 宗教史学家米尔恰·伊利亚德（Mircea Eliade）将这种状况归咎于当局玩忽职守，对塞尔维亚人在巴纳特、匈牙利人在特兰西瓦尼亚、乌克兰人在布科维纳和比萨拉比亚、保加利亚人在多布罗加、犹太人在全国各地“开枝散叶”视而不见。[②]

可见，在二战阴云的笼罩下，罗马尼亚国内的民族主义情绪已经蓄积到了一个临界点，并随着战事的爆发，通过一系列排斥性的政策宣泄出来，甚至出现了制度化、机构化的特点。罗马尼亚首相扬·安东内斯库（Ion Antonescu, 1882-1946）曾野心勃勃地表示：“我希望边界能够恢复到斯特凡大公（Ştefan cel Mare, 1438-1504）时代那样，并在那里殖民，让殖民者成为国家的边界……我们的边界必须通过那些从奥尔特尼亚、泰莱奥勒曼（Teleorman）、戈尔日（Gorj）等地迁移过来的罗马尼亚人来巩固，只有他们才敢于同艰难的生活抗争。”[③] 1942年，安东内斯库政府成立了一个名为“罗马尼亚化和殖民化”的副国务秘书处（Subsecretariat de Stat al Românizării şi Colonizării）。按照该机构负责人蒂图斯·德拉戈什（Titus Dragoş）的说法，“要将地理和历史疆域不多不少地扩大一倍，并用罗马尼亚人的血肉筑成坚不可摧的边界”。[④] 然而，罗马尼亚的领土野心未能在二战中顺利实现，其与邻国边界的频繁变更使相关地区的居民陷入生存危机，造成人口大规模迁移。罗马尼亚政府采取的一系列排斥、清除、迫害措施，更是导致少数民族的人口锐减。

由于各少数民族的族群规模、居住地域、社会构成、与主体民族的亲疏程度存在差异，其境遇也不尽相同，下面将对几个比较重要的少数民族在二战期间的人口变化加以介绍，并揭示变化的主要原因。

---

① 卢奇安·博亚：《罗马尼亚是如何罗马尼亚化的》，第64页。

② 米尔恰·伊利亚德：《盲目的飞行员》，《时代报》1937年9月19日（Mircea Eliade, “Piloţii orbi,” *Vremea*, 19 septembrie 1937）。

③ 马切尔-杜米特鲁·丘戈编《扬·安东内斯库执政期间部长理事会会议记录》（第5卷），布加勒斯特，2002，第464页（1941年12月16日会议）[（Marcel-Dumitru Ciucă, *Stenogramele Şedinţelor Consiliului de Miniştri: Guvernarea Ion Antonescu*, Vol. V, Bucureşti, 2002, p. 464（şedinţa din 16 decembrie 1941）]。

④ 马切尔-杜米特鲁·丘戈编《扬·安东内斯库执政期间部长理事会会议记录》（第6卷），布加勒斯特，2002，第320页（1942年3月13日会议）[（Marcel-Dumitru Ciucă, *Stenogramele Şedinţelor Consiliului de Miniştri: Guvernarea Ion Antonescu*, Vol. VI, Bucureşti, 2002, p. 320（şedinţa din 13 martie 1942）]。

（1）匈牙利族

“大罗马尼亚”的建立，在很大程度上是以牺牲匈牙利的利益为代价的。罗马尼亚依据《特里亚农条约》获得的特兰西瓦尼亚的面积占匈牙利原有疆域的36.2%，而斯洛伐克、南斯拉夫、奥地利等国也在第一次世界大战后从匈牙利获得了大小不一的领土。这意味着匈牙利的国土面积缩小了2/3，同时有1/3的匈牙利人被迫合并到其他国家中。[①] 为此，匈牙利始终对凡尔赛体系耿耿于怀，并试图修正这一体系，统一所有的匈牙利人。这种态度使罗马尼亚等邻国惶恐不安，并做出一些“应激性”反应。在外交层面，罗马尼亚和南斯拉夫、捷克斯洛伐克于1920年结成了被称为“小协约国”的军事同盟，旨在遏制匈牙利。在内政层面，卡罗尔二世和扬·安东内斯库统治期间大肆鼓吹民族主义思想，推行“民族纯化”政策，并将匈牙利族视作重点防范和清除对象之一。曾主持1930年人口普查的萨宾·马努伊勒便是一位民族主义者，他在1935年担任中央统计局（Institutul Central de Statistică）局长时声称：“西部边境（与匈牙利接壤）的问题在于，要对100千米长的边境线进行‘纯化’，这只能通过清除匈牙利元素来实现。”为此，他建议对相关地区进行殖民，甚至通过引进匈牙利境内的罗马尼亚人来进行人口交换。在他看来，“无论是直接清除还是进行同化，匈牙利人都应该消失”。[②]

二战爆发之初，“大罗马尼亚”的完整性遭遇重创。1940年8月30日，在德国和意大利的仲裁下，特兰西瓦尼亚西北部（占整个特兰西瓦尼亚的43%）被割让给了匈牙利，以便该国将匈牙利族占多数的地区整合起来。实际上，所谓的“多数”是沿用了匈牙利1910年人口普查中的语言标准。而经过近30年的发展，被割让地区罗马尼亚族的人口占比（50.2%）早已超越了匈牙利族（37.1%）。[③] 扬·安东内斯库在无力改变两国边界的情况下，提议罗匈两国进行双向式的“民族纯化”，也就是在特兰西瓦尼亚被割裂的两个地区之间实施人口交换，使其分别成为“纯罗马尼亚”和“纯匈牙利”的地区。截至1943年1月

---

① 雷蒙德·皮尔森：《东欧的少数民族，1848—1945》，伦敦：麦克米伦出版社，1983，第172页（Raymond Pearson, *National Minorities in Eastern Europe, 1848-1945*, London: The Macmillan Press Ltd., 1983, p.172）。

② 卢奇安·博亚：《罗马尼亚是如何罗马尼亚化的》，第75页。

③ 奥努弗雷·文采乐、狄亚娜·特迪安：《特兰西瓦尼亚问题：罗匈争端和苏联，1940—1946》，克鲁日—纳波卡：爱康出版社，2014年，第198页（Onufrei Vințeler şi Diana Tetean, *Problema transilvană: Disputa teritorială româno-maghiară şi URSS, 1940-1946*, Cluj-Napoca: Eikon, 2014, p. 198）。

1日，约有19.5万罗马尼亚族人从被割让地区逃回罗马尼亚，使得罗匈两国的民族构成都变得更为“纯粹”。被肢解后的罗马尼亚于1941年4月进行了一次人口普查，结果显示当时的总人口为1353.58万人。由于罗马尼亚丧失了大量少数民族聚居地区，其罗马尼亚族的占比跃升至87.4%，而匈牙利族仅占3%。[①]

（2）犹太人

在“大统一”之前，罗马尼亚并无清晰的“少数民族”概念，非罗马尼亚族居民要么被认为是“外国人”，要么根本不受法律保护。在1918年后新并入的省份中，大多数犹太人不在受法律保护之列。虽然1918年12月30日颁布的法令允许犹太人申请公民权，但前提是他们必须在罗马尼亚出生。由于犹太人身后没有母国支持，极少提出政治诉求，加之他们已深度融入各国社会，且没有民族语言作为显性的身份标记（犹太人都熟练使用其居住地的通用语言，如罗马尼亚语、匈牙利语、德语[②]或俄语），因此很少被当作一个民族对待。鉴于此，本文参照二战期间罗马尼亚的话语表述习惯，将其称为“犹太人”，而非“犹太族”。

从上文的介绍可以看出，犹太人在罗马尼亚各地均有分布（生活在比萨拉比亚的人数最多），且在城镇人口中占有较高比例。如果说其他少数民族因过于强调自身语言、宗教、文化特性而与主体民族格格不入的话，犹太人却因其极强的社会融入能力，在各个领域“无孔不入”而备受责难。他们广泛存在于罗马尼亚的各行各业中，包括法律、医学和新闻界。1937年6月罗马尼亚官方的统计数字表明，在纺织行业中80%的工程师是犹太人，在军队中超过一半的医生是犹太人，有70%的记者是犹太人。报告还称，犹太人构成了2/3的白领人数。仅在布加勒斯特，80%的银行和商业企业的雇员是犹太人，40%的律师是犹太人，99%的经纪人是犹太人。[③]

罗马尼亚社会在二战期间对犹太人的敌意加深，主要有以下三个方面的原因。第一，城市中的犹太人凭借其营商天赋垄断了多个产业部门，引起了政府和民众的嫌忌。而在农村，犹太人因其“二地主”身份而遭世代务农的罗马尼亚族人厌恶。19世纪30年代欧洲爆发经济危机后，清除犹太人并剥夺其财产成

---

① 《1941年4月6日罗马尼亚人口大普查，临时数据摘要》，布加勒斯特，1944年（*Recensământul general al României din 6 aprilie 1941. Date sumare provizorii*, București, 1944）。

② 主要指被称为“犹太德语”的意第绪语。

③ 胡舶、任霞:《罗马尼亚反犹主义的历史根源》，第26—31页。

为加强“罗马尼亚化”、缓解政府财政压力、转移社会矛盾的“一箭三雕”之策。第二，犹太人不仅能用罗马尼亚语（或居住地的其他通用语言）同社会各界自由交流，还掌控着罗马尼亚的一些重要媒体机构（如《真理报》和《晨报》），进而化身为民意代表，操控社会舆论。第三，大多数犹太知识精英持左翼立场，其中不乏共产主义思想的追随者和传播者，而当时绝大多数罗马尼亚族知识分子则推崇右翼的民族主义理念。由此，在以扬·安东内斯库为代表的法西斯势力掌权后，罗马尼亚犹太人的处境急剧恶化。

1940年6月26日，苏联向罗马尼亚发出最后通牒，要求后者依照《苏德互不侵犯条约》割让比萨拉比亚和北布科维纳。罗马尼亚因此失去了近200万罗马尼亚族人口和大量少数民族人口，其中以乌克兰族、俄罗斯族和犹太人居多。同年8月，当罗马尼亚将特兰西瓦尼亚西北部割让给匈牙利后，其境内的所有犹太人从1940年之前的76.5万人（半数以上居住在比萨拉比亚、北布科维纳、北特兰西瓦尼亚）跌至30.2万人。不过，此时犹太人在罗马尼亚全国总人口中的占比仍有2.2%，居日耳曼族（4%）和匈牙利族（3%）之后。在反犹思想的主导下，这一比例并未在1941年的人口普查中得到体现。为了抹杀大量犹太人存在的事实，此次普查仅对罗马尼亚族、日耳曼族和匈牙利族进行单独统计，而犹太人和其余的少数民族都被归入“其他”一栏。[①]

对犹太人系统性、大规模的迫害始于卡罗尔二世执政末期。1940年8月9日，他通过了一部《反犹太法》，下令将犹太人清除出国家机关和其他诸多机构和行业。扬·安东内斯库上台后，更是变本加厉地清除犹太人。1940年11月通过的一项法令规定：“截至1941年12月31日，须用罗马尼亚人替代所有厂矿、民营企业和非营利性组织中的犹太人雇员。”[②] 1941年6月，罗马尼亚对苏联宣战，并一度收复了比萨拉比亚和北布科维纳。当地的很多犹太人选择同苏军一起撤离，而留在上述地区的犹太人则遭到了疯狂的报复。他们被指控与苏联合谋侵占罗马尼亚领土，遭到屠杀、驱逐或关押。据保守估计，至少有12万犹太人被处决或死于德涅斯特河左岸（Transnistria）的集中营中，这一数字最高可能达到27万人。随着战线的向东推进，罗马尼亚当局对犹太人的迫害甚至延伸到乌克兰境内，扬·安东内斯库于1941年12月16日下令剿灭敖德萨

① 胡舶、任霞：《罗马尼亚反犹主义的历史根源》，第26—31页。

② 丹尼斯·德勒唐特：《被希特勒遗忘的盟友：扬·安东内斯库及其统治，1940—1945年的罗马尼亚》，伦敦：麦克米兰出版社，2006，第105页（Dennis Deletant, *Hitler's Forgotten Ally: Ion Antonescu and His Regime, Romania 1940-1944*, London: Palgrave Macmillan Press, 2006, p. 105）。

（Odessa）的犹太人。[①] 特兰西瓦尼亚西北部虽然被割让给匈牙利，但生活在那里的10余万犹太人同样遭到了匈牙利政府的迫害，其中大多数丧生集中营。因此，虽然罗马尼亚在战后收复了特兰西瓦尼亚，但犹太人的数量并未明显增加。世界犹太人大会（Congresul Mondial Evreiesc）1946年开展的一项调查表明，当时罗马尼亚境内约有42.8万犹太人，几乎比1940年初（76.5万人）的规模缩减了一半。[②]

（3）日耳曼族

"大罗马尼亚"境内的日耳曼族约有74.5万人（1930年数据），规模最大的支系是生活在特兰西瓦尼亚、信奉新教路德宗的萨斯人（sași），以及生活在巴纳特、信奉天主教的斯瓦波人（șvabi）。在特兰西瓦尼亚，日耳曼族并不像匈牙利族那样被敌视。一方面，这是因为他们为社会发展作出的贡献得到了广泛的认可；另一方面，则是由于他们在罗马尼亚族和匈牙利族之间起到了缓冲作用。在布科维纳也居住着一些日耳曼族，他们给人的印象比俄罗斯族和卢森尼亚族更好一些。总的来说，罗马尼亚当局对日耳曼族的态度相对宽容，并在教育体系内较大限度地保留了德语学校。

日耳曼族人口在二战期间的变化，主要是由苏德两国对欧洲领土的瓜分和争夺引起的。1939—1940年，德国依据《苏德互不侵犯条约》，有计划地从已划归苏联势力范围的地区撤出日耳曼人，涉及爱沙尼亚和拉脱维亚（1.2万人）、立陶宛（4.5万人）、波兰的苏占地区（13.5万人），以及原属罗马尼亚的比萨拉比亚（9.3万人）和北布科维纳（4.4万人）。1940年10月22日，德国与罗马尼亚签署协定，同意居住在南布科维纳和多布罗加（两地仍属罗马尼亚领土）的日耳曼人回归母国，迁移人数分别达5.5万人和1.45万人。需要指出的是，特兰西瓦尼亚和巴纳特作为最主要的日耳曼人聚居区，并未受到这次民族重组活动的影响。

二战爆发后，罗马尼亚大约有7万日耳曼人应召加入德国国防军，随之东征西战。1944年后，其中一部分人在苏联红军的强大攻势下撤回德国，只有极少数留在罗马尼亚。苏军攻入罗马尼亚后，对特兰西瓦尼亚和巴纳特等地的日

---

① 拉多夫·布拉汉姆:《罗马尼亚民族主义者和大屠杀：查无实据的营救报告及其政治利用》，纽约：哥伦比亚大学出版社，1998，第22页（Randolph Braham, *Romania Nationalists and the Holocaust: The Political Exploitation of Unfounded Rescue Accounts*, New York: Columbia University Press, 1998, p.22）。

② 拉杜·约阿尼德:《安东内斯库统治下的犹太人》，第254页。

耳曼人进行了报复。1945年1月，约有7万名日耳曼人被流放到西伯利亚，其中15%—20%死于劳动营，部分幸存者后来回到罗马尼亚或德国定居。1948年的人口普查数据显示，还有33.2万日耳曼人生活在罗马尼亚，均集中在特兰西瓦尼亚和巴纳特两地。[①]

（4）其他少数民族

除了上述三个民族之外，“大罗马尼亚”时期人口超过10万人的少数民族还有卢森尼亚族（58.28万人，占3.22%）、俄罗斯族（40.92万人，占2.26%）、保加利亚族（36.64万人，占2.03%）、茨冈人（26.25万人，占1.45%）和土耳其族（15.48万人，占0.86%）[②]（见图1）。出于不同原因，这些民族的人口在二战期间也呈现出下降趋势。

卢森尼亚族是乌克兰族的一支，“大统一”之前，其人口在布科维纳地区曾占相对多数。在1930年的人口普查中，罗马尼亚族（44.5%）和卢森尼亚族（27.2%）人口占比的逆转主要是由于统计标准改变而造成的，因为当地有大量操乌克兰语的罗马尼亚族居民。鉴于此，扬·安东内斯库在1941年表示，清除乌克兰人时必须将“纯种”的卢森尼亚人与被乌克兰化的罗马尼亚人区别对待。他指出：“我们必须付出极大的努力，让那些已经异族化的罗马尼亚人回归。近20年来的罗马尼亚化措施取得了些许效果，特别是对那些卢森尼亚化的罗马尼亚人。当布科维纳面临清除乌克兰人的问题时，我们应重新开始这一进程，不能错误地把这个省份受奴役的罗马尼亚人也清除掉。这一举措也适用于比萨拉比亚的南部和北部。我们要清除的只是异族，而不是被异族化的罗马尼亚人。”[③]

俄罗斯族主要聚居在比萨拉比亚，1930年时占当地总人口的12.3%，在城镇中的占比则高达27.1%。更重要的是，俄语在罗马尼亚的社会交往和文化传播中占有强势地位，其使用者的人数明显高于俄罗斯族人口。在城镇居民中，有31.6%的人使用俄语，罗马尼亚语的使用者仅有30.1%，而知识分子的俄罗斯化倾向尤为严重。[④] 比萨拉比亚被割让给苏联后，罗马尼亚境内的俄罗斯族人

---

① 索琳娜·宝拉·博罗万、约安·博罗万：《历史和人口视阈下的罗马尼亚日耳曼人》，第75页。

② 萨宾·马努伊勒：《1930年12月29日罗马尼亚人口大普查》（共9卷）。

③ 马切尔–杜米特鲁·丘戈编《扬·安东内斯库执政期间部长理事会会议记录》（第5卷），第464页（1941年12月16日会议）。

④ 阿尔贝托·巴斯奇亚尼：《艰难的统一：比萨拉比亚与大罗马尼亚（1918—1940）》，第311页。

口的比例急剧降低。

南多布罗加是保加利亚族人口最多的地区。为了增强这一地区的“民族纯洁性”，罗马尼亚政府曾设想将保加利亚族全部驱逐，并将保加利亚境内的罗马尼亚族迁移到此地。[①] 然而，1940年9月7日签署的《克拉约瓦条约》将南多布罗加割让给保加利亚，两国进行了与罗方初衷背道而驰的人口交换：10余万名罗马尼亚人从南多布罗加迁出，同时有6万多名保加利亚人从（罗马尼亚辖下的）北多布罗加迁往保加利亚。通过这次强制性的人口交换，多布罗加地区的民族多样性丧失殆尽，属于罗马尼亚领土的部分基本实现了“民族纯化”。

多布罗加地区另一个较为重要的少数民族是土耳其族。该民族人口的外迁并非罗马尼亚当局主导的“民族纯化”的结果，而是土耳其方面主动提出的。对于罗马尼亚人而言，土耳其人非但不是首要的清除对象，反而还是一种重要的平衡因素，可以遏制保加利亚族成为当地的多数民族。1936年9月4日，在土耳其的倡议下，罗土两国达成协议，同意罗马尼亚境内的穆斯林（主要包括土耳其族和鞑靼族，大部分居住在南多布罗加）迁往土耳其。数据显示，截至1939年，有5.19万名穆斯林（土耳其族4.63万人、鞑靼族0.56万人）迁出罗马尼亚。到1943年，这一数字已经达到7万人。二战结束前，约有11.7万名穆斯林离开罗马尼亚。[②]

茨冈人是一个源自印度北部、散居欧洲各国的流浪民族，也被称为吉卜赛人、弗拉明戈人、波希米亚人或罗姆人。[③] 中世纪时，茨冈人以工匠、乐师、仆役等身份生活在罗马尼亚人建立的各封建公国内。在此后频繁的社会变革中，他们失去了对贵族的人身依附关系，很多人只得以占卜、乞讨甚至偷盗为生。罗马尼亚社会对茨冈人的歧视由来已久，但并不认为他们能够像犹太人那样，对国家的政治和经济构成威胁。1941年2月7日，扬·安东内斯库下令将布加勒斯特的茨冈人流放到德涅斯特河左岸地区，但发布这一命令的动机主要是为

---

① 康斯坦丁·布勒泰斯库：《1878—1938年的南多布罗加人口》，《多布罗加年鉴》（第2卷），1938，第201页（Constantin Brătescu, “Populația Cadrilaterului între anii 1878-1938,” în *Analele Dobrogei*, Vol. II, 1938, p. 201）。

② 萨宾·马努伊勒：《多布罗加的人口》，第151—156页。

③ 如今普遍认为唯有“罗姆人”才是一个不带贬义的称呼，本文沿用了相关历史文献和人口普查中的提法，依然称为“茨冈人”。

了强化社会治安，而非种族清洗。[①] 依据这一命令，约有2.5万名茨冈人（约占该民族总人口的10%，多为流浪者，或那些被认为会对社会造成危害的人）被流放，其中1.1万人死亡。很多茨冈人的公民权得以保留，一些人还走上前线，与罗马尼亚族士兵并肩作战。[②]

三、第二次世界大战期间人口变化对罗马尼亚的影响

第二次世界大战对罗马尼亚民族构成的影响是显而易见的。如果将1930年与1948年的人口普查结果（见图2）做一个对比的话，[③] 可以发现两大变化趋势：首先，人员损耗和领土丧失（比萨拉比亚和北布科维纳被划归苏联，南多布罗加被划归保加利亚）导致罗马尼亚全国总人口大幅下降（从1805.7万人降至1587.3万人）。人口数量上升的民族仅有罗马尼亚族（从1298.1万人升至1359.76万人）和匈牙利族（从142.55万人升至149.99万人），而人口超过10万人的民族从原先的9个降至4个。其次，主体民族——罗马尼亚族的占比从72%跃升至86%，匈牙利族的比例也从7.9%升至9%，而其余少数民族的占比则大幅下降。

从这两大趋势可以看出，无论是因为罗马尼亚政府主动采取的措施（如迫害犹太人），还是其被动接受的苦果（如割让领土），第二次世界大战都在该国"罗马尼亚化"的进程中起到了加速器的作用。罗马尼亚在立场左摇右摆、领土反复得失之间不断向建构"民族国家"的目标靠拢。在其后的社会主义时期、转轨时期，以及欧洲一体化背景下，不管罗马尼亚的内外环境如何变化，上述两大趋势依然在延续。2011年罗马尼亚人口普查的结果显示，罗马尼亚族占比

---

① 维奥雷尔·阿基姆:《关于将茨冈人放逐到德涅斯特河左岸的文献》，布加勒斯特：百科全书出版社，2004，第XI页（Viorel Achim, *Documente privind deportarea ţiganilor în Transnistria*, Bucureşti: Editura Enciclopedică, 2004, vol. 1, p. XI）。

② 维奥雷尔·阿基姆:《罗马尼亚历史上的茨冈人》，布加勒斯特：百科全书出版社，1998，第136—148页（Viorel Achim, *Ţiganii în istoria României*, Bucureşti: Editura Enciclopedică, 1998, pp.136-148）。

③ 1948年的人口普查再次将母语作为标准，严格地说，只是做了语言划分，而非民族划分，因此会与1930年的统计数据存在较大落差。甚至一些民族的名称也发生了变化，例如不再对犹太人进行单独统计，而是按语言标准增设了"意第绪人"一栏，这意味着说罗马尼亚语或匈牙利语的犹太人可能被归入罗马尼亚族或匈牙利族。同理，茨冈人的数量也出现了大幅下降。由于统计标准不同，本文中对两次人口普查的对比仅供参考。

已达88.9%，第二大民族——匈牙利族的占比跌至6.1%。[①]

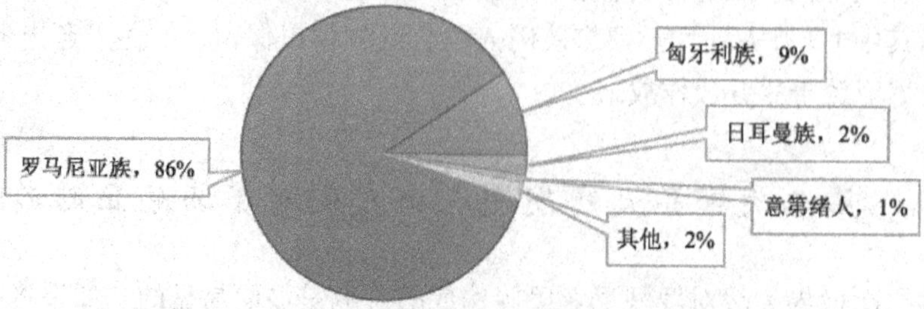

图2　第二次世界大战后罗马尼亚的民族构成（1948）

第二次世界大战后，罗马尼亚在获得特兰西瓦尼亚全部领土的同时，也接纳了当地众多的匈牙利族居民，因此不得不面临棘手的民族问题。从人口比例上看，目前唯有匈牙利族真正有能力对罗马尼亚政坛施加影响，表达本民族的诉求，因而成为国内政治生活中最不稳定的因素之一。从国际关系的角度看，匈牙利政界、学界和民间的某些人士并未完全放弃对特兰西瓦尼亚的声索，他们高度关注罗马尼亚境内匈牙利族的生存境况，并借相关问题频频发难，给罗马尼亚深度融入欧洲带来了不确定性。

① 罗马尼亚国家统计局：《2011年人口和住宅普查报告》，布加勒斯特，2013年7月发布（Institutul Național de Statistică, *Recensământul populației și locuințelor - 2011*, București, iulie 2013）。近10年来，由于出生率持续低迷和大量人口移居国外，除罗姆族（茨冈人）之外的罗马尼亚所有民族的人口都出现了负增长。

阿尔巴尼亚在第二次世界大战中的政治方案及其在战后的影响

曲　宁

内容提要　1939年4月意大利入侵阿尔巴尼亚，使阿尔巴尼亚卷入了第二次世界大战的漩涡。对阿尔巴尼亚来说，这不仅是一场反法西斯战争，也是一场民族解放战争。阿尔巴尼亚共产党在1941年11月成立并在贝萨组织召开了民族解放大会，其领导的武装抵抗运动使阿尔巴尼亚在国际舞台上产生了一定的影响。同时，右翼组织领导的民族阵线改变最初的观望态度也展开抵抗，但因科索沃问题和对德国侵略者的态度与民族解放军最终决裂，最后解体。现在，阿尔巴尼亚历史学家能够从民族发展的维度对这场战争进行客观和理性的分析，人们对这场战争的性质的认识更为多元化。这场战争加深了阿尔巴尼亚作为一个小国在地缘政治和国际政治中的矛盾心理，对阿尔巴尼亚后来的泛民主化现象的出现也有一定的影响。

关键词　阿尔巴尼亚；第二次世界大战；阿尔巴尼亚共产党；民族解放运动；民族阵线

作者简介　曲宁，中国国际广播电台阿尔巴尼亚语部主任

历史上，让阿尔巴尼亚在国际舞台上引起关注的事情并不多。具体到第二次世界大战中的阿尔巴尼亚，以下几个场景可以让人们领略到这个被称为“山鹰之国”的国家与二战相关联的闪光点。

第一，每年5月5日是阿尔巴尼亚的“烈士节”（Martyrs’ Day），它源于1942年阿尔巴尼亚反法西斯民族解放战争的领导人之一、时年22岁的阿共产主义青年联盟中央政治书记切马尔·斯塔法（Qemal Stafa）的牺牲纪念日。阿尔

巴尼亚是多党制国家，比较大的两个党派是民主党和社会党。在烈士节这天，阿尔巴尼亚国内会举行集会，进行祭扫活动，向二战期间在阿尔巴尼亚反法西斯民族解放战争中牺牲的烈士们致敬。这一天，民主党和社会党步调一致、口号一致，都以民族解放战争的参与者、领导者的身份纪念这一庄严的时刻。

第二，1945年建国初期，阿尔巴尼亚就在第二大城市杜拉斯的海滩边设立了阿尔巴尼亚民族英雄穆约·乌奇纳库（Mujo Uqinaku）的铜像，这位英雄是1939 年3月9日向入侵阿尔巴尼亚的意大利法西斯的战舰打响第一枪的游击队员。此后，发罗拉等地的海滩边也新落成了纪念二战民族英雄的塑像。要知道，在此之前阿尔巴尼亚各地只有特蕾莎修女的塑像。现在，15世纪率领阿尔巴尼亚军民抵抗奥斯曼帝国侵略的阿尔巴尼亚民族英雄乔治·卡斯特里奥蒂–斯坎德培（Gjergj Kastrioti-Skënderbeu）的塑像在阿尔巴尼亚比较多见，它们具有一定象征意义和纪念意义。从这些塑像中可以看出民族英雄在阿尔巴尼亚人民心中的地位和影响。

第三，在当年阿尔巴尼亚反法西斯民族解放战争的战斗遗址上散落着众多烈士的墓碑。在阿尔巴尼亚的很多城市，尤其是在地拉那、杜拉斯等二战期间战斗比较激烈的地方的路边或者山上，都可以看到一些零散的烈士墓碑。这些墓碑设立的地点就是二战时期某位战士牺牲的地方，人们以此对他们予以缅怀。

从上面这几个片段中可以看出，第二次世界大战在阿尔巴尼亚人民心中的影响是深远的。阿尔巴尼亚历史学界认为，阿尔巴尼亚反法西斯民族解放战争是世界反法西斯战争的组成部分，它是一场自1912年11月28日发罗拉民族独立大会之后又一次属于阿尔巴尼亚人民对抗外来侵略的伟大的独立战争。也正因为二战对阿尔巴尼亚如此重要，所以阿尔巴尼亚在二战中的政治方案对其在战后的发展影响深远。尤其是在经历了政权更替后，更多的人开始重新反思阿尔巴尼亚在二战中所进行的那场民族独立斗争。

一

阿尔巴尼亚被卷入第二次世界大战确实有其特殊的因素，这与它的“好邻居”意大利是脱不了干系的。当德国吞并奥地利、占领苏台德区，继而肢解并侵占捷克斯洛伐克以后，墨索里尼和他的女婿齐亚诺认为这是意大利入侵阿尔巴尼亚，以提高国民士气、扩大轴心国战果的最佳时机，于是便开始了舆论造势工作。

阿尔巴尼亚是一个小国，历史上因为国家贫弱而饱受欺凌，所以阿尔巴尼亚人一直有一种“大阿尔巴尼亚”的梦想，对自己古老的民族起源引以为傲。而墨索里尼瞅准的正是阿尔巴尼亚人的“大国梦”。墨索里尼宣称：只要阿尔巴尼亚纳入意大利的保护之下，罗马和柏林就将帮助阿尔巴尼亚人实现“大阿尔巴尼亚”的梦想，即将战前的阿尔巴尼亚与北部的科索沃、南部的恰莫里地区（阿尔巴尼亚南部沿海的部分地区和历史上希腊西北部伊庇鲁斯的部分地区）进行合并（上述三个地方在历史上被认为是阿尔巴尼亚民族的发源地），都归属阿尔巴尼亚，形成“大阿尔巴尼亚”。从这个时候开始，阿尔巴尼亚民族解放战争中涉及的各派政治力量纷纷粉饰登场。

首先要讲的是当时在位的阿尔巴尼亚国王索古一世。1939年3月，墨索里尼命令意大利驻阿尔巴尼亚大使弗朗切斯科·雅科莫尼觐见阿尔巴尼亚国王索古一世，要求意大利对阿尔巴尼亚实施“保护”，但遭到拒绝。索古一世是在1928年9月发动政变并宣布阿尔巴尼亚为君主国之后而成为国王的。在没上台之前，他就曾经与意大利签订屈辱的《意阿友好安全条约》和《同盟防御条约》。面对意大利提出的进一步要求，如果索古一世还全盘接受，那必然引发民愤，导致王位不保，所以他并未答应。1939年4月3日，索古一世的儿子莱卡出生，意大利外长齐亚诺以给索古一世“道喜”为名，重提对阿尔巴尼亚实施“保护”。当再次遭到拒绝后，意大利便对阿尔巴尼亚发动了武装侵略。4月7日，4万名意大利入侵部队突然占领阿尔巴尼亚的重要港口、机场，索古一世被迫带着刚出生的王子逃往了希腊。4月12日，阿尔巴尼亚制宪会议宣布意大利国王兼任阿尔巴尼亚国王。虽然索古一世逃亡了，但是他的遗老遗少们，也就是君主制的残部们还留在国内，他们日后加入了阿尔巴尼亚的反法西斯阵线。

法国左翼议员亨利·瓦隆（Henri Walloon）在1939年3月指出，在全世界范围中，每个法西斯国家都在努力扩大其作为独立国家的边界。但是，只有阿尔巴尼亚的法西斯主义者是在谋求将阿尔巴尼亚纳入意大利法西斯的扩张之中，意图成为其法西斯势力范围的一个附属部分。瓦隆所说就是在这场战争中的另一股势力——通敌者，或者叫“阿奸”。在意大利入侵之后，阿尔巴尼亚伪政府宣布成立。由“阿奸”组成的伪政府到处鼓吹墨索里尼的承诺是多么可信，所以要将被占领的阿尔巴尼亚与法西斯侵略集团紧密地捆绑在一起。1940年6月9日，一项由意大利国王维克多·埃曼努尔三世签署的194号法令将这种捆绑具体化。根据这个法令，无论意大利法西斯与哪个第三国处于武装冲突之中，阿尔巴尼亚都将自动加入意大利一方参战。就这样，在这条法令的胁迫下，阿尔巴尼亚跟着意大利的步伐加入了第二次世界大战：阿尔巴尼亚1940年6月10日对英国和法国宣战，1940年10月28日对希腊宣战，1941年4月6日对南斯拉夫宣战，1941年6月22日对苏联宣战，1941年12月7日对美国宣战。至此，可以说阿尔巴尼亚在毫无自主意识的情况下被彻底卷入了第二次世界大战的旋涡。

这里要提及一点，说意大利是阿尔巴尼亚当时的“好邻居”，不仅是因为它把阿尔巴尼亚拉进了二战的旋涡，更是因为它的殖民政策差点儿使阿尔巴尼亚民族消失。到1939年底，也就是在意大利占领阿尔巴尼亚后的前8个月中，约有5.2万名意大利居民前往人口仅有107万人的阿尔巴尼亚定居。而这些意大利侨民只是普通的民众，并不包含当时驻扎在阿尔巴尼亚的意大利军人。根据计算，如果意大利以这种速度持续进行殖民，那么几十年后阿尔巴尼亚民族将消失殆尽。

反法西斯战争也是阿尔巴尼亚人民的民族解放战争，其中的“解放者”便是阿尔巴尼亚的反法西斯阵线。1941年的秋天，阿尔巴尼亚的爱国者们自动加入了英苏美为首的反法西斯阵营。随着英苏美反法西斯阵营行动的展开，阿尔巴尼亚爱国者们希望进行有组织的武装抵抗运动。而领导了这场运动的正是阿尔巴尼亚的共产主义者，他们于1941年11月8日宣布成立马克思主义政党——阿尔巴尼亚共产党。在建立的伊始阶段，阿尔巴尼亚共产党分析了当时的国内外形势，决定放弃意识形态化的政治纲领——组织社会主义革命进而实现无产阶级专政，而是根据共产国际的指示，把爱国斗争放在行动纲领中，将把人民的家园从意大利法西斯的占领中解放出来、恢复民族的独立和建立人民民主作为首要的任务。为此，阿尔巴尼亚共产党敞开合作的大门，广泛开展与所有阿尔巴尼亚爱国力量的合作，其中包括左翼、右翼、资本家、工人、宗教的或世俗的力量等，即团结一切可以团结的人。

1942年9月16日，阿尔巴尼亚共产党在贝萨（Peza）组织了民族解放代表会议，号召所有阿尔巴尼亚人民团结起来，为抗击外国侵略而进行战斗。在贝萨会议上，阿共提议各方组成“民族解放议会”作为解放战争时期没有政治色彩的共同机关。这一倡议得到了左翼民主人士和支持前国王索古一世的君主主义者的支持，而右翼民主民族主义者则拒绝接受。后者主要是1928年索古一世上台前阿尔巴尼亚资产阶级政府的残余势力，他们不接受倡议的原因一方面是他们确信自己在公众舆论中享有至高无上的权利，另一方面是他们倾向于不与共产主义势力进行合作，哪怕是有关民族与国家利益的事务。

贝萨会议召开两个月后，右翼民主民族主义者组织“巴里·科姆贝塔”

（Balli Kombëtar，意为“民族阵线”）于1942年11月成立。该组织主张不立即投入无条件反对法西斯侵略者的斗争中，对态势发展保持观望，而无条件与法西斯进行斗争是当时世界反法西斯同盟的立场。民族阵线的领导人盘算着等到二战即将结束的时候再采取行动，因为根据他们的预测，届时游击队力量也会因为与意大利法西斯武装的对抗而受到重创，到时候他们再出手就可以获得更多的战果。然而民族阵线的如意算盘落了空，因为在贝萨民族解放大会之后，阿尔巴尼亚反法西斯力量全情投入到斗争中，这直接提升了他们的声望与影响力。此外，反法西斯武装运动也让阿尔巴尼亚在国际舞台上产生了一定的影响。1942年12月，美英苏三国外长发表声明表示，他们充分肯定阿尔巴尼亚的武装抵抗斗争并承认阿尔巴尼亚民族的独立。

此后，处于观望态度的民族阵线中的一部分人开始转变态度，主张结束观望并立即采取武装行动打击外国侵略者。虽然他们在反法西斯阵线中的力量很弱小，但他们对侵略者的抵抗行动也不容忽视。1943年之前，阿尔巴尼亚的反法西斯斗争一直是以游击战的方式展开的，这与阿尔巴尼亚高山多、人口少且不具备展开正面冲突的条件有关。但是，随着斗争的持续推进，战斗部队的组织架构也发生了变化。游击队这样的组织不仅被视为“战斗社区”，还被视为社会和文化的社区。特别是到了1943年7月10日，阿尔巴尼亚反法西斯民族解放运动创建了民族解放军，营级和连级单位由正规的军事总部领导，整个战争也进入了正规战、正面战的阶段。而民族阵线的武装部队仍然停留在农村的小分队状态，已不再适应当时的需要。

1943年7月25日，独裁者墨索里尼倒台，意大利的投降已经近在咫尺。而阿尔巴尼亚民族阵线不得不改变策略，与反法西斯民族解放阵线结成联盟，结束了最后的观望。1943年8月初，民族阵线与阿尔巴尼亚共产党在穆克（Mukje）举行的大会上结成联盟，联合对抗法西斯侵略者。但是这个联盟很快就失败了，问题出在了科索沃的地位问题① 和民族阵线对德国侵略者的态度上。

对于民族阵线而言，实现科索沃与被意大利法西斯占领的阿尔巴尼亚的统一符合他们的民族复兴纲领。因此，他们认为阿尔巴尼亚人应该放弃对德国侵略者的抵抗，因为后者曾向阿尔巴尼亚“捐赠”了科索沃并参与反对科索沃与南斯拉夫统一的战争。1941年春，科索沃方面决定与阿尔巴尼亚的卖国政府实

① 1941年4月南斯拉夫遭到轴心国入侵后被瓜分，科索沃被墨索里尼拼凑的“大阿尔巴尼亚”并吞。1943年底，科索沃人民解放委员会代表会议通过决议，确定了科索沃自决的原则立场，提出科索沃通过并入阿尔巴尼亚的途径实现自治的想法，但遭到南共中央的坚决反对。

现联合。这是一个事实上存在却在法律上不能成立的联盟。因为这个联盟在国际上得不到承认，以至于希特勒本人曾表示，每当他想起签署的工作文件时，都会觉得那是一些毫无价值的废纸。

客观看来，科索沃与地拉那卖国政府的联合并不是一种解放，并不像民族阵线大肆鼓吹的那样——阿尔巴尼亚人的爱国主义行动应该是放弃与德国侵略者的战争，并且采取行动发动对德拉查·米哈伊洛维奇领导的塞尔维亚游击队“南斯拉夫祖国军”（又称“切特尼克”）和铁托领导的南斯拉夫游击队的战争。民族阵线的领导人强调，阿尔巴尼亚人对塞尔维亚人的斗争是合理的，塞尔维亚人在历史上就被定义为“对阿尔巴尼亚人进行了种族灭绝的刽子手”。但是他们并没有想明白，根据1941年8月英美签署的《大西洋宪章》，如果科索沃是由于法西斯侵略才脱离南斯拉夫，那么在反法西斯战争胜利后，科索沃都是需要重新回归南斯拉夫的。因此，从这个角度可以说，民族阵线宣扬的对“南斯拉夫祖国军”和南斯拉夫游击队的战争是在变相为希特勒这个侵略者充当帮凶。

与民族阵线的想法不同，阿尔巴尼亚反法西斯民族解放阵线的领导人认为，与希特勒联合对抗反法西斯的南斯拉夫军队并不能保护科索沃和实现科索沃的解放，而是会使南斯拉夫境内的科索沃人继续被奴役。因为根据《大西洋宪章》和包括南斯拉夫在内的26国于1942年1月1日签署的《联合国家宣言》中的民族解放条款，尽力对抗德意法西斯才是科索沃人获得民族权利的途径，才能使他们有机会在战争结束后通过公民投票来决定自己未来的命运。为了在对抗德国侵略者的战争中一雪民族阵线带来的耻辱，阿尔巴尼亚反法西斯民族解放阵线谴责了民族阵线与阿尔巴尼亚共产党的联盟。此后，游击队员们与民族阵线彻底分道扬镳了。

1943年9月8日意大利宣布无条件投降之后，德军占领了阿尔巴尼亚全境，一方面，阿尔巴尼亚民族解放军于9月9日在国内进行了一场针对德军的武装斗争；另一方面，民族阵线渐行渐远，先是于1943年9月与地拉那卖国政府达成妥协——民族阵线的军队可以在阿尔巴尼亚各个城市中自由活动，条件是不能与希特勒的纳粹部队以及傀儡政权武装发生任何冲突，后来这甚至演变为1943年至1944年民族阵线的部队竟然与纳粹军队公开合作，对民族解放军进行报复性行动。最终，在1944年春天，民族解放军在从前一年冬季开始的对抗中胜出，并且赢得了声望，而民族阵线则走向解体。与民族阵线狼狈为奸的亲君主制的组织“列加里特蒂”（Lëvizja e Legalitetit，意为“合法运动”）虽然没有与纳粹军队公开合作，只是与地拉那的傀儡政权合作过，但是也难免解体的命运。

而反法西斯民族解放阵线始终坚持反法西斯斗争，最终通过努力在1944年11月29日将阿尔巴尼亚从法西斯的奴役与压迫中解放出来，恢复了民族的独立。

二

纵观阿尔巴尼亚的民族解放战争，在阿尔巴尼亚共产党（后来的劳动党）的领导下，阿尔巴尼亚成为整个欧洲唯一一个没有依靠外国力量，完全凭借自己的力量击溃德意法西斯的国家，这是阿共非常引以为豪并一直宣扬的。但不可否认的是，当时阿共也得到了南斯拉夫共产党的鼎力协助。此外，英国使团也有人员牺牲在了阿尔巴尼亚，尽管人数不多。时至今日，在地拉那大学后山的人工湖附近有一座精致的大理石纪念碑，上面镌刻着在阿牺牲的十几位英国使团人员的名字，以感谢他们在二战期间为阿尔巴尼亚的民族解放作出的贡献。不过，总体来说，阿尔巴尼亚的解放战争并没有正式得到任何外来力量的支持，而且阿尔巴尼亚还派出人帮助科索沃打击法西斯侵略者。阿尔巴尼亚资深外交家阿利亚就曾经作为政委到科索沃的贾科维察（Gjakovë）去参加那里的解放运动。

在这场战争中，阿尔巴尼亚的牺牲是巨大的。阿全国面积2.8万平方千米，共计有2.8万名烈士牺牲（其中不乏女性），平均每平方千米就牺牲了一名烈士。阿尔巴尼亚的反法西斯民族解放战争中的一大亮点是妇女的参与，特别是有5000多名青年女性参加了民族解放军的战斗行动，而这一数字在当时的阿尔巴尼亚来说并不算少。不仅如此，这些女性有的在军事编队中担任了指挥官或者政治委员，这在阿尔巴尼亚历史上也是从未有过的。在阿尔巴尼亚民族解放战争期间，城市与农村的青年公民之间的界限，受教育者与文盲之间的界限都被打破。二战结束后，阿尔巴尼亚建立了共产党执政的社会主义国家，但此后又经历了一系列的起起伏伏。在冷战思维的影响下，部分阿尔巴尼亚人曾经一度认为阿尔巴尼亚后来的社会动荡乃至社会制度更迭等都是源于二战中的民族解放战争，共产党执政也是一个错误。但是随着时间的推移，很多阿尔巴尼亚历史学家已回归客观和理性，能够从阿尔巴尼亚民族发展的历史的维度来看待和分析二战中的阿民族解放战争及其对后来的影响。

首先，是对这场战争的性质的认识更为多元化。

阿尔巴尼亚历史学界认为，阿民族解放战争也是一场民主革命。在战争时期，包括阿共在内的反法西斯民族解放运动的领导者们对于战后的阿尔巴尼亚有美好的愿景，但是这种愿景与社会主义政权实施的无产阶级专政并不完全相符。根据当时阿共所制定的纲领，其计划在战争结束后建立一个实行人民民主——并非资产阶级民主或者贵族民主的社会，以保护更广泛的阿尔巴尼亚人民的利益。这本身就包含了建立比1939年4月7日被入侵之前更为先进的阿尔巴尼亚的意思。根据当时的计划，通过实行人民民主，将在阿尔巴尼亚解决如下问题：在农业领域消除封建残余，消除政府管理中地主与神职人员的影响；在山区社会彻底清除土司，建立保护劳动者权益的社会组织；在社会领域实现男女权利完全平等，男女可以平等参与国家行政管理；广泛普及教育，消除文盲，快速发展阿尔巴尼亚的文化和艺术，充分解放思想，实现言论自由、新闻自由、定居自由。不过，可以肯定地说，这些任务更多的是属于左派民主的计划，因为其并没有触及私有财产问题。

同时，阿民族解放战争是阿尔巴尼亚人民在第二次世界大战中进行的一场没有政治差别、意识形态差别、地域差别和宗教差别的爱国战争。阿尔巴尼亚反法西斯民族解放阵线参加了以英、美、苏为首的世界反法西斯同盟。另外，除政治委员外，绝大多数阿民族解放军的游击队员和指挥官都不是共产党员。根据阿尔巴尼亚解放时公布的官方数据，阿民族解放军有大约7万名战士，而军队内外只有2000多名共产党成员。

其次，这场战争加深了阿尔巴尼亚作为一个小国在地缘政治和国际政治中的矛盾心理。

由于阿尔巴尼亚被卷入二战的旋涡与其国力贫弱和民族大统一的愿望迫切有着密切的关系，而且阿尔巴尼亚是靠自己的力量从法西斯侵略中摆脱出来，这为日后阿尔巴尼亚民族在涉及科索沃事务中的强烈情感埋下了更深的伏笔。阿尔巴尼亚在国际事务中迫切希望获得认同，却始终没能建立真正平等的盟友关系。

最后，这场战争对阿尔巴尼亚后来的泛民主化现象的出现有一定的影响。

一些历史学家指出，战后阿尔巴尼亚的共产主义政权有着民族解放战争时期的历史根源。甚至有人认为，阿尔巴尼亚与其他巴尔干国家相比的另一个特点，是它不是由反法西斯同盟的军队帮助解放的。正是这些原因，促使阿尔巴尼亚共产党领导人恩维尔·霍查在战后建立了他自己理解的社会主义。霍查在其多年的国家治理中推行了一条苏联军事政治集团之外的独立外交道路，在国内则施行自我孤立的、封闭的经济政策。因此可以说，第二次世界大战期间阿尔巴尼亚被占领及其后所发生的事件，决定了这个国家其后半个世纪的命运。

虽然对于这种观点的认同已经不再是一边倒，但是普遍认为，1944年佩尔梅特会议上民主声音的缺失使得霍查后来的执政没有受到应有的约束，进而导致了国家的动荡。因此在阿尔巴尼亚的政治生态圈中，不同声音的存在成为衡量民主的标准，即使有时候这种声音是盲目的，只是为了表达不同。

阿尔巴尼亚左翼民主人士以自由身份参与民族解放运动，与共产党人结盟，而共产党是有组织的布尔什维克政党。因此，尽管左翼民主人士在人数占据优势，但他们在共产党面前仍然处于组织上的少数。比如，那些有过贡献的非共产党人士并不觉得有必要建立一个单独的政党，因为他们的左翼民主计划体现在了民族解放阵线这个组织架构本身上。今天看来，这肯定是一种政治上的盲目与不成熟，但当他们意识到危害的时候已为时已晚。

阿尔巴尼亚共产党的反对者谴责民族解放运动阵线，认为民族解放运动不是一场爱国战争，而是二战期间阿尔巴尼亚对立政治联盟之间的内战。但按照历史发展的一般规律，内战意味着一个自由国家的不同政治党派之间的斗争，每个政党都以获得政治统治权力为目的。政治联盟与权力问题之间的斗争不可能在国家处于外国枷锁的情况下得到解决，因为在这种情况下，外国占领者拥有一切的主导权力。因此，只要阿尔巴尼亚还被纳粹德国军队所占领，那它就不存在所谓的内战。历史上，外国军队干预一国内部斗争的情况并不罕见，但他们干预的目的在于无论哪方胜利，都要保证其自身能获得最大的利益，而绝不会是为了让哪方建立起真正的独立政权。比如1944年德军从希腊撤离后希腊爆发了内战，英美军队对其进行了干预。而在阿尔巴尼亚，在1943—1944年的冬季行动期间，并不是德国的希特勒帮助民族阵线的部队全面接管了政权，而是民族阵线的武装力量充当了希特勒的先遣部队。

不言自明的是，在整个世界与法西斯侵略者做斗争的时候，阿尔巴尼亚民族阵线的行径无异于充当了希特勒的帮凶。出于这个原因，我们不能同意美国历史学家贝恩德·菲舍尔（Bernd Fischer）的观点，将那个冬季发生在游击队与民族阵线之间的武装冲突描述为阿尔巴尼亚的内战。

那么如何解释阿尔巴尼亚共产党在其成立三年后就取得了执政权力，而有着政治传统的民主民族主义者却遭遇了失败呢？在人类的历史上我们能找到很多依据，表明赢得战争的重要因素是明确的斗争目标。毫无疑问，阿尔巴尼亚反法西斯民族解放战争的起因和目的，都是为了实现阿尔巴尼亚的民族解放和民族独立，这是神圣的。当时的国际环境、历史条件都促使阿尔巴尼亚共产党发展壮大，并且阿尔巴尼亚没有受到外国——无论是英国、美国还是苏联的军事干预，因此我们还是应该从内部因素中寻求解释。最有说服力的解释，应该是阿尔巴尼亚右翼保守势力所持的错误立场与态度：他们不是与以希特勒为首的外国侵略者做斗争，而是与希特勒进行合作。例如民族阵线与亲君主制的组织“合法运动”，前者与德国侵略者合作，后者与傀儡政府合作对抗民族解放军。由于他们以这种错误的政治立场背离了民族解放运动和阿尔巴尼亚共产党，因此在这场爱国战争胜利后，共产党政权的确立就顺理成章了。

现在回到问题上来：阿尔巴尼亚国内的政治天平在第二次世界大战期间为何发生了变化？对于这个问题的解释为胜利者和失败者都提供了相同的参考因素：对国家面临的最迫切和最重要的任务的态度。一方面，左翼政党为完成这项任务所付出的努力使人们对他们产生了更多的同情与爱戴；另一方面，右翼分子脱离爱国主义责任而导致他们作为一种政治存在被抛弃。如果阿尔巴尼亚右翼政党与欧洲其他右翼政党一样共同反对法西斯侵略者，那么他们也有机会分享胜利的果实。在这一点上，可以肯定地说，民族阵线与合法运动的错误立场很大程度上影响了阿尔巴尼亚政治格局的走向。

试析巴尔干半岛的欧洲“断层线”特征及其未来变局*

林利民

内容提要 巴尔干地区历来被认为是欧洲的“火药桶”。较之“大中东”的阿富汗，巴尔干更像是“帝国的坟场”，罗马帝国、波斯帝国、奥斯曼帝国、俄罗斯帝国、奥匈帝国和纳粹德国都曾在此受到重创。巴尔干虽然在地理上属于欧洲，但从其内部地理特征、民族、宗教与文化特征、经济发展状态及其与欧洲主流国家的历史关系考察，巴尔干不仅是欧洲的边缘区，更是欧洲的“断层线”与“破碎地带”，是欧洲的地缘政治“黑洞”。巴尔干的这种欧洲边缘区特征和“断层线”特征正是该地区成为欧洲“火药桶”和“帝国的坟场”的深层次根源。目前，巴尔干地区虽然进入了一个看似相对稳定的阶段，但导致其成为欧洲的“断层线”“破碎地带”和地缘政治“黑洞”的地理、经济、历史关联性及民族、宗教和文化等因素并无根本性变化。因此，巴尔干日后仍然是欧洲潜在的不稳定地区。

关键词 地缘政治；巴尔干；断层线；欧洲一体化；中欧关系

作者简介 林利民，国际关系学院国际政治系教授，主要研究国际安全与国际关系、国际格局及地缘政治等

巴尔干半岛历来被认为是欧洲的“火药桶”。打遍欧洲、波及全球、导致数千万人伤亡的第一次世界大战，其直接导火线就是一个叫加夫里洛·普林西普（Gavrilo Princip）的塞尔维亚年轻人于1914年6月28日在巴尔干半岛的萨拉

* 本文系国际关系学院“国际安全治理与新型国际关系”课题阶段性成果，项目号：3262016T01。

热窝街头刺杀了奥匈帝国的王储弗朗茨·斐迪南及其夫人。[①] 20世纪末的科索沃战争也影响欧洲、殃及全球，世界主要力量亦尽数卷入其中。不仅如此，巴尔干还称得上是“帝国的坟场”——比素有“帝国的坟场”之称的阿富汗更像“帝国的坟场”。历史上，在巴尔干锋芒受挫、大伤元气甚至最终被埋葬的著名帝国，古代有罗马帝国、波斯帝国，近现代则有奥斯曼帝国、沙俄帝国、奥匈帝国以及希特勒治下的“第三帝国”。大英帝国在巴尔干半岛也吃过不少苦头，例如1915年英军发动达达尼尔战役，在巴尔干的加利波利半岛进行登陆作战，伤亡达119729人，却未能达到战役目标，最终不得不仓皇撤退。[②] 为什么巴尔干会成为欧洲的“火药桶”和“帝国的坟场”？其未来发展的趋势如何？其对国际和平、安全与稳定有何影响？迄今已有不少精辟的解答。本文在汲取现有研究成果的基础上，试图从文化与文明的视角略抒己见。

一、所谓的“断层线”理论和“破碎地带说”“黑洞说”

所谓的“断层线”（break line）、“破碎地带”（Shatterbelt）、“黑洞”（black hole）等概念，是西方战略界、学界、新闻媒体在冷战后经常使用的一组地缘政治概念，用以说明欧亚大陆中亚—南亚—中东—北非这一宽大“带状”地带的地缘政治特征和解析冷战后欧亚大陆国际政治格局的复杂性、特殊性及其持续动荡的根源。兹比格涅夫·布热津斯基（Zbigniew Brzezinski）、萨缪尔·亨廷顿（Samuel Huntington）、索尔·科恩（Saul Cohen）等人在其冷战后的著述中，都曾反复使用这些地缘政治概念。

所谓的“断层线”概念，主要用以描述、解析冷战后世界文化与文明间的关系及其冲突，以及21世纪国际冲突的内涵、特点与趋势，其首创者和集大成者当属美国知名学者塞缪尔·亨廷顿。1996年，亨廷顿出版《文明的冲突与世界秩序的重建》一书，其核心议题就是讨论世界的“文明断层线”问题。在这本书中，亨廷顿把所谓文明的“断层线”定义为世界不同文明、文化及不同宗教之间的分界线。在亨廷顿那里，全球主要的文明“断层线”有伊斯兰文明与基督教文明之间的分界线等，而次一级的文明“断层线”则不计其数。他在书

① ［苏］罗斯图诺夫主编《第一次世界大战史》（上册），钟石译，上海译文出版社，1982，第231—233页。

② ［苏］罗斯图诺夫主编《第一次世界大战史》（下册），钟石译，上海译文出版社，1982，第599页。

中举例说，包括“两个或更多的种族和宗教集团”的“异质性”国家以及“属于同一种文明但拥有不同文化集团的国家”，都存在可能导致冲突或国家分裂的“文明断层线”，如苏丹（存在北方穆斯林与南方基督徒的对立与冲突）、埃塞俄比亚（占主体的基督徒与厄立特里亚[①]穆斯林）、印度（穆斯林与印度教徒）、斯里兰卡（僧伽罗佛教徒和泰米尔印度教徒）、马来西亚和新加坡（华人与马来穆斯林）、菲律宾（基督徒和穆斯林）、印尼（穆斯林和帝汶岛的基督徒）等。[②]亨廷顿还提出，在冷战后的世界，文明间的冲突将取代意识形态冲突，成为国际冲突的主要根源与内容，而这种“文明的冲突”最容易在“文明断层线”上发生，是所谓的“断层线冲突”。他还把这种“文明的冲突”和“断层线冲突”分为两大类：一类是在地区或微观层面上，即在“属于不同文明的邻近国家之间”以及一国内部分属不同文明的集团之间发生的冲突；另一类是在全球或宏观层面上，即分属不同文明的“核心国家”（中俄美日欧印等）之间的冲突。他还推断，“伊斯兰推动力”将造成许多相对较小的“断层线战争”，而中国的崛起将成为“核心国家大规模文明间战争的潜在根源”。[③]

如果说文明“断层线”及与之相关的“断层线战争”等是描述有关21世纪世界文明与文化冲突关系的概念，那么“破碎地带”“黑洞”等概念更是与21世纪的世界地缘政治直接相关。从地缘政治视角系统提出“破碎地带”理论的西方学者是美国地缘政治学家索尔·科恩。2009年，科恩的地缘政治学巨著《地缘政治学：国际关系的地理学》一书的第二版问世，更系统、更完整地阐述了所谓的“破碎地带说”。他在书中论证说，冷战后世界地缘政治版图的一个重要特征是存在所谓的地缘政治“破碎地带”，并阐释说，这样的地缘政治“破碎地带”是“被内部冲突撕裂的地区，其分裂程度随外部重要大国竭力对这一地区施加影响的干预行为而增加”。他把这样的“破碎地带”比作“一块钻石”，会因压力的增大而“沿着现在的裂纹而裂开形成新的形状”，即“沿着物理、文化、宗教及政治裂纹”形成新的地缘政治边界。[④]他进而分析说，在“破碎地带”，“次一级地理规模上存在的是‘压缩区’（Compression Zone）”，即面积更

① 1993年，厄立特里亚脱离埃塞俄比亚独立。

② ［美］塞缪尔·亨廷顿：《文明的冲突与世界秩序的重建》，周琪等译，新华出版社，2002，第144—145页。

③ ［美］塞缪尔·亨廷顿：《文明的冲突与世界秩序的重建》，第228—230页。

④ ［美］索尔·科恩：《地缘政治学：国际关系的地理学》，严春松译，上海社会科学院出版社，2011，第41页。

小、处在地缘政治区内部或其间的“原子区域”。这类所谓的“原子区域”“经常被各种内战和邻国的干预行为弄得四分五裂”。[①] 他还认为，世界上有两大地缘政治“破碎地带”，一个是中东地区，另一个是撒哈拉以南的非洲。巴尔干也被他列为所谓的地缘政治“破碎地带”。[②]

需要说明的是，有关世界上存在一个地缘政治“破碎地带”的观点在冷战后的西方战略界和学界已经是一种共识，索尔·科恩不过是这一观点的集大成者，并进行了地缘政治学意义上的系统解释。

2008年，美国国家情报委员会发布《全球趋势2025：转型的世界》战略研究报告，其中提及世界上有一个“巨大的不稳定弧”，其范围“从撒哈拉以南的非洲经北非到中东、巴尔干、里海、南亚与中亚以及东南亚部分地区”。[③] 这份报告中所划定的所谓“巨大的不稳定弧”，大体相当于美欧战略界所定义的世界地缘政治“破碎地带”。美国国家情报委员会的这一表述显然与索尔·科恩的相关观点异曲同工，其所划定的“巨大的不稳定弧”大体相当于索尔·科恩所描述的世界两大“破碎地带”，而巴尔干也被认为是所谓“巨大的不稳定弧”的一部分，因而属于“破碎地带”。

关于“破碎地带”及其范围，欧美战略界还有其他一些表述。2004年，美国学者托马斯·巴尼特（Thomas Barnett）出版《五角大楼的新地图：21世纪的战争与和平》一书，提出了所谓“断层国家”（Gap Nations）的概念。在这本书中，巴尼特将“断层国家”定义为具有贫穷、生活痛苦、残酷、孤独、战乱频仍、恐怖活动和暴力犯罪猖獗、政治不稳定、人均寿命短、年轻人多、年龄中位数低于20岁、人民流离失所、不断产生难民等特征的国家。[④] 不过，这种所谓“断层国家”的范围比美国国家情报委员会划定的所谓“巨大的不稳定弧”和索尔·科恩划定的两大“破碎地带”的范围更广一些，其划分依据也不尽相同。例如，巴尼特认为当时世界银行列出的世界上“118个‘低收入’或‘中低收入’（年人均国民总收入低于2936美元）国家中，有109个属于‘断层国家’”。[⑤]

① ［美］索尔·科恩：《地缘政治学：国际关系的地理学》，第6、49—50页。

② 同上，第49—50、438页。

③ 美国国家情报委员会编《全球趋势2025：转型的世界》，中国现代国际关系研究院美国研究所译，时事出版社，2009，第245页。

④ ［美］托马斯·巴尼特：《五角大楼的新地图：21世纪的战争与和平》，王长斌、汤学武等译，东方出版社，2007，第102—111页。

⑤ 同上，第107页。

更早触及地缘政治“破碎地带”理论的则是曾出任过美国卡特政府国家安全事务助理的地缘政治学者布热津斯基。他的所谓“破碎地带说”又与地缘政治“黑洞”概念结合在一起，形成一而二、二而一的关系。

1997年，布热津斯基出版《大棋局：美国的首要地位及其地缘战略》一书，其中提出：冷战后世界上主要不稳定地区是在“包括东南欧的一部分、中亚、南亚的一部分、波斯湾地区和中东”在内的一个“长方形地理区域之内”，并说这是“欧亚大陆的巴尔干”，会使人“联想”到激烈的种族冲突和大国的地区性争夺。[①] 他还认为，“欧亚大陆的巴尔干”的出现直接源于苏联的解体。在他看来，正是由于苏联的解体才在欧亚大陆造成了“欧亚大陆的巴尔干”这样一个地缘政治“黑洞”（Black Hole），如同地缘政治学家所描述的“心脏地带”突然从世界地图上被挖走了一样。[②]

冷战后西方战略界、学界陆续出现的这些新概念，包括“文明断层线”“断层线冲突”“断层国家”“破碎地带”、地缘政治“黑洞”等概念，既有一定的区别，又相互关联、互为表里，系统展示了冷战后西方的地缘政治观及其对世界前景的看法。其中，所谓“文明的冲突”和“文明断层线”的所经地域与所谓地缘政治“破碎地带”大体一致，说明二者间具有正相关性，而“文明断层线”和“破碎地带”的存在，又使二者所在的欧亚大陆形成一个极不稳定、前景极不确定、充满“种族冲突”“文明冲突”和大国争夺风险的所谓地缘政治“黑洞”，即所谓“欧亚大陆的巴尔干”。其中的逻辑关系是：“文明断层线”和“破碎地带”的存在是因，而所谓“欧亚大陆的巴尔干”和地缘政治“黑洞”的形成是果。据此，冷战后的世界将是一个充满冲突和不稳定性的世界，而冲突和不稳定性的根源是“文明的冲突”，涉及的地域则是深陷于“文明冲突”的、非西方的欧亚非不发达地区。

二、巴尔干：欧洲的文明“断层线”与地缘政治“黑洞”？

自古迄今，巴尔干的地理范围虽然是既定的、变动有限的，但其内部政治单位的构成和政治地图却极不稳定，一直在变化，这种情形也恰恰是“文明断层线”和地缘政治“破碎地带”的一个重要特征。

---

① Zbigniew Brzezinski, *The Grand Chessboard: American Primacy and Its Geostrategic Imperatives*, Basic Books, 1997, p.162.

② Ibid., p.87.

根据美国历史学家斯塔夫里阿诺斯的研究，在古代和中世纪，巴尔干是古代希腊、罗马和神圣罗马帝国的边缘地带；15世纪前后，巴尔干主要的政治单位有拜占庭帝国、塞尔维亚帝国和保加利亚帝国，这三大帝国的角逐是当时巴尔干历史的主线；而在第一次世界大战前夕，巴尔干的主要政治单位则包括希腊、塞尔维亚、罗马尼亚、保加利亚和1912年独立的阿尔巴尼亚等五个独立国家以及在君士坦丁堡近郊占有欧洲一角的土耳其。[①]

第一次世界大战后，巴尔干的政治地图再次发生变化。根据英国地缘政治学家哈德福·麦金德的地缘政治地图，一战后巴尔干的政治单位包括大塞尔维亚、大罗马尼亚、保加利亚、希腊、阿尔巴尼亚、属于土耳其的伊斯坦布尔以及新从奥匈帝国分离出来的匈牙利。麦金德还根据其第一次世界大战后对所谓世界“心脏地带”的新认识，把巴尔干半岛划进了他扩大了的“心脏地带”。[②]

冷战结束后，因受苏联解体、南斯拉夫内战及科索沃战争等冲击，巴尔干的政治地图又一次发生巨大变化。著名地缘政治学家索尔·科恩在《地缘政治学：国际关系的地理学》一书中描述说：“从地理上说，巴尔干半岛包括阿尔巴尼亚、前南斯拉夫的大部分、保加利亚、罗马尼亚的东南部、希腊的北部、土耳其的欧洲部分。”然而，在南斯拉夫解体和科索沃战争后，从中陆续分离出了克罗地亚、斯洛文尼亚、波黑、北马其顿、黑山、塞尔维亚和科索沃等诸“继承国”。如此一来，如今巴尔干的政治地图就包括前述各新老国家在内的10多个政治单位，[③] 其地理特点恰如阿诺德·汤因比几十年前的预言式描述那样，活脱脱一幅“嵌花图案”。[④] 需要补充说明的是，虽然索尔·科恩把冷战后从罗马尼亚分离出来的摩尔多瓦划出了巴尔干的范围，但从其政治、历史、文化与文明传统及地缘政治结构看，摩尔多瓦仍可以被划入巴尔干地区。

巴尔干的政治地图不断变迁，有时甚至发生翻天覆地的变化，这已经成为巴尔干地区的一种历史与政治传统。在很大程度上，这种不稳定的历史与政治传统本身就会成为削弱巴尔干地区政治稳定及其信心的一个重要因素，而这种对政治稳定的缺乏信心，又会使其不稳定的历史与政治传统在一定条件下卷土

① ［美］斯塔夫里阿诺斯：《全球通史：从史前史到21世纪》（第7版），董书慧、王旭、徐正源译，北京大学出版社，2005，第347、560页。

② ［英］哈德福·麦金德：《民主的理想与现实》，王鼎杰译，上海人民出版社，2016，第93—95、138—139页。

③ ［美］索尔·科恩：《地缘政治学：国际关系的地理学》，第256—259页。

④ ［英］阿诺德·汤因比等编《国际事务概览（1939—1946）：欧洲的重组》（上册），劳景素译，上海译文出版社，1981，第25页。

重来。

按照自然地理划分，欧洲东部边界的主体是乌拉尔山脉、乌拉尔河、里海、大高加索山脉、黑海和土耳其海峡，因此位于该线以西的巴尔干半岛在地理上无疑是欧洲的一部分。不过，这仅仅是从纯自然地理的视角看问题。如果从政治、历史、经济、文化与文明和宗教关系考察，那么巴尔干地区相对于欧洲主流国家——即与所谓的欧洲“濒海国家”，或者说与西欧、中欧国家相比——具有一定的独立性和特殊性。

索尔·科恩在《地缘政治学：国际关系的地理学》一书中对世界政治进行地缘政治分析时，按照结构主义逻辑创立了一组新概念，即把世界上一些由某个大国主导的、较大的地理单元，如欧洲、南亚、东亚、拉美、撒哈拉以南的非洲、北美等划分为所谓的“地缘战略辖区”，又把主要的“地缘战略辖区”分层次划分为所谓“核心区”“有效国家领土和有效地区领土”“空旷地区”和“破碎地带”等。[①] 他按这一理论分析说，欧洲作为世界上一个主要的“地缘战略辖区”，其“核心区”被称为所谓“濒海欧洲”[②]，这一所谓“濒海欧洲”的西部、北部、南部被大西洋和西地中海、北海所环绕，东部界线“起自易北河和萨勒河，一直到波希米亚森林”。[③] 也就是说，他认为欧洲的“核心区”主要包括法国、德国、意大利、荷兰、比利时、卢森堡、英国、爱尔兰、丹麦以及西班牙、葡萄牙等2004年以前加入欧盟的“老欧洲”国家，尤其以早期的欧洲煤钢共同体6国或稍后的欧洲共同市场9国为欧洲“核心区”中的核心。而巴尔干则在“核心区”之外，其与欧洲的关联甚至比2004年以后加入欧盟的“欧洲核心区新成员国”还要淡薄。[④] 换言之，在索尔·科恩的视野中，巴尔干不但是欧洲的“破碎地带”，而且是欧洲地缘政治的“边缘区”“空旷区”。[⑤]

索尔·科恩把巴尔干划为欧洲地缘政治的“空旷区”“边缘区”是有其合理性的，这可以通过分析巴尔干的地理、经济、文化与文明特征及其与“濒海欧洲”的历史关联性等因素中得到求证。

---

① ［美］索尔·科恩：《地缘政治学：国际关系的地理学》，第4—41页。

② 也称“基督教欧洲”，这里指欧洲主流国家，即欧洲主体或西欧国家。

③ ［美］索尔·科恩：《地缘政治学：国际关系的地理学》，第189页。

④ 同上，第184—187页。

⑤ 同上，第183页。

（一）地理因素

从地理结构看，巴尔干有四大自然地理特征需要特别加以强调。一是其封闭性特征。巴尔干地区北面是高耸险峻的阿尔卑斯山，东北面则有西喀尔巴阡山和东喀尔巴阡山；其西、南、东三面环海，其中西面是亚得里亚海，南面是爱琴海，东面是黑海。

二是以山地为主。除受阿尔卑斯山、东喀尔巴阡山余脉影响外，巴尔干内部还横卧有巴尔干山脉和南喀尔巴阡山等大山，整个地区以山地为主，又有多瑙河及其众多支流顺陡峭的山谷流淌并覆盖半岛。在崇山峻岭及众多山间急流的分割作用下，巴尔干地区地形破碎零散，缺少大平原，土地相对贫瘠，交通不便，不适合大规模发展农业和工业。除罗马尼亚后来发现有一定的石油储藏外，总体而言之，巴尔干的矿产资源相对有限。[①]

三是地处欧亚十字路口，有欧亚通道的特征。巴尔干虽然三面环海，但分别从西、南、东三面与欧洲的亚平宁半岛、亚洲的安纳托利亚高原、东边的俄罗斯及高加索地区隔海相望。而这些海域不算宽阔险恶，即使在古代也能以舟楫通行，如古希腊人就曾长期在爱琴海上望岛行舟，以小舟在爱琴海的欧洲海岸与亚洲海岸之间自由航行。巴尔干与亚洲之间仅隔博斯普鲁斯海峡和达达尼尔海峡一望之地，古代波斯帝国远征希腊，也曾轻松地跨越海峡进入巴尔干半岛，而现在更有现代化的大桥跨越黑海海峡，沟通欧亚陆地。此外，巴尔干与“濒海欧洲”之间也可通过阿尔卑斯山和东喀尔巴阡山的一些隘口、谷地建立联系。在巴尔干周边，自古就帝国林立，如古代的波斯帝国、罗马帝国、拜占庭帝国、法兰克王国、神圣罗马帝国等，近代其周边尤其有奥斯曼帝国、奥匈帝国、俄罗斯帝国等。这样一来，巴尔干就成为帝国间相互征战的战场和通道。通过这些征战，不同宗教文化背景的帝国，都或多或少在巴尔干留下了帝国的印记以及民族、宗教和文化遗产。

四是因与所谓“濒海欧洲”隔着高大险峻的阿尔卑斯山和喀尔巴阡山，巴尔干与“濒海欧洲”之间的历史关联性长期若有若无，二者在民族、宗教、文化上差异很大。

正因为存在上述四大地理特征，索尔·科恩在对欧洲进行地理特征分析时，

① ［英］C.L.莫瓦特编《新编剑桥世界近代史》（第12卷），中国社会科学院世界历史研究所译，中国社会科学出版社，1987，第653页。

才认为“濒海欧洲”终止于维也纳、布拉格和布达佩斯一线。而这条线以东的巴尔干地区则被他认定具有“大陆性”特征，是欧洲的边缘，甚至与欧洲不属于同一地理单元。①

（二）经济因素

从经济因素看，巴尔干地区与“濒海欧洲”的差异也很大，而最大、最根本的差异是巴尔干的发展水平与“濒海欧洲”相比几乎相差整整一个世代。

如前所述，巴尔干以山地为主，境内山脉纵横，河流大都短促湍急，对地形的切割作用大，难以形成大面积平川。因此，这里缺少西欧那样大的农牧业生产区，更没有东欧平原那样的大农场、大牧场。而农牧业产量长期不高、剩余不多，也导致巴尔干的商品化程度不高，国际贸易不发达，经济长期以自给自足为主。同时，巴尔干各国也缺少丰富的矿产资源，加之内外交通并不发达，又阻碍了其发展工矿业。② 因此，较之欧洲其余部分，长期以来巴尔干地区的工业化程度较低，甚至低于波兰等东欧国家。

根据法国地理政治学家阿·德芒戎提供的数据，第二次世界大战前，巴尔干居民以农为生的人口比例如下：保加利亚为79%，罗马尼亚为78%，南斯拉夫为76%，而非巴尔干国家的波兰则为64%；在出口产品的比例中，保加利亚、南斯拉夫的农产品占比为80%—85%，罗马尼亚为60%—65%，而不属于巴尔干国家的波兰则为50%—60%。③ 从人均汽车保有量来看，当时巴尔干国家与欧洲主流国家的发展水平也存在差距：第二次世界大战前，在最发达的西欧国家中，英、法等国每二三十人拥有一辆汽车，比、荷等国每六七十人拥有一辆汽车；而巴尔干国家中，罗马尼亚每800人拥有一辆汽车，南斯拉夫每1150人拥有一辆汽车。④

巴尔干之所以发展落后，除了其自然资源禀赋不足外，也与其一次次地错失欧洲的发展机遇有关。导致巴尔干错失欧洲发展机遇的根源，既与地理因素有关，也与民族、宗教、文化因素有关。17—18世纪欧洲开始工业革命时，巴尔干还处在落后的奥斯曼帝国的统治之下，没能搭上工业革命的顺风车。到了19世纪后半叶，奥斯曼帝国在巴尔干的统治虽然退潮，但替代者奥匈帝国却是

① ［美］索尔·科恩：《地缘政治学：国际关系的地理学》，第203页。
② ［法］阿·德芒戎：《人文地理学问题》，葛以德译，商务印书馆，1993，第43—45页。
③ 同上，第87页。
④ 同上，第116页。

欧洲最落后、最腐朽、最奄奄一息的帝国，不可能给巴尔干带来现代气息和发展机遇，当时的巴尔干不过是德意志帝国、俄罗斯帝国、奥匈帝国和奥斯曼帝国这四大帝国“直接统治的领土或拥有宗主权的藩属”。[①] 第一次世界大战结束后，以英、法、俄为首的协约国通过巴黎和会签署了一系列和约，包括对德的《凡尔赛和约》、对奥的《圣日耳曼条约》、对匈的《特里亚农条约》、对保的《纳伊条约》、对土的《色佛尔条约》等。在肢解奥匈帝国的前提下，大国们胡乱划分巴尔干的政治地图，重新“构建”了匈牙利、“大罗马尼亚”“大塞尔维亚”、保加利亚、希腊、阿尔巴尼亚等新的巴尔干国家，其结果是加剧了巴尔干的地缘政治乱局，进一步破坏了巴尔干经济发展的地缘政治条件。[②]

第二次世界大战结束后，美国通过“马歇尔计划”向西欧国家提供了高达120多亿美元的经济援助，就连作为二战罪魁祸首的联邦德国也得到了巨额援助，其中“赠与形式”的援助就高达15亿美元。而巴尔干国家虽然在二战期间遭受严重破坏，亟待援助，却因是苏联阵营国家以及因其斯拉夫人国家和东正教与伊斯兰教的背景，而未能得到马歇尔计划的眷顾。虽然苏联有如“莫洛托夫计划”这样与“马歇尔计划”对抗的方案，同期对巴尔干国家也给予了一定的援助，但因政治关系和地缘政治关系的影响，苏联对巴尔干国家的援助规模远不及其对民主德国、波兰等国的援助。[③] 其结果是，巴尔干国家再次错失机遇，未能搭上二战后科技革命的“快车”，又一次拉大了与“濒海欧洲”的发展差距。

冷战结束后，受苏东剧变的影响，巴尔干地区战乱频仍，不但与“濒海欧洲”的差距进一步拉大，与亚非国家和东欧国家的发展差距也在扩大。据英国经济学家安格斯·麦迪逊《世界经济千年史》一书统计，1950年，阿尔巴尼亚、保加利亚、罗马尼亚、南斯拉夫等巴尔干主要国家的人均GDP分别为1001、1651、1182、1585国际元，大致相当于同期西欧12国（欧共体最早的12个成员国）人均GDP（5013国际元）的1/5（阿、罗）或1/3（保、南）。而在1998年，阿、保、罗、南四国的人均GDP分别为2401、4586、2890、4299国际元，大致相当于同期西欧12国人均GDP（18742国际元）的1/7（阿）、1/6（罗）或1/4（保、南）。

---

① ［英］阿诺德·汤因比等编《国际事务概览（1939—1946）：欧洲的重组》（上册），第23页。

② 王绳祖主编《国际关系史》（第四卷），世界知识出版社，1995，第74—79页；［法］阿·德芒戎：《人文地理学问题》，第43—44页；［英］哈福德·麦金德：《民主的理想与现实》，第136—140页。

③ ［法］皮埃尔·莱昂：《世界经济与社会史：二十世纪后半期（1947年至今）》，谢荣康等译，上海译文出版社，1985，第293、512—515页。

也就是说，二战后的数十年间，巴尔干国家与“濒海欧洲”的经济发展差距越拉越大，阿、罗等巴尔干国家的人均GDP与西欧的差距甚至成倍扩大。[①]

美国中央情报局编撰的《世界概览》提供的数据也与麦迪逊的数据大体一致。根据《世界概览》，2017年，巴尔干12国（不计土耳其和摩尔多瓦）中有5个国家（阿尔巴尼亚、塞尔维亚、波黑、黑山、科索沃）的人均GDP排名在世界第100名之后。其中，最落后的科索沃人均GDP仅为10900美元，只及卢森堡（排名第一）的1/10、德国的1/5、法国的1/4。斯洛文尼亚等少数几个国家虽然差距小一些，但也只与东欧的波兰在一个发展层级上。大部分巴尔干国家都比波兰等东欧国家落后，与“濒海欧洲”国家相比，差距就更大了。据此可以认为，多数巴尔干国家不仅是欧洲的“第三世界”，也是世界范围内的“第三世界”，是名副其实的第三世界。[②]

（三）民族、宗教和文化因素

从民族、宗教和文化关系看，巴尔干地区可以说是一团乱麻，其错综复杂程度不但创欧洲之最，就是较大中东地区，也是有过之而无不及。

在古希腊时期，巴尔干是希腊世界的边缘区。在古罗马时期，巴尔干是罗马帝国的边疆，此时这里的居民主要是被罗马人称为“蛮族”的哥特人。公元4世纪末，在第二次欧亚民族大迁徙浪潮的影响下，受西迁的匈奴人推挤，哥特人跨过多瑙河入侵了西罗马帝国的腹地。此后在公元6—7世纪，南部斯拉夫人填补了哥特人留下的真空，大举向巴尔干迁徙。他们与当地的“永久性群落”为邻，成为巴尔干居民，并建立了若干斯拉夫国家，包括塞尔维亚帝国、保加利亚帝国等。[③]

西罗马帝国解体以后，欧洲继之而起的“神圣罗马帝国”的疆域包括“现在的德国、奥地利、瑞士、捷克和荷兰的全部，以及比利时、法国东部、意大利北部和波兰西部的大部分”，但并不包括巴尔干半岛及半岛上的斯拉夫人国家。当然，半岛西北部达尔马提亚海岸与意大利相邻的里雅斯特一小块地方除

---

① ［英］安格斯·麦迪逊：《世界经济千年史》，伍晓鹰、许宪春等译，北京大学出版社，2003，第179页。

② CIA, The World Facebook, https://www.cia.gov/library/publications/download/download-2018/index.html.

③ ［英］詹姆斯·菲尔格里夫：《地理与世界霸权》，龚权译，上海人民出版社，2016，第99—101页。

外。[①] 西罗马帝国灭亡后的巴尔干半岛名义上归东罗马帝国治理，实际上是拜占庭帝国、塞尔维亚帝国与保加利亚帝国三足鼎立。

罗马帝国后期，基督教开始传入巴尔干地区。不过，巴尔干地区的基督教有两支，早期这里受天主教影响较深，而后来迁居到巴尔干的斯拉夫人则信奉东正教。

公元14世纪，欧洲陷入“普遍的衰落和分裂”，而在亚洲，替代塞尔柱帝国而兴起的奥斯曼土耳其帝国于1354年渡过达达尼尔海峡，在加利波利建立要塞，取得了其在巴尔干半岛的“第一个立足点”，并开始把伊斯兰教大规模引入巴尔干半岛。1384年，土耳其人攻占索非亚，打败保加利亚帝国；1389年，土耳其人又在科索沃大败南斯拉夫军队，灭亡塞尔维亚；1453年，土耳其人攻占君士坦丁堡，灭亡东罗马帝国，为伊斯兰教向巴尔干半岛的传播扫清了最后的障碍。此后，奥斯曼帝国开始确立其对巴尔干半岛长达数百年的统治，巴尔干半岛上天主教、东正教与伊斯兰教纷争不止。由此，宗教、文化和文明认同各不相同、各不相让的日耳曼人、斯拉夫人、穆斯林和世世代代居住于此的“永久性群落”之间纷争不止的乱局在巴尔干大体形成。[②]

奥斯曼帝国以巴尔干为基地，“在欧洲建立了一个‘土耳其’”，并沿着多瑙河河谷进逼维也纳，直叩“濒海欧洲”的门户。由此，欧洲人开始“面临着一个奥斯曼问题”。[③] 在这以后，欧洲人极力开辟新航路，一个最主要的战略考量就是希望“从后方偷袭伊斯兰世界”，“从侧翼包围伊斯兰世界”，以解决所谓“奥斯曼问题”。[④]

公元15世纪以后，随着新航路的开辟、火器的改进、工业革命的逐步展开，欧洲人在军事技术上开始占据对奥斯曼土耳其的优势。1571年，欧洲军队在勒班陀战役中大败土耳其舰队，“打破了土耳其的权力基础”；[⑤] 1683年，土耳其陆军第二次兵败维也纳。[⑥] 此后，奥斯曼帝国在巴尔干和欧洲的影响开始退潮，欧洲人开始发动反击。

---

① ［英］布伦丹·西姆斯：《欧洲：1453年以来的争霸之途》，孟维瞻译，中信出版集团，2016，第VIII页。

② ［美］斯塔夫里阿诺斯：《全球通史：从史前史到21世纪》（第7版），第347—348页。

③ ［英］J.F.C.富勒：《西洋世界军事史》（卷一），钮先钟译，广西师范大学出版社，2004，第458页。

④ ［英］布伦丹·西姆斯：《欧洲：1453年以来的争霸之途》，第VII页。

⑤ ［英］J.F.C.富勒：《西洋世界军事史》（卷一），第501页。

⑥ ［英］布伦丹·西姆斯：《欧洲：1453年以来的争霸之途》，第46—47页。

欧洲人对奥斯曼土耳其人的反击分为两支，一支以奥匈帝国为主，代表欧洲天主教和"濒海欧洲"国家的势力；另一支以俄罗斯帝国为主，代表东正教和斯拉夫人，而后者在反击过程中更强硬、更势不可挡。其结果是，巴尔干半岛天主教、东正教与伊斯兰教纷争不止，日耳曼人、斯拉夫人、穆斯林和世世代代居住于此的"永久性群落"之间纷争不止的乱局并无根本性变化。而在其内部，巴尔干这三股势力的相互关系却有明显的消长变化。其中，穆族及伊斯兰教的影响随奥斯曼帝国的衰落而大幅减弱，天主教势力及日耳曼人的影响和势力因奥匈帝国一路打先锋而明显增长。① 尽管德、英、法、奥等"濒海欧洲"的几乎所有大国都一再设置障碍，但东正教、斯拉夫人和俄罗斯在巴尔干的影响不断在增长。② 一方面，第一次世界大战前塞尔维亚、保加利亚和罗马尼亚联合发动对土战争以及塞尔维亚与奥匈帝国对抗，一战后南斯拉夫国家的建立以及二战后苏联在巴尔干驻军等，既是斯拉夫人、东正教文明和俄罗斯在巴尔干的影响日趋增长的标志，也促进了这种影响的增长。另一方面，这种增长又刺激美欧发动科索沃战争、策动前南解体。

冷战结束后，巴尔干半岛上多民族、多宗教、多文化、多文明并立的局面直接导致南斯拉夫内战的爆发，造成了惨绝人寰的战争悲剧。有统计表明，1991—1995年克罗地亚战争中的死亡人数为25800人，1992—1995年波黑战争中的死亡人数为20万人，1999年科索沃战争中的死亡人数为18000人。③ 尽管如此，巴尔干地区天主教、东正教与伊斯兰教之间纷争不止以及日耳曼人、斯拉夫人、穆斯林和世世代代居住于此的"永久性群落"之间纷争不止的格局依旧，其对巴尔干乃至欧洲的稳定的潜在破坏性影响依旧。

（四）巴尔干与"濒海欧洲"的历史关联性因素

从历史关联性看，巴尔干与"濒海欧洲"可以说是长期若即若离，这也切合巴尔干是欧洲边缘区的相关分析。一方面，历史上巴尔干国家长期置身于欧洲事务之外；另一方面，巴尔干地区也长期被欧洲主流国家所忽视。在古希腊人那里，包括北马其顿在内的巴尔干半岛腹地不过是"野蛮人"居住的蛮荒之地；在罗马人那里，巴尔干是帝国的"边疆"，恺撒可以不惜调动大军远征高卢，甚至远征不列颠，却舍不得在巴尔干动用一兵一卒。巴尔干被划在神圣罗

① ［英］布伦丹·西姆斯：《欧洲：1453年以来的争霸之途》，第54、70页。

② 同上，第202、229—230页。

③ ［美］罗伯特·阿特：《美国大战略》，郭树勇译，北京大学出版社，2005，第318页。

马帝国的东南疆界之外，也就等于划在“濒海欧洲”的东南疆界之外。

近代史上，欧洲爆发过数十场较大规模的战争，包括持续数百年的多次王位继承战争、争夺神圣罗马帝国控制权的大小战争、各类宗教战争以及夺去德意志各邦国约40%的人口的三十年战争，但这些战争大都与巴尔干无关。[①]拿破仑率军横扫过中东欧，甚至占领了莫斯科，还率军远征过埃及、准备攻打英伦三岛，但他终生都未在巴尔干用兵。晚年的拿破仑在圣赫勒拿岛反省其战争活动时曾回忆说，他当时的目标就是重建波兰王国、分割奥地利、在意大利建立法国的附庸国、让匈牙利独立、粉碎普鲁士、在英国和爱尔兰建立独立的共和国、控制埃及、“解放”巴尔干半岛上的国家，等等，其中“解放”巴尔干国家被排在最后。不仅如此，拿破仑对上述所有的目标都有实际行动，但唯独对“解放”巴尔干国家只不过是“想想而已”，从未付诸军事行动。[②]

在欧洲外交史上，俄奥普曾三度瓜分波兰，德苏又第四次瓜分过波兰，这说明东欧和波兰与“濒海欧洲”的历史关联性比巴尔干要紧密得多。1944年10月，英国和苏联达成了一个划分巴尔干半岛势力范围的“百分比协定”，英国允许苏联控制大半个巴尔干，其真实意图是为了分散苏联对于中东欧的战略压力。这恰恰说明，巴尔干对于“濒海欧洲”而言并不重要，甚至远不如中东欧重要。[③]而这在俾斯麦那里发展到了极致，据说他曾说过：“巴尔干没有什么价值，‘不值波美拉尼亚[④]士兵的尸骨’。”[⑤]

冷战后，面对巴尔干地区发生的冲突和战争，其他欧洲国家立场不一，并非都积极要求予以干涉。最积极主张进行干涉的德国，也自称主要是为了“拯救”地理上最靠近德国、民众多信奉基督教的斯洛文尼亚和克罗地亚。[⑥]目前在巴尔干国家中，斯洛文尼亚、克罗地亚、罗马尼亚、保加利亚、希腊等几个有基督教背景或在安全上与西欧关联较大的国家已加入欧盟，而塞尔维亚、北马其顿、阿尔巴尼亚等有较深东正教和伊斯兰教背景的国家加入欧盟一直遥遥无期。

综上所述，按照前述西方地缘政治学家、战略学家们所提出的所谓“断层

---

① ［英］布伦丹·西姆斯：《欧洲：1453年以来的争霸之途》，第31页。
② 同上，第139页。
③ ［英］阿诺德·汤因比等编《国际事务概览（1939—1946）：欧洲的重组》（上册），第28—29页。
④ 今位于德国和波兰北部，15世纪并入普鲁士，也是俾斯麦的家乡。
⑤ ［英］布伦丹·西姆斯：《欧洲：1453年以来的争霸之途》，第230页。
⑥ 同上，第439页。

线”理论和“破碎地带说”“黑洞说”，无论是从地理结构、经济发展状态、历史关联性方面还是从民族、宗教和文化方面分析，巴尔干地区都符合所谓的文明“断层线”、“破碎地带”和地缘政治“黑洞”的特征。

巴尔干地区在地理上与“濒海欧洲”差异极大，在历史上与“濒海欧洲”的关联性长期若有若无，其经济发展状态也与“濒海欧洲”存在代差。而最重要的是，从民族、宗教和文化视角来看，在微观层面，巴尔干地区内部基督教与伊斯兰教、基督教内部东正教与天主教之间纷争不止，斯拉夫人与日耳曼人和穆斯林纷争不止；在宏观层面，中东伊斯兰国家在巴尔干地区支持穆斯林，俄罗斯支持有东正教背景的斯拉夫人，而以德国为首的“濒海欧洲”国家则支持斯洛文尼亚、克罗地亚等有天主教背景的日耳曼人，这三大势力也在巴尔干明争暗斗。因此，巴尔干地区的确可以被认为是欧洲的“破碎地带”和地缘政治“黑洞”，更是欧洲的文明“断层线”。

三、巴尔干的未来及其对欧洲安全的影响

在经历了苏联解体、东欧剧变、南斯拉夫内战等多次大震荡以后，巴尔干目前虽然已经进入一个相对稳定时期，但是导致其不稳定乃至爆发冲突与战争的根源并未消失。前述导致巴尔干成为欧洲的“断层线”“破碎地带”和地缘政治“黑洞”的四大因素中，地理、经济及其与“濒海欧洲”的历史关联性等三大因素是影响巴尔干与欧洲关系的因变量，而巴尔干内部复杂的民族、宗教和文化关系及其与欧洲的关联，“濒海欧洲”国家、俄罗斯和中东伊斯兰国家三大力量围绕巴尔干的博弈等，则是影响巴尔干与欧洲关系的自变量。有关巴尔干的未来及其对欧洲的影响的悲观性估计，正是基于对这一自变量未来变化趋势的分析与考量。

冷战结束后，在巴尔干地区所发生的冲突和战争是典型的文明间的冲突和战争，且像历史上文明间的冲突与宗教战争一样，以极其残酷的方式展开。[①] 在人类已经登上月球、继续向深空进军、互联网在全球普及、世界已经高度相互依存的21世纪，依然发生如此残酷的文明间的冲突和战争，既出人意料，又令人震惊、发人深思。当时主导欧洲和全球事务、自命为全球警察、其经济、政治、军事实力处于“超强”地位的西方国家——主要是得到美国全力支持的所

① ［美］塞缪尔·亨廷顿:《文明的冲突与世界秩序的重建》，第308、331页。

谓“濒海欧洲”，或者说所谓的“基督教欧洲”——完全是根据自身的利益诉求和价值理念来应对发生在巴尔干半岛的持续近10年这些文明间的冲突和战争，并进行善后处理。在应对模式上，他们按“国家间”的冲突和战争的应对模式来应对巴尔干的这些“文明间”的冲突和战争，简单地套用了第二次世界大战后初期处置德、日等战败国的经验；在行为动机上，他们把“濒海欧洲”的利益诉求置于绝对优先的地位。由此，这些应对模式和行为动机也给巴尔干乃至欧洲及其毗邻地区的和平稳定留下了巨大的隐患。

首先，“濒海欧洲”依据其强势地位，在美国的支持下，像惩罚德、日等二战战败国那样对待巴尔干“文明间”冲突一方的塞尔维亚及其同盟者。苏东剧变前，南斯拉夫境内信奉东正教的塞尔维亚人、信奉伊斯兰教的穆斯林以及信奉天主教的克罗地亚人、斯洛文尼亚人等，曾一度和睦相处。他们之间虽然也存在矛盾，但并非不可调和。[①] 此后，苏东剧变的影响及美国和“濒海欧洲”的蛊惑宣传，引发了南斯拉夫境内的民族冲突，而之后“濒海欧洲”又在美国的支持下打着调解的旗号介入其中。然而，他们在南斯拉夫不是灭火，而是煽风点火，唯恐南斯拉夫不乱。一方面，他们支持信奉天主教的克罗地亚人、斯洛文尼亚人率先闹独立，肢解南斯拉夫；另一方面，他们又打着“人道主义”和所谓“人权高于主权”的旗号，在波黑战争和科索沃战争中支持波黑穆族，打击信奉东正教、有俄罗斯做后盾的塞尔维亚人，多方对米洛舍维奇领导的南联盟施压，直至直接武装介入，发动科索沃战争。[②] 最终，二战后数十年保持统一局面的南斯拉夫被肢解为6个国家。科索沃战争后，“濒海欧洲”还按照二战后惩处德日战犯的模式把米洛舍维奇列为战犯，并将其送上由“濒海欧洲”控制的审判席。[③] 显然，“濒海欧洲”的这一系列所作所为，是依据其实力优势，通过肢解南联盟和打击信奉东正教的塞尔维亚人，清除俄罗斯在巴尔干的影响。后来的事态证明，“濒海欧洲”在波黑战争和科索沃战争中支持波黑穆族，不是因为其对穆斯林有何关爱、同情，而是要利用其来集中打击塞尔维亚和俄罗斯。毫无疑问，他们的所作所为在巴尔干地区，尤其在巴尔干塞族中，种下了仇恨

① ［美］塞缪尔·亨廷顿：《文明的冲突与世界秩序的重建》，第292页。

② 同上，第20—21页。

③ ［美］查尔斯·库普乾：《美国时代的终结：美国外交政策与21世纪地缘政治》，潘忠歧译，上海人民出版社，2004，第251页。

的种子。[①]

其次，冷战后，尤其是经过南斯拉夫内战及其解体后，巴尔干的政治地图变动极大。然而，"濒海欧洲"在主导巴尔干政治地图的重新划分时，依据的是符合其自身利益诉求的所谓"民族自决原则"：一是边界划分上的模糊和不确定，正所谓"图上一厘米，实地一万米"；二是巴尔干地区尤其是原南斯拉夫境内的种族、民族、宗教、文化与文明分布极其复杂，很难按民族、国家的思维和逻辑划分边界线，因而在形成的各个小国家内，依旧是不同的种族、民族、宗教、文化与文明共存。[②] 如科索沃，其首府普里什蒂纳一直是塞尔维亚人的圣地，二战后虽然一部分塞尔维亚人被迫迁走，但留下的塞尔维亚人虽然是少数，但不会放弃对其圣地的守护，因而与当地占多数的穆族仍会不时产生摩擦。在1389年的科索沃战役中，塞尔维亚败于奥斯曼帝国，进而亡国。600多年来，塞尔维亚人对此仍然不能忘怀。因此，他们也不会忘记在1999年的科索沃战争中的失败。在巴尔干其他地区，如波黑等地，也是如此。[③] 由于经济、政治发展和人口增长的不平衡，尤其是巴尔干穆族人口的增速长期高于其他民族，再加上"濒海欧洲"在扶持巴尔干发展时不能一视同仁，并在欧盟和北约向巴尔干扩张时按所谓的"文化上属于西方"和"经济上也往往更发达"的两大标准吸纳新成员国，[④] 这就人为地把巴尔干国家按照"濒海欧洲"的标准分为三六九等，巴尔干各国潜藏的各种矛盾和冲突将不断积聚和爆发，乃至冲破现有的政治疆界。[⑤] 届时，正如索尔·科恩所预言的那样，这些"碎片化"国家就像钻石一样再次被分割，而再分割的过程一定会发生新的"断层线冲突"，甚至引发新的"断层线战争"。[⑥]

再次，按照亨廷顿的分析，所谓"文明的冲突"通常在三个层次展开，而前南斯拉夫地区是20世纪90年代初发生最复杂、最混乱和最全面的"断层线战争"的场所。其中，第一层次是部族、种族、宗教冲突，如克罗地亚政府和克族与克罗地亚塞族在克罗地亚交火；在波黑，波斯尼亚政府与波斯尼亚塞族和波斯尼亚克族开战，而且后两者还相互开战。第二层次是相关国家和政府的

① [美] 塞缪尔·亨廷顿:《文明的冲突与世界秩序的重建》，第130—131、145页；[美] 查尔斯·库普乾:《美国时代的终结：美国外交政策与21世纪地缘政治》，第330—331页。

② [美] 索尔·科恩:《地缘政治学：国际关系的地理学》，第256—259页。

③ [美] 塞缪尔·亨廷顿:《文明的冲突与世界秩序的重建》，第294—295页。

④ 同上，第173页。

⑤ 同上，第8、119—123页。

⑥ [美] 索尔·科恩:《地缘政治学：国际关系的地理学》，第3、41页。

卷入引起的冲突，如塞尔维亚政府通过帮助波斯尼亚和克罗地亚塞族的方式来推行“大塞尔维亚”；而渴望建立“大克罗地亚”的克罗地亚政府则支持波斯尼亚克族。第三层次是各个文明的大集结：德国、奥地利、梵蒂冈、其他欧洲基督教国家和集团以及后来的美国站在克罗地亚人一边；俄罗斯、希腊、其他东正教国家和集团支持塞尔维亚人；伊朗、沙特阿拉伯、土耳其、利比亚等伊斯兰国家则普遍支持波斯尼亚穆斯林，后者亦同时得到了美国的支持，这是亲缘国家支持亲缘国家普遍模式的一个破例现象。[①] 波黑战争和科索沃战争发生之际，恰逢俄罗斯在苏联解体后实力严重衰落之时，当时俄罗斯无力采取更多的行动支持塞尔维亚。伊斯兰世界的问题是缺少一个核心国家，虽然伊朗、土耳其、沙特阿拉伯等国在波黑战争和科索沃战争期间给予了穆族很多援助，但作用有限。未来穆族将是巴尔干人口增长最快的民族，而阿尔巴尼亚、科索沃等又是巴尔干最不发达的国家，他们在入盟、入约问题上一定会受到“濒海欧洲”的歧视，因而有可能成为巴尔干新一轮“断层线冲突”的爆发点。届时，如果俄罗斯的实力得到恢复、伊斯兰国家有了新的核心国家，他们也会有所介入。其结果是，巴尔干的地缘政治“黑洞”可能进一步扩大，甚至演变为更大范围的“断层线战争”。

最后，美国和“濒海欧洲”等西方国家是冷战后巴尔干“断层线冲突”的幕后推手。冷战结束时，美欧因苏东剧变而自认为是冷战的胜利一方，认为其对于非西方世界和其他文明拥有无可比拟的巨大优势，因而洋洋得意、不可一世，甚至公然宣称历史已经“终结”。[②] 得意之余，他们才会采取行动肢解南联盟，挑起带有“断层线战争”特点的波黑战争和科索沃战争等。然而，历史上没有不落幕的帝国。在其强势时，“濒海欧洲”可以在巴尔干为所欲为，而一旦其实力衰退，他们不免会遭遇“历史的报复”“文明的报复”。目前欧洲已经进入新一轮衰退期，其在面临经济增长不振和英国“脱欧”、民粹主义兴起、债务危机、难民危机、恐袭危机等的同时，世界经济、政治与军事力量的对比也在发生不利于“濒海欧洲”的历史性巨变，而这些都是“濒海欧洲”正在衰落或行将衰落的信号。如果“濒海欧洲”继续衰落，俄罗斯和伊斯兰世界的复兴到了一定的临界点，而巴尔干地区潜藏的民族和宗教等矛盾也积聚到了一定的临界点，那么这些“断层线矛盾”就可能激化为“断层线冲突”，甚至升级为

① ［美］塞缪尔·亨廷顿：《文明的冲突与世界秩序的重建》，第320—321页。

② ［美］查尔斯·库普乾：《美国时代的终结：美国外交政策与21世纪地缘政治》，第51—54页。

新的“断层线战争”。

四、余论

当亨廷顿把“濒海欧洲”的东部边界沿着克罗地亚、斯洛文尼亚的边界进行划分时，就相当于他明确承认巴尔干是欧洲的“文明断层线”和“破碎地带”，而冷战后持续近10年的前南冲突属于“断层线战争”。[①] 无论是从经济、地理、历史关联性方面还是从种族、民族、宗教、文化和文明方面来衡量，巴尔干与“濒海欧洲”都存在极大的差异与鸿沟。即使是西方最乐观的估计，要填平二者间的鸿沟，使巴尔干“融入”欧洲，也不可能少于几代人的时间。[②] 这也正是迄今只有克罗地亚、斯洛文尼亚等少数巴尔干国家能够加入欧盟的重要原因。

欧盟之所以在冷战后一度野心勃勃，试图全面东扩，把东欧、巴尔干甚至俄罗斯全都纳入其视野，是基于冷战结束后“濒海欧洲”自认为是冷战胜利的一方，并相信“历史终结论”，而另一边的东正教核心国家俄罗斯极度衰弱，中东伊斯兰国家则四分五裂。然而冷战已过去了近30年，正所谓“三十年河东，三十年河西”，如今“濒海欧洲”显露出战略疲态，其内则经济下滑、民粹主义抬头、难民危机扩散；外则美欧关系紧张、土欧关系若即若离、乌克兰危机爆发，而俄罗斯和伊朗等伊斯兰国家则显出强势。于是，欧盟对巴尔干国家的“融入”战略不得不浅尝辄止，陷入搁置状态。而如果巴尔干地区的“断层线矛盾”再度激化，俄罗斯、土耳其等东正教和伊斯兰教“核心国家”乘势介入，则“濒海欧洲”还要为其冷战后的一时战略冲动付出新的代价。

近年来，中国在中国—中东欧国家合作和“一带一路”倡议框架下推进与巴尔干国家的经贸合作并取得了一定的进展，而这自然会引起欧盟及邻近的俄罗斯和相关伊斯兰国家的关注。巴尔干和中东欧国家中，有以“濒海欧洲”为后盾的天主教国家，也有以俄罗斯为后盾的东正教国家和以伊斯兰世界为后盾的穆斯林国家，而他们能暂时忘记相互间的差异和矛盾，如此协调一致地与一个域外大国展开合作，这是欧洲历史上的一个例外，也成为国家关系中求同存异的典范。这说明，如果把好方向、建好机制，国际合作就有可能跨越甚至弥合民族、宗教和文化鸿沟。中国—中东欧合作是中欧整体合作的重要组成部分。

---

① ［美］塞缪尔·亨廷顿:《文明的冲突与世界秩序的重建》，第170—171页。

② ［美］查尔斯·库普乾:《美国时代的终结：美国外交政策与21世纪地缘政治》，第330—331页。

中国和中东欧国家合作聚焦经贸务实合作，不涉及防务安全领域，从来没有地缘战略意图，更无意搞什么势力范围。这一合作有利于实现欧洲整体的均衡发展，有利于加快实现欧洲的一体化。当然，如果中国—中东欧国家合作继续向前推进，巴尔干和中东欧国家背后的文化与文明“核心国家”，如“濒海欧洲”、俄罗斯和土耳其等伊斯兰大国是否还会乐观其成，则有待观察。对中国来说，中欧彼此是伙伴而不是对手，是机遇而不是挑战。我们希望与欧洲各国和欧盟机构加强合作，共同实现中欧两大力量的发展振兴，共同推进国际关系的民主化和世界格局的多极化。

In Search for a Single Common Foreign Policy: A Case of Bosnia and Herzegovina

［克罗地亚］白伊维

Abstract: It can be said that BiH is a country with a diplomacy in formal sense, but *strictosensu* without the foreign policy. At least without a single, sovereign and common one. A country internally constrained to produce a common foreign policy towards its immediate neighboring countries, externally supervised to comply with the constitutional framework preset by foreign powers and foreign political goals touted mostly by European countries and without much visible ambition to form independent and autonomous FP decision making has thus challenging task to make its FP imprint being not just mere reproduction of foreign tutelage or contingent and heterogeneous outcome of policies conducted by various sub-state actors. This paper will try to further elaborate some of the features of BiH diplomacy and focus on the challenges in bringing up a single common foreign policy (SCFP). The first part will tackle some typical features in BiH foreign policy, such as polyvocality, dependency and lack of professional capacity. In light of these challenges, the second part will analyze attempts of the central government to set up SCFP strategy and lastly, third part will present a case of (un)successful application of SCFP in regard to NATO integration.

Key Words: Bosnia and Herzegovina; single common foreign policy; polyvocal diplomacy; NATO Accession

作者简介 ［克罗地亚］白伊维（Ivica Bakota），首都师范大学历史学院世界史专业副教授

1. Introduction

Studies of international relations often focus on the great powers in shaping the international order and determining strategic choices of small powers in area of foreign policy. As IR realists seem to argue, there seems not much left for small powers in terms of their basic geopolitical strategic choices but to—in descending order—balance the influence of a stronger actor, join with other smaller powers in building an alternative geopolitical framework for the same purpose; engaging dominant actor into its own strategic agenda in exchange for loyalty and support on international arena; buck-passing or giving up the responsibility for shaping the framework of institutionalized international cooperation in order to preserve continuity of its own strategic interests; lastly, appeasement or relenting to the demands of stronger power either by active approach (pursuing economic, elite, party or other particular interests) or passive (without any clear interest).

Similar approaches are relevant to consider when analyzing ways in which the countries in the Western Balkans (mostly consisted of a small powers) endeavor to, on the one hand, increase their autonomy against dominant power (the EU, the US) and project power and influence to other, neighboring countries. In structural terms, geopolitical system of the Western Balkans is rather dynamic one considering the frequent changes in geopolitical potentials between the regional small powers and frequently a tendency of some of the countries to "punch above their weight" when engaging or even balancing big powers is at stake. As a result, Serbia is known to "play two pianos" when the ultimate commitment for the EU integration vis-à-vis strong friendship with Russia is concerned, Montenegro successfully co-opted EU-Russia strategic confrontation in the WB region to steer away the influence of the regional hegemony (Serbia), Kosovo shows very resourceful resilience in switching the ultimate loyalty from the US to the EU, North Macedonia only recently enjoys in honeymoon with the EU after removing a Russian friendly government; Albania was relatively successful in building strategic alliances (Kosovo) and was proactive in forging regional geopolitical framework.

In contrast, foreign policy of Bosnia and Herzegovina (BiH) is clearly without abilities to balance, engage or bind any other powers, characterized by passive and unassuming approach to international relations and almost non-existent strategic capacity.① Most of the time BiH foreign policy dwells in passive appeasement to European conditionality, American dominance and Russian, Turkish or other regional influences. There are generally at least three reasons for this: First, due to constitutional framework laid by the Dayton Agreement BiH has very challenging conditions to conduct a single common foreign policy (SCFP), i.e. come up with a consistent foreign policy over a certain issue that has been deliberated, formed and developed by sovereign decision. Tripartite and rotating State Presidency, the highest executive political authority in charge of foreign policy decision making is consisted of 3 members elected by each of the constitutional ethnicities (Bosniaks, Croats and Serbs) primarily to represent particular interests of the respective ethnicity. Any FP initiative that may appear on this level, therefore, is paradoxically bound to comply with the interests of neighboring Croatia and Serbia since Croat and Serb members of Presidency usually maintain FP approach that displays complete convergence of interests of their ethnic community within BiH with the national interests of their "patrimonial" countries. Any move or proposition of one of the members of Presidency (MOPs) that counters this rule of conduct is bound to end up in deadlock. Second, due to foreign tutorship "installed" within the BiH constitutional framework to guide state-building, post-war reconciliation efforts and, arguably, manage and control its foreign policy, BiH was rarely "encouraged" to build up capacity in order to conduct independent and autonomous foreign policy. Peace Implementation Council (PIC) and the Office of the High Representative in BiH (OHR) are still having significant powers in matters concerning foreign political issues, such as the issues concerning BiH's EU integration process, complying with the international or European standards and norms that would otherwise require broader public

---

① C. Hill, "The Capability-Expectations Gap or Conceptualizing Europe's International Role," *Journal of Common Market Studies*, 31 March, 1993.

deliberation. [①] Besides, informal influence of European countries in guiding the EU integration process, especially the impact it has not only in swinging the opinion to a certain end, but also to entirely form a policy on some diplomatic issues has often been noted in local media reports. Third, as a result of these circumstances, BiH central government has divested from the efforts to build a diplomatic capacity able to pursue state interests, which as a direct consequence had general lack of professional and competent FP decision making and diplomatic staff. BiH diplomats are rather silent in the issues not directly concerning BiH and the WB region, bandwagoning multilateral frameworks, and overall do not have consistent and developed agenda for in-depth participation on international fora.

Given all these issues, it can be inferred that BiH is a country with a diplomacy in formal sense, but *strictosensu* without a foreign policy. At least without single, sovereign and common one. A country internally constrained to produce a common foreign policy towards its immediate neighboring countries, externally supervised to comply with the constitutional framework preset by foreign powers and foreign political goals touted mostly by European countries and without much visible ambition to form independent and autonomous FP decision making has thus challenging task to make its FP imprint being not just mere reproduction of foreign tutelage or contingent and heterogeneous outcome of policies conducted by various sub-state actors. This paper will try to further elaborate some of the features of BiH diplomacy and focus on the challenges in bringing up a single common foreign policy (SCFP). The first part will tackle some typical features in BiH foreign policy, such as polyvocality, dependency and lack of professional capacity. In light of these challenges, the second part will analyze attempts of the central government to set up SCFP strategy and lastly, third part will present case of (un)successful application of SCFP in regard to NATO integration.

① A recent example to this is urging the reform of the RS legislation regarding the death penalty as a precondition for making a step forward on the EU path. Details: Bedrudin Brljavac, "Ustavni sud BiH ukinuo smrtnu kaznu u Republici Srpskoj," Anadolu Agency, 10 April, 2019.

2. Polyvocal Diplomacy Dominated by Sub-state Actors

The fact that BiH has not very developed or coherent common—let alone single—foreign policy is not much surprising considering how weak BiH's central institutions and fragile inter-ethnic cooperation is. BiH so far is potpourri of independent sub-state and partisan foreign policies each oriented in pursuing (administratively or ethnically) segmented foreign policy without much regard for a net outcome on the central level. Given the institutional framework, the Republic of Srpska (RS), one of the three political entities within BiH, for a long time pursues foreign policy *de facto* independent from the central government. Under a sway of secession seeking political leader, currently the Serb member of BiH Presidency, Milorad Dodik, RS managed to conduct independent foreign policy in terms of its relations with Serbia and even managed to have independent relations with non-neighboring countries (Hungary, Belarus) and its stance towards Russia and US is very divergent from SCFP.

Partisanship is a second feature of BiH foreign policy. It refers to a set of non-institutional and informal policies espoused by the main ethnopolitical parties (Croat Croatian Democratic Union, HDZ; Serb Independent Social Democrats, SNSD; Bosniak Party of Democratic Action, SDA) perceived as directly representing ethnic interests of three constitutional nations and former two as proxies to Croatian and Serbian national interests.① These political parties also tend to develop independent relations with countries and international institutions beyond the region. Typical examples include HDZ policy towards the EU and its relations with EU institutions, SDA's policy toward the Arab countries and Muslim world, SNSD policy towards Russia, etc. There are also supra-party institutions, such as the Croat National Assembly (HNS) established to coordinate coherent policy on a more institutionalized level, with marked divergence from SCFP regarding the relations with Croatia. Other political parties also tend to form their own FP either aligning or diverging with

① For "ethnopolitical" system of BiH, see: A. Mujkić, "We, the Citizens of the Ethnopolis," *Constellations*, 14 March, 2007.

main ethnopolitical FP or advocating a certain quasi-SCFP by emphasizing pan-BiH, centralist or "civic" agenda.① Under the state and two entities, there are cantonal levels possessing a certain amount of autonomy in FP, especially in cultural, economic and social affairs.②

2.1 Dodik and "Hat Switching" Cases

"Hat switching" is another feature that adds up to the complexity of BiH foreign policy. Due to ethnic key power sharing mechanism, sub-state (RS entity), partisan (HDZ, SDA or SNSD) or simply ethnic institutions and political representatives assume institutional identity or support of the state (central government) and continue to pursue a set of particularistic FP agenda on behalf of the state. Common trait in these singular FPs is pursuance of interests that are to a certain extent discordant to a single common foreign policy and arbitrary way they sometimes do "hat switching" with state foreign policy. As a result, BiH can have many actors acting on the behalf of the state but merely pretending to represent BiH state interests. The most typical example of "hat switching" is FP activity of Milorad Dodik, the former RS President and current Serb MOP (member of the Presidency) in the State Presidency.

In the last few years, Milorad Dodik paid a visit to several European countries in state capacity as a member of Presidency, in attempt to primarily strengthen external relations of the Republika Srpska, or even, according to some media, to gain international support for his secession agenda. There are several reasons to justify this opinion, but most stark is the fact that his diplomatic endeavors are rarely coordinated with the other two MOP members. In April 2019, when Dodik met with the Pope in Vatican, Bosniak MOP Šefik Džaferović and Croat MOP Željko Komšić are said to find out about the trip from newspapers. Dodik and Francis I reportedly talked about ethnic reconciliation in BiH, migration and population crisis BiH is facing especially

① Proponents of "civic" SCFP (mostly found around "civic" political parties such as DF, SDP) are perceived as the best candidates to stage a SCFP. However, they are usually objected for centralism purported under "civic" image.

② FPs on this level tend to support SCFP mostly because it is perceived as extension to their economic policies that are in favor of stronger support from the central government.

of the Christians.[①] It was pointed out that due to a vacuum left after Croats "lost" their MOP, Dodik was found to be the best interlocutor of the problems Catholics are dealing in BiH, and despite what Croat parties may hold against it, he was described as assuming "representative role for all Bosnian Christians" in Rome.

In May 2018, during his visit to Austria and Hungary party and entity "hat" was even more pronounced when he met with Austrian Vice Chancellor Strache to reconfirm the partnership between Austrian FPA and SNSN on the European Right and relatively cheaply got support from Austria (military neutral, non-NATO country) for "official military neutrality of BiH". This diplomatic success didn't last long, because the Austrian government stepped down shortly after the wiretapping scandal.[②] However, already in mid-June, Dodik headed BiH business delegation to Hungary and met Orban. After the talks, the Hungarian Prime Minister stressed Hungary's respect for the sovereignty and unity of Bosnia and Herzegovina, but "the respect for the identity of the Republika Srpska" and announced an action plan Hungarian government will draft concerning cultural and educational cooperation with RS.

His visit to Belarus was also perceived as a hat switching visit. He talked with his Belarusian counterparts about the cooperation in mining, car-building and forestry all directly involving the economic benefits for the Republika Srpska, "and only occasionally mentioning Bosnia and Herzegovina".[③] During his visit to Belarus, he also met with the President of Moldova and the Chairman of the pro-Russian Socialist Party, I. Dodon, which ignited concerns on his attempts to establish contacts with Transnistria, and even to seek successful secession model that this unrecognized but *de facto* independent territory can provide. "Hat switching" gained some controversy during the official visit of the Russian FM Lavrov to BiH in December 2020. Citing some breaches in preparation protocol, Croat and Bosniak MOP even refused to meet with Lavrov, giving a room to Dodik to "hijack" the whole agenda of Lavrov's visit.

---

① N1, Milorad Dodik za N1, "Šta sam poručio papi Franji," *Vijesti*, 26 April 2019.

② Judith Mischke, "Austrian Christian Strache under attack for Bosnia comments," *Politico*, January 18, 2018

③ N1, Dodik u Minsku, "Unaprijediti saradnju BiH I Bjelorusije," *Vijesti*, 20 June 2019.

2.2 Dependent, Non-sovereign and Under-capacitated FP

Only clear and relatively coherent goal of the BiH foreign policy is the EU integration, but formation and development of this goal is to a great extent dependent on the international community which, according to the Dayton Agreement, closely monitors and guides BiH foreign policy. Most of the analysts would criticize the lack of the independent decision making in BiH foreign policy, however it is also widely considered that without foreign guidance and the role of the Office of the High Representative (OHR) and the Peace Implementation Commission (PIC) continuity of this sole FP goal would be also under question mark. Therefore, EU integration as a sort of a "proto-SCFP" is significantly devoid of the local participation and contribution and can be argued to be an example of non-sovereign decision making. BiH central Ministry for Foreign Affairs in this sense serves as a mere liaison office conveying the progress BiH has made in the EU integration reform process. In this field, the embassies of the EU member states, the EU delegation in Sarajevo and the US embassy play significant unofficial role in forming the agenda, urging solutions and initiatives, even "whipping" for the complying response from various FP actors in BiH. ①

With only one clear FP goal and continuous tutorship by the international community the independence of Bosnia and Herzegovina in its foreign policy development and formation is extremely limited. One of direct outcomes is that BiH has never developed ability and motivation to pursue foreign policy independently, nor attached importance to professionalization and development of its own diplomatic network or experience and knowledge in international affairs. This is also the reason for sub-par professionalism within the BiH diplomatic service. With FP decision-making being "outsourced" to foreign or sub-state (entity, party) instances, BiH diplomats have never quite needed to acquire high professional standards to perform the service. Being a diplomat in BiH is not much more than an honorary sinecure for the retiring party officials and clientele as it is cynically regarded in media. Therefore,

① Details on BiH "Europeanization" process, see: A.E. Juncos, "The EU's Post-Conflict Intervention in Bosnia and Herzegovina: (Re)Integrating the Balkans and/or (re)Inventing the EU?" *Southeast European Politics*, 6 February 2005.

misunderstandings and "gaffes" in BiH diplomacy are common occurrence. BiH is not only often cited example of non-responsive, lagging and passive partner to the EU institutions in charge of integration and accession processes, it also makes statements obviously drafted without "due diligence", for example, when the State Presidency "strongly condemned Yemen's missile attacks on civilian targets in Saudi Arabia".① This statement proves either how little the Presidency, the highest body in charge of foreign policy in the country, knows about international affairs outside Europe or very likely suggestion in some *quid pro quo* scheme made by "a diplomatic official of a certain friendly country", either way indicating low esteem for the state level diplomacy in international relations.

3. Attempts to Create SCFP

On 13 March 2018, the Presidency of Bosnia and Herzegovina adopted a new "Foreign Policy Strategy for Bosnia and Herzegovina 2018-2023".② This 11-page long document is the first official paper on BiH foreign policy after 15 years and one of rare pieces of official writing about Bosnian and Herzegovinian strategy in bringing SCFP. Preceding to the "Strategy", were "General Directions and Priorities in Conducting Foreign Policy" from 2003,③ which during the course of years became virtually obsolete, but was only binding document on BiH foreign policy that far.

Despite the passive and unassuming "mode" BiH diplomacy and foreign policy has acquired throughout the last 20 years, BiH has, in fact, underwent two unsuccessful attempts to draft more updated strategy on SCFP. One was in 2008 along with the intensification of efforts to join UN SC (United Nations Security Council), becoming non-permanent member in 2010-11 period, another was in 2013, when BiH tried more actively to define its relations with the EU. Both times passing the

① Faruk Vele, "Dizdarević o stavu Predsjedništva BiH o Jemenu: Ja sam skandaliziran!" *Radio Sarajevo*, 19 June 2019.

② Predsjednistvo BiH, "Strategija vanjske politike Bosnei Hercegovine, 2018-2023," Available from: BiH Presidency, http://www.predsjednistvoBiH.ba/vanj/default.aspx?id=79560&langTag=hr-HR.

③ Predsjednistvo BiH, "Opci pravci i prioriteti za provođenju vanjske politike Bosnei Hercegovine," Available from: BiH Ministry of Foreign Affairs, http://www.mvp.gov.ba/vanjska_politika_BiH/osnovni_pravci_vanjske_politike_BiH/?id=2.

strategic document failed due to opposition from the Serb MOP. Given the time and effort consuming negotiation process within BiH Presidency, the current "Strategy" was rather quickly promulgated within short timeframe, without lengthy drafting procedures or consultations with foreign policy professionals and institutions, let alone public deliberations. As a result, from its publication in 2018 this strategic document passed almost unnoticed in media and general public.

However, even those few commentaries that gave a glance to "Strategy" generally agree that the document is not bringing anything radically new in terms of revalorizing BiH foreign policy goals and priorities or even providing a substitute to the "General Directions" from 2003. The "Strategy" is more to be regarded as a continuation of the same priorities updated with new global and local perspectives BiH should start to pay attention to. The "Strategy" departs in unusually extensive analysis of the changes in global and regional situation in the last 15 years. As much as it goes beyond official paper in recognizing and assessing changes deemed crucial for a new strategy of the BiH foreign policy, circumscribing everything from a "third wave" in social democracy to rise of right-wing populism, European debt crisis to migrant crisis, Arab Spring, Maidan and annexation of Crimea, to Brexit, Croatian EU accession, Montenegrin NATO accession and so forth, as an official policy document it clearly compensates a deficit of providing a new set (or revising an old) SCFP guidelines with more or less comprehensive analysis of the global context. In this sense, the "Strategy" is more like "General Directions updated" or "An Outline for New Strategy", an endeavor to help drafting some future strategy, if for one would ever be shown interest, need or consensus.

3.1 A Gap between "General Directions" and "Strategy"

BiH from the "General Directions" was a country still struggling to attain permanent peace, security and stable development and only "to join" European security, political and economic integration processes. The goals were straightforward: protection of BiH independence, sovereignty and territorial integrity; full implementation of the Dayton Agreement; joining Euro-Atlantic integration processes (without mentioning any concrete goals); participation in multilateral frameworks, such as UN (goal to become non-permanent UNSC member obtained in 2010),

Council of Europe (efforts discontinued following the signing of the SAA in 2015), Organization of Security and Co-operation in Europe (OSCE still maintains mission in Sarajevo), Organization of Islamic Cooperation (due to "non-Muslim" opposition, BiH is participating in a permanent observer status); active participation in global economic and trade cooperation frameworks, with specific goal of joining the WTO (currently still in negotiation process).

It should seem outdated to judge the success of the "General Directions" from the current perspective as it lost relevance long time ago while the sole reason why it continued to be the single binding document for the BiH foreign policy was the absence of any other paper published meanwhile. In spite of this, the "Strategy" claims continuity to the "General Directions" but gives no explanation for 15-year lacuna between the two and lacks minimum prescriptiveness in defining future goals in BiH foreign policy.

Instead of "pillars" that define directions and actions in foreign policy, it offers "dynamic trajectories" that should be given due consideration and priority. Therefore, there are, first, general concerns for "security and stability" which imply more active participation in the (EU- sponsored) frameworks that aim at strengthening rule of law, engagement in security area and migration crisis, strengthening regional transportation and infrastructure links and giving support for regional integration processes, economic and social development. Second is the continuous economic prosperity, which from operational point should be sought through financial assistance programs provided by the EU, especially Pre-Accession Financial Instruments. (Position on seeking financial assistance from other countries or intl. organizations was not mentioned). Third, legal protection of BiH citizens abroad and strengthening international legal cooperation is coterminous to expanding diplomatic network and reaching comprehensive agreements on double citizenship, prosecution and extradition of citizens with neighboring countries (Croatia and Serbia), but was not elaborated in detail. Fourth as a general activity is active promotion of Bosnian and Herzegovina in the world.

3.2 From Pillars to Trajectories, from Prescription to Assessment

Within the guidelines given in the "General Directions", the "Strategy" foresees that BiH should actively follow the Common Foreign and Security Policy of the European Union. The emphasis is put on the implementation of SAA agenda (Stabilization and Accession Agreement), which includes variety of commitments (respect for HR, media, minority and individual freedoms, development of good-neighborly relations, fight against corruption, organized criminal, terrorism, continuous reforms, etc.).① In order to achieve this strategic goal, it is envisaged close cooperation with all relevant actors, so to finish the first stage of SAA within planned 6 years. “Strategy’s” added value is recommendation for the Presidency and the Council of Ministers (BiH COM) to consider medium-term (five-year) and long-term (ten-year) investments in strengthening the diplomatic network, “in a perspective to establish diplomatic missions on a residential basis in all EU member states by 2028”, and vaguely putting sufficient financial resources and expertise to “negotiate, lobby and promote” BiH as a future EU member state. On the other hand, the Strategy is void of any binding strategy or recommendations if in considerably possible event BiH fails to fulfill obligations under the Stabilization and Association Agreement (SAA) by the end of the transition period. It can be said that in a new political context, after ongoing year-long government forming crisis and virtual halt of EU integration processes, the need for additional or more coherent paper on EU integration objectives is required to fill this void.

For the relations with “non-EU” part of the world, the paper gives a sketch of “possible breaking points” within international relations (and the impact it generates on BiH) and make critical evaluation of the link between the resources and forms of actions available to BiH and the goals it seeks to achieve. The political situation identified as requiring mandatory level of engagement by BiH is the situation in the Middle East, Iran, Kosovo, Russia, Turkey, and Ukraine, where BiH should build capacity to actively monitor and assess the effects it might have for BiH’s external as well as internal developments.

The Strategy also requires a further assessment of BiH’s commitments in each strategic area related to NATO and WTO relations, and activities related to the UN

① Predsjednistvo BiH, “Opci pravci i prioriteti za provođenju vanjske politike Bosnei Hercegovine,” Available from: BiH Ministry of Foreign Affairs, http://www.mvp.gov.ba/vanjska_politika_BiH/osnovni_pravci_vanjske_politike_BiH/?id=2.

Sustainable Development Program by 2030. The key aspect of security and stability in BiH is recognized to be "the implementation of activities in relation to NATO", which are said to be a priority for the institutions of Bosnia and Herzegovina. The Strategy was still not able to reflect controversy on NATO that started to snowball by the beginning of 2018 with the opposition from RS therefore it states that priority will be primarily focused on the activation and implementation of the MAP, but "within the constitutional system of Bosnia and Herzegovina and in accordance with the BiH Law on Defense". The Strategy envisages the continuation of current cooperation programs with NATO "that will help to achieve the required level, equipment and interoperability, compatibility (of the BiH Armed Forces) and their ability to carry out joint and combined operations with partners".

For the rest of the document, the Strategy also mentions Sustainable Development Goals (SDG) and continuing cooperation with UNDP under Agenda 2030 and related programs, more active participation in International Labor Organization, implementation of Kyoto Protocol and action plan for joining in WTO. Regional cooperation and relations with neighboring Croatia, Montenegro and Serbia are also mentioned as important but their bilateral relations with BiH were left without much elaboration.

To sum up, the Strategy is a piece of official document on BiH foreign policy that was missing for 15 years, but by avoiding to declare strict objectives, prescribed guidelines and action plans it is also a paper that more reflects the process of internal contestations which as a result produce insufficiently coherent and descriptive middle ground rather than sharp analysis and pointed guidelines. The Strategy will be around for a while, but probably only to serve as a sketch to future strategy that should depart from analysis and evaluations and state clear-cut objectives for reaching short-term and middle-term goals.

4. Case of SCFP: NATO Accession

The accession process to NATO together with the EU integration is a rare instance for BiH to form SCFP on significant FP issue. As mentioned above, since the EU integration process is in terms of FP deliberation, agenda-setting and even implementation to a large extent "outsourced" or predetermined, NATO accession remained a single issue upon which SCFP was to be build.

In the first years it seemed to be a successful example of SCFP. Thanks to favorable NATO enlargement policy and relative support the NATO accession enjoyed domestically, Bosnia and Herzegovina rather quickly passed the first steps towards NATO accession. In 2006, before the start of the accession negotiations, Bosnia and Herzegovina joined the Partnership for Peace program of NATO and signed an agreement on security cooperation in March 2007. In January 2008, Bosnia and Herzegovina began further cooperation within Individual Partnership Action Plan (IPAP). After the 2008 Bucharest Summit, in September 2008, BiH intensified the accession efforts by officially signing IPAP (officially starting with NATO accession process), launching Intensified Dialogue and joining the Adriatic Charter, a threshold framework for NATO aspirants.

Expediency through which BiH started NATO accession path was paralleled with more active enlargement policy of NATO in the Western Balkans, accession of neighboring Croatia and Albania in 2009 and signing Membership Action Plan with Montenegro in December same year. Also, in the period following the sixth EU enlargement (Bulgaria and Romania), the dynamic of Euro-Atlantic integration in the Western Balkans was largely perceived in complementary terms, where Atlantic (NATO) integration figured as necessary prerequisite for Euro integration. It was a path followed by every country in the Western Balkans that far, so relative support NATO integration enjoyed in the opinion polls rather reflected complaisance with the fact that NATO integration foregrounds the ultimate goal, i.e. Euro integration. This Euro-Atlantic complementarity held that Euro integration is possible in a stable environment secured by trusted security framework, so a policy that every prospective EU member should first become NATO member was actively promoted by Brussels, conveniently figuring as metaphoric destination of the both integration processes, and the Big Four (EU4). In regional NATO aspiring countries, this complementarity has been translated into a norm and, if the legitimacy for joining NATO could not be drawn *sui generis*, the politicians would directly justify this cause through the EU integration means. Similarly, popular legitimacy for NATO accession strongly depended on Euro-Atlantic symbiosis. That opinion makers and polls relied on this fact becomes especially visible when the support from opinion polls is contrasted with relative low voter turnout on NATO referendums (in Croatia, for example). ①

Bosnia and Herzegovina was not estranged from this "norm" 10 years ago when its NATO integration aspirations was still in initial stage. In February 2009, after the first suggestions that Bosnia and Herzegovina could join NATO already by 2011, BiH Defense Minister Selmo Cikotić presented some poll numbers that stated overwhelming support for NATO membership in the Federation (89%) and "insufficient, but with progressive tendency" in Srpska (44%). That Serbs might hold reservations for NATO integration, at least due to the 1995 NATO bombing of Bosnian Serb Army and fraternal solidarity with Serbia for the 1999 NATO intervention in Yugoslavia, was a fact that was treated with diminishing significance.

On this wave, Bosnia and Herzegovina again in January 2009 confirmed interest for seeking a Membership Action Plan (MAP). According to expectations of the NATO Mission Office in Sarajevo, if necessary reforms in the defense area are met, BiH could join NATO within 2-3 years. While the country did not receive a MAP at the April 2009 Strasbourg summit, the US State Department promised to strongly back BiH accession to NATO. October 2009, Haris Silajdžić, the Bosniak Member of the Presidency, announced an official application for MAP and the next year (April 2010) NATO gave conditional consent for launching the MAP for Bosnia and Herzegovina. Hereafter, BiH encounters the first problems that will virtually freeze NATO accession to date. ②

4.1 RS Blockade and the Failure of SCFP

Issues that attract controversy and impeded NATO accession of Bosnia and Herzegovina can be boiled down to recentralization/ unitarization dispute between Sarajevo and Banja Luka, sudden low-level popular support for NATO, and convergence with Serbia on military non-alignment and neutrality RS seeks to accomplish.

---

① Details see: G. Aybet and F. Bieber, "From Dayton to Brussels: The Impact of EU and NATO Conditionality on State Building in Bosnia & Hercegovina," *Europe-Asia Studies*, Vol 63, No.10, December 2011.

② S. Numanović, "BiH ulazi u NATO 2011. godine?" *Dnevni avaz*, 12 November 2008.

The conditional invitation to join the MAP in April 2010 specified that no Annual National Program would be launched until BiH fulfills the resolution of State Defense property, which is also one of the conditions for the OHR closure (Office of the High Representative). Specifically, MAP activation required the transfer of the registration of 63 military facilities from the local entity-level to the central government. The Federation mostly complied and as of April 2018, fully transferred 31 objects located within its territory. Citing concerns on creeping unitarization of BiH and drawing the popular support that has been previously charged with "forced" integration of RS Army into the BiH Armed Forces, Republika Srpska has opposed the move and holds that it constitutes infringement on its sovereignty. As of 2018, RS authorities defied demands to transfer the 23 properties located in its territory. The issue was reactivated only in 2016 when the Court of BiH ruled (and the Constitutional Court upheld the ruling in 2017) that the military facility in Han Pijesak (within RS territory) has to be transferred to the Bosnian government. Meanwhile, in December 2018, NATO rescinded this condition, approved the activation of the MAP for Bosnia and Herzegovina and called on Bosnian government to submit an Annual National Program. Despite of this concession by NATO, all Defense property is not transferred to the central government, so unitarization dispute between Banja Luka and Sarajevo is only postponed for the future.

Generally, from the start of accession negotiations in 2008, through the 8 gap years the popular support for NATO is dissipating. However, this should not be surprising if it is taken into account that previous polls had complementarity bias. A Banja Luka based CZP conducted poll in August 2018 which indicated that only 56% of those polled support NATO membership, down from 70% in 2009, 37% were opposed and opt for military neutrality while 7% are in support of joining "other military alliances".① Even before breaking down these numbers on entities, support for military neutrality makes a "new entry" that is not only a substitute for the undecided population regarding the NATO membership. Also, there are some voices opposed to black and white depiction of NATO support, as it was seen recently in the reluctance by HDZ BiH to "force in" SNSD to accept NATO. The liberal and

① M. Lakic, "NATO Approves Membership Action Plan for Bosnia," *Balkan Insight*, 5 December 2018.

civic political parties, such as DF, are the most vocal political parties in favor of NATO membership. Anti-NATO and NATO-sceptic sentiment draws big support in Republika Srpska. Only 13% of RS citizens support NATO, while 11% are favoring "other alliances", which in given circumstances means "strong" opposition to NATO. 76% supporters of neutrality make stable majority that would be difficult to engineer in a period to come.[①]

The NATO interventions in Bosnia and Herzegovina in 1992 and 1995, the NATO bombing of Yugoslavia were all aggregated to a NATO opposing stance of Republika Srpska following Kosovo's declaration of independence and Serbia's consolidation of the policy of military neutrality. Partly as an attempt to form independent foreign policy and partly for securing a nationalist ticket, ruling SNSD and its leader Milorad Dodik sought convergence with Serbia in regard to NATO. Although Serbia aspire to join the European Union, Serbia opposes to Euro-Atlantic complementarity and seek to maintain military neutrality, joining neither NATO nor the Collective Security Treaty Organization (CSTO). With the first open pressures to expedite MAP activation, Republika Srpska decided to legitimize NATO-sceptic stance by threatening with NATO referendum and finally by passing a resolution in the RS Parliament (October 2017), which confirmed military neutrality of Republika Srpska.[②] Thereafter, the resolution is a main legal instrument of Republika Srpska in deferring pressures from Sarajevo or other European countries in regard to NATO. Despite being considered as an "internal matter", the resolution on military neutrality yields certain concessions from the Western countries and for Serbia figures as an important lever in hedging the consequences of possible full recognition of Kosovo (joining the UN and other international organizations).

4.2 Main Positions and Prospects of the NATO Accession

Current stance regarding the NATO membership can be divided in four main positions advocated by BiH politicians and typically include: strong anti-NATO, anti-NATO pragmatic, strong pro-NATO and pro-NATO pragmatic positions.

---

① M. Lakic, "NATO Approves Membership Action Plan for Bosnia," *Balkan Insight*, 5 December 2018.

② NN, "Bosnia as the New 'battleground' between NATO and Russia," *Al Jazeera*, 7 July 2019.

Strong anti-NATO position advocates principled opposition to NATO integration, demands termination of negotiation dialogue with NATO and revoking of the current MAP status. As a non-negotiable and principled stance, it is not officially endorsed by any major political party. However, it threatens to erupt if the political cleavage on NATO issue, just like few years ago in Montenegro, becomes too sharp. Strong anti-NATO position is current among supporters of joining "other military alliances", (Serb) nationalists and those broadly fit into "pro-referendum" umbrella, on political level it is espoused by Serb far-right political parties (Serb Democratic Party, Serbian Radical Party of Republika Srpska, etc.).

Although frequently criticized for holding a strong anti-NATO position, Milorad Dodik, the main political figure in RS, Chairman of ruling SNSD and current Serb MOP, represents a stance that is better characterized as "anti-NATO pragmatic". He opposes joining alliance and strongly defends the resolution of RS Parliament, but is open for negotiating a special status/ relation between BiH and NATO. Therefore, he didn't rejected activation of MAP for BiH and promised to have constructive role in designing Annual National Program. Also, his opposition to Euro-Atlantic "complementarity norm" is not only seeking deadlocks. As a matter of fact, his principled yet accommodating approach in defining the BiH status left impression that more constructive argumentation of NATO side is desired to explain why the EU integration cannot proceed without NATO integration. Therefore, it might be argued that within the given conditions he is open to extend this position into SCFP.

Strong pro-NATO stance not only "believes" in complementarity of EU-NATO integration goals, but holds that BiH cannot or hardly can sustain its security challenges without joining military alliance. This position has a vocal support in "civic" parties (Democratic Front, Our Party) and draws unprincipled support from some nationalist parties such as the Party of Democratic Action. The main objection that arrives from anti-NATO camp is that strong pro-NATO advocates tend to simply ignore anti-NATO arguments and dismiss any solution to NATO status short of full membership and thus display lack of willingness for SCFP similar to strong anti-NATO camp.

Between strong pro-NATO and anti-NATO pragmatic positions dwell "pro-NATO pragmatists", highly volatile group whose members "temporarily" fit into this group and who would not necessarily admit to be as such. This is a position that seeks a dialogue (not necessarily reconciliation) between pro and contra positions and tends to use the issue for some immediate ends. Likewise, it is perceived more "pragmatic" than "pro-NATO" and its traits can be partly found in HDZ BiH strategy for seeking rapprochement with SNSD.①

Given the current division between pro-NATO and anti-NATO positions, it is not difficult to imagine yet another political deadlock that would result from dominance of "strong" positions on NATO. However, big NATO countries that are so far giving full support to "strong pro-NATO" option might find that the same "strong" approach NATO has been pursuing in Montenegro and Macedonia not quite fits confederal BiH, and only further delays arrival of "pragmatic" conditions to forge a single case of authentic SCFP.

5. Conclusion

Bosnia and Herzegovina maintain one of the most complex political and institutional systems in the world. The Dayton Agreement upon which BiH constitutional framework is laid and which serves as ultimate and supra-constitutional basis for BiH political system brought many challenging issues for functional governing of Bosnia and Herzegovina. One such example is persistent inability to produce a single common foreign policy over the issue that is deliberated, formed and developed by local actors. "BiH foreign policy" is therefore strictly speaking non-existent and is, on one hand, a namesake for various sub-state, ethnic and partisan policies speaking on behalf of the state or, on the other, an externally imposed agenda lacking sovereign decision making. Rare instances on which BiH was able to develop SCFP usually fail due to divergent positions of state and sub-state (entity and party) levels. Such example has been seen on policy regarding the NATO accession. Although BiH showed initial acumen to build SCFP on the issue with the first signs of an anti-NATO opposition in Republika Srpska SCFP was deadlocked and current political cleavages show no sign that BiH might form SCFP on this matter any time soon.

---

① I. Bakota, "BiH-NATO Accession Prospects," *CCEC*, 18(6), 2018, p.3.

浅析塞尔维亚2020年议会选举及其内政外交走向

徐　刚　杨超越

内容提要　2020年6月，以总统武契奇领导的前进党为首的党派联盟“为了我们的孩子”在塞尔维亚议会选举中以60.65%的得票率赢得历史性胜利。从新政府的组成来看，组阁耗费时间较长，班子成员既有一些不变的要素，也出现了些许新变化。新一届政府在内政上面临不小的压力，外交政策的调整空间不大，仍将推行“四支点平衡外交”。此外，中塞关系在实现跨越式发展和具有较大提升空间的同时，也不可避免地面临一些挑战，其中最大的干扰因素是美国。

关键词　塞尔维亚；议会选举；四支点外交；中塞关系

作者简介　徐刚，中国社科院俄罗斯东欧中亚研究所副研究员，中国社科院“一带一路”研究中心副秘书长。杨超越，中国国际问题研究院国际战略研究所助理研究员。

2020年6月21日，塞尔维亚举行与黑山分离后的第六届议会选举。[①] 此系欧洲各国施行新冠肺炎疫情防控限制举措以来欧洲的首场全国性选举，又是塞

① 2006年6月3日，黑山共和国宣布独立。同年6月5日，塞尔维亚宣布继承塞尔维亚和黑山的国际法主体地位。此后，塞尔维亚分别于2007年1月、2008年5月、2012年5月、2014年3月和2016年4月举行了议会大选。

科“关系正常化”进程“失常”[①]以来塞尔维亚的首次议会选举，因此引发国际社会的广泛关注。在赢得历史性胜利后，塞尔维亚前进党（Serbian Progressive Party）联盟主导的新政府的内政外交将有哪些动向，特别是如何维持和发展中塞关系，值得跟踪观察。

一、特殊时期的特殊选举

早在2019年，特别是进入下半年以后，塞尔维亚议会选举的选战便已经打响。2019年2月，自2018年底开始爆发的“五百万分之一”（One of Five Million）抗议集会[②]达到高潮，数个反对派联合签署《与人民的协定》，抗议当局打压反对派和限制媒体自由，并呼吁抵制下一次议会选举。[③]9月，由民主党（Democratic Party）[④]、塞尔维亚德维利运动（Serbian Movement “Dveri”）、人民党（People’s Party）、自由与公正党（Party of Freedom and Justice）等组成的塞尔维亚联盟（Alliance for Serbia）决定抵制新一届议会选举。自10月起，在非组织政府和欧洲议会议员等的组织下，塞尔维亚举行了数场政党间对话，各方的共识是眼前尚不具备公正和自由的选举条件。[⑤]2020年1月，执政的前进党提出进入议会的得票率门槛从5%降低至3%及增加少数族群党派的代表性的提案，并在议会获得通过。该提案表面上看有利于反对派进入议会，但实际上分

① 2008年2月，科索沃单方面宣布脱离塞尔维亚而独立。在加入欧盟的导向以及美欧的压力和推动下，塞尔维亚与科索沃进行了数十轮谈判，于2013年4月签署了以实现“关系正常化”为目标的《布鲁塞尔协定》。2018年11月科索沃单方面对塞尔维亚（和波黑）的商品加征100%的关税后，塞科谈判中断，双方“关系正常化”进程受阻。具体情况可参见徐刚、彭裕超:《塞尔维亚与科索沃“关系正常化”进程“失常”》,《世界知识》2019年第13期。

② 2018年11月末起，塞尔维亚部分学生和社会活动人士发起反政府示威运动，以谴责针对反对党政客的袭击事件。随着示威活动的蔓延，示威者诉求扩大至要求更大限度的媒体自由、改革选举制度以及要求总统武契奇等政要下台。示威活动最初仅在塞尔维亚首都贝尔格莱德举行，但随后逐渐蔓延至该国诺维萨德、尼什、克拉古耶瓦茨等地以及海外塞尔维亚人聚居地。在首次抗议集会发生后，武契奇表示即使有500万人参加也无法满足任何诉求，这成为之后示威抗议活动使用“五百万分之一”这个名称的由来。

③ “Opposition boycotts Serbian parliament,” February 11, 2020, http://rs.n1info.com/English/NEWS/a459365/Opposition-boycotts-Serbian-parliament.html.

④ 成立于1990年。值得注意的是，1992年7月，民主党中持民族主义立场的部分成员分离出来并成立了塞尔维亚民主党（The Democratic Party of Serbia）。

⑤ “Conclusion of the party dialogue in Serbia: Commitments need to be implemented,” December 16, 2019, https://europeanwesternbalkans.com/2019/12/16/conclusion-of-the-party-dialogue-in-serbia-commitments-need-to-be-implemented/.

化了反对派的力量。塞尔维亚当局的做法因涉嫌违反欧盟负责法治与民主问题的威尼斯委员会（Venice Commission）关于降低选举门槛的程序合法的规定[①]而遭到欧盟的批评和警告，[②]但塞当局的意志并没有改变，提案顺利在议会获得通过。3月4日，塞尔维亚总统武契奇签署法令，将议会选举定于4月26日进行。然而，新冠肺炎疫情的暴发打乱了塞尔维亚的国家政治日程。3月15日起，塞尔维亚进入国家紧急状态。直到5月6日，塞尔维亚国民议会才通过决议解除国家紧急状态。在稍早前的5月4日，武契奇在同9个政党的代表会谈后决定于6月21日举行议会选举。

由于塞尔维亚联盟、公民论坛（Civic Platform）等反对派坚决抵制参选，48.88%的投票率创下了自2006年与黑山“和平分手”后塞尔维亚议会选举的最低纪录。[③]从选举结果看，以总统武契奇领导的前进党为首的党派联盟“为了我们的孩子”（For Our Children）[④]大获全胜，得到60.65%的选票和188个议席（76%），社会党联盟[⑤]以10.38%的得票率获得32个议席，爱国者联盟（Serbian Patriotic Alliance）以3.83%的得票率赢得11个议席，伏伊伏丁那匈牙利族人联盟（Alliance of Vojvodina Hungarians）以2.23%的得票率赢得9个议席[⑥]。前进党联盟不仅实现了自2012年参选以来的四连胜，而且首次获得三分之二以上的议席。武契奇在选举结束后这样感叹：“多年从政生涯中还未经历过如此胜利，我们在每个地方都赢了，我们在以前从未赢过的地方也取得了胜利。”[⑦]

此次议会选举也引发了国际社会的广泛关注。虽然议会选举与总统选举无

① 在威尼斯委员会看来，选举当年对选举方式和内容进行重大更改不符合惯例。Aleksandar Ivković, “How Serbia violated Venice Commission standards by lowering electoral threshold,” February 25, 2020, https://europeanwesternbalkans.com/2020/02/25/how-serbia-violated-venice-commission-standards/.

② “Ruling SNS submits changes to law on election threshold in Serbia,” January 21, 2020, http://rs.n1info.com/English/NEWS/a562642/Ruling-party-wants-election-threshold-reduced-from-five-to-three-percent.html.

③ 其中，2007年为60.64%、2008年为61.33%、2012年为57.77%、2014年为53.09%、2016年为56.07%。

④ 由前进党、塞尔维亚社会民主党、社会主义者运动、塞尔维亚退休者联盟党、塞尔维亚运动力量党、塞族人民党、塞尔维亚复兴运动、人民农民党等组成。

⑤ 由社会党、塞尔维亚联合党、共产党以及塞尔维亚绿党组成。

⑥ 此系该党在历次大选中的获得议席最多的一次。

⑦ “Vucic’s SNS scores landslide victory in Serbia’s general elections,” June 22, 2020, http://rs.n1info.com/English/NEWS/a612450/Vucic-s-SNS-scores-landslide-victory-in-Serbia-s-general-electios.html.

直接关联，但诸多评论强调“这是武契奇一个人的胜利”。[①] 不少西方分析人士亦提醒，武契奇或利用议会的绝对多数大做政治文章。还有评论称，将反对派排斥在外的选举是武契奇及前进党、反对派、欧盟三者的失败。[②] 在塞尔维亚国内，选举引发的政治分裂以最糟糕的骚乱来呈现。进入7月，反对派频繁组织塞尔维亚近十年来规模最大、后果最为严重的系列暴力抗议行动。这些抗议行动的导火索是当局实施的新的疫情限制措施，实际原因是对选举延迟及其结果不满，目的是推翻武契奇政权，引发内乱。从结果看，这次骚乱并没有对现政权产生根本性冲击。

取得压倒性胜利的前进党联盟在组阁上表现得比较谨慎。议会选举开始前，武契奇表示如果前进党获得绝对多数，新政府的组成特别是总理的人选或将有重大变化。[③] 不过也有分析人士认为，在与中央银行行长塔巴科维奇、诺维萨德市长武切维奇以及财政部长马利等人物的竞争中，现总理布尔纳比奇仍然具有一定的优势，有望实现连任。[④]

10月28日，最终结果浮出水面，塞尔维亚新一届政府宣誓就职。同日，塞尔维亚国民议会召开特别会议，以227票赞成、5票反对的表决结果通过了新一届政府组成人员名单。本届内阁的组成主要有两大特点。第一，前进党联盟几乎把持总理、第一副总理兼外交部长、内务部长、国防部长等关键职位，而其他党派或党派联盟如社会党、“爱国者联盟”的人选只担任了议长和教育、科学和技术发展部部长以及家庭、护理和人口政策部部长等相对次要的职位。第二，内阁中女性部长人数占了近一半。本届政府共设21个部委，任命了23名部长，包括2名不管部长（不专管某一部委事务的部长级官员），其中有10名部长为女性。如果将总理布尔纳比奇算在内，那么内阁中女性部长的占比接近一半。在上一届内阁中，包括总理在内只有5名女性成员。[⑤] 有意思的是，在前进党联

① “Elections in Serbia – The Power of One Man Laid Bare,” July 15, 2020, https://www.institutegreatereurope.com/single-post/2020/07/15/elections-in-serbia-the-power-of-one-man-laid-bare.

② Florian Bieber, “Why Everyone Lost Out in Serbia’s Elections,” June 25, 2020, https://balkaninsight.com/2020/06/25/why-everyone-lost-out-in-serbias-elections/.

③ “Vucic announced significant changes in the government after the elections,” June 10, 2020, https://www.b92.net/eng/news/politics.php?yyyy=2020&mm=06&dd=10&nav_id=108654.

④ Snezana Bjelotomic, “Who is going to be the new Serbian Prime Minister?” June 30, 2020, https://www.serbianmonitor.com/en/who-is-going-to-be-the-new-serbian-prime-minister/.

⑤ 她们的职位分别是总理，副总理兼建设、交通和基础设施部长，司法部长，欧洲一体化部长，以及负责人口政策的不管部部长。

盟赢得的超过200万选民中，女性选民约120万人，比例约占62%。①

二、塞尔维亚内政外交的新动向

在宣誓就职仪式上，布尔纳比奇总理介绍了新一届政府的施政纲领，主要包含六个目标：保障民众卫生健康和加强卫生体系建设；维护科索沃和梅托希亚地区塞族人的利益；打击有组织犯罪；维护塞尔维亚的独立自主；加强法治建设和加速入盟改革；进一步实现经济增长。② 如果将入盟看作塞尔维亚内政外交的统一体，那么新一届政府的施政纲领更多地聚焦于国内发展。在对外关系层面，布尔纳比奇在施政纲领中强调，入盟是新政府工作的优先方向，加强地区合作和改善睦邻关系是新重点。与此同时，塞尔维亚将积极发展与中国的友好和伙伴关系，同俄罗斯维持传统友好和战略合作的关系，致力于改善和提升同美国的关系，以及发展同德国、法国、意大利、维谢格拉德集团国家等欧盟成员国和土耳其、以色列、阿联酋、印度、日本、巴西等国家的关系。③ 总的来看，在全球不确定性增强以及2025年④ 迫近的背景下，新一届塞尔维亚政府的内政外交在维持基本面的前提下或将出现一些新动向。

首先，政府的内政压力将会增大。从执政的角度讲，如何与反对派“和谐相处”，特别是在遵守入盟的政治条件规范方面，新政府将面临前所未有的压力。在选举前后，塞尔维亚当局都遭到了反对派不小的冲击以及西方民主人士的苛责。需要提及的是，2020年5月6日，自称是“非政府组织”的“自由之家”

① 《塞尔维亚总统武契奇领导的进步党赢得大选》，央广网，2020年6月22日，http://news.cnr.cn/gjxw/gnews/20200622/t20200622_525139034.shtml。

② “Program of the Government of the Republic of Serbia of the Candidate for Prime Minister Ana Brnabic,” October 28, 2020, https://www.media.srbija.gov.rs/medeng/documents/brnabic_keynote_address281020.pdf, pp.9-23.

③ “Program of the Government of the Republic of Serbia of the Candidate for Prime Minister Ana Brnabic,” p.15.

④ 一是前进党于2019年底提出了“塞尔维亚2025纲领”。参见“ ‘Serbia 2025’ project worth €14b,” December 28, 2019, https://www.srbija.gov.rs/vest/en/148956/serbia-2025-project-worth-14b.php。二是2018年2月欧盟出台了“新西巴尔干扩大战略”——《西巴尔干地区可信的入盟前景与欧盟加大同该地区的联系》，提出了塞尔维亚、黑山在2025年之前可能入盟的前景。参见“A credible enlargement perspective for and enhanced EU engagement with the Western Balkans,” Strasbourg, February 06, 2018, https://ec.europa.eu/commission/sites/beta-political/files/communication-credible-enlargement-perspective-western-balkans_en.pdf。

发布报告，甚至将塞尔维亚踢出民主国家之列。[①] 可见，塞尔维亚新政府在加快内部改革特别是政治领域改革方面的压力有所上升。当局维系“稳固统治”与欧盟批评的“脆弱民主”之间的张力将成为下一执政周期内塞尔维亚政治生活的主旋律。对前进党和新一届政府来说，选举结束后出现的严重骚乱无疑是日后需要努力避免的极端状况。

在经济方面，如何在下一届大选前取得更大的经济发展成就，顺利实施前进党于2019年底提出的“塞尔维亚2025纲领”，兑现前进党在大选中提出的“为了我们的孩子”的承诺，为达成“在2025年之前可能入盟的愿景”蓄力，将成为新政府的重要任务。国际货币基金组织2020年10月发布了《世界经济展望》报告，预测塞尔维亚2020年的GDP将由2019年的4.2%变为-2.5%，失业率将由2019年的10.9%上升为13.4%。[②] 可见，仍在蔓延的新冠肺炎疫情以及全球经济下行压力给新政府的经济治理带来了巨大的挑战。

其次，塞尔维亚外交政策的基本面不会发生大的变化，仍将推行“四支点平衡外交”策略。对此，有学者曾形象地指出，对于塞尔维亚来说，欧盟是家庭，美国是（影响力大的）朋友，俄罗斯是“监护人”，中国是（远方）兄弟。[③] 在庆祝议会选举胜利的演讲中，武契奇强调，塞尔维亚需加快融入欧洲，但同时需要维护现有友谊，与那些在新冠肺炎疫情的艰难时期和塞尔维亚领土统一遭遇危险时刻支持我们的朋友维持关系。[④] 从武契奇大选后规划的访问俄罗斯、美国[⑤] 和欧盟的行程中也可以看出，塞尔维亚外交政策的基本面不会发生大的变化。

第一，加入欧盟是塞尔维亚外交的优先方向和根本目标。2020年6月26

---

① Freedom House, “Nations in Transit 2020,” https://freedomhouse.org/country/serbia/nations-transit/2020.

② “IMF agrees to increase of wages in Serbia's public sector as of 2021,” October 16, 2020, https://seenews.com/news/imf-agrees-to-increase-of-wages-in-serbias-public-sector-as-of-2021-fin-min-717492.

③ Ivana Jovanovic, “Serbia practices its four-pillar foreign policy in the coronavirus era,” April 28, 2020, https://www.intellinews.com/long-read-serbia-practices-its-four-pillar-foreign-policy-in-the-coronavirus-era-181970/.

④ 转引自《塞尔维亚议会选举执政党大胜》，新华网，2020年6月23日，http://www.xinhuanet.com/world/2020-06/23/c_1210672658.htm。

⑤ 原定于2020年6月27日塞科领导人在美国白宫举行有关双方“关系正常化”的谈判，因科“总统”萨奇遭到科索沃专家分庭和特别检察官办公室的传唤而被取消。双方的美国会晤改在9月上旬进行。

日，武契奇在同欧盟领导人会见时表示，塞尔维亚期望于2026年加入欧盟。[①]自2014年1月开启入盟谈判以来，塞尔维亚仅开启了一半的谈判章节（共有35个谈判章节，塞尔维亚开启了18个），且只结束了两章（第25章“科学与研究”和第26章“教育与文化”）的谈判。与黑山相比，塞尔维亚在入盟谈判上似乎有被“拉开距离”的趋势（2020年6月30日，在第8章“竞争政策”的入盟谈判启动后，黑山开启了所有章节谈判）。这是过去两年来塞尔维亚首次未能在半年期开启任一入盟章节的谈判。[②]事实上，到2020年底，塞尔维亚都没有开启一个新的章节谈判。

第二，掌握好同北约及美国发展关系的平衡对塞尔维亚来说十分重要。塞尔维亚民众对北约的好感度不高，约90%的民众反对塞尔维亚加入北约。[③]塞尔维亚奉行军事中立政策，与北约维持着特殊伙伴关系。随着北马其顿2020年3月成为第30个北约成员国，西巴尔干地区只剩下塞尔维亚、波黑和科索沃地区尚未加入北约。考虑到科索沃有北约驻军，以及波黑塞尔维亚族在入约问题上奉行追随塞尔维亚的政策立场（波什尼亚克族和克罗地亚族则主张入约），塞尔维亚或将成为一座“北约孤岛”。[④]同时，特朗普政府执政以来，美国日益重视西巴尔干地区特别是科索沃问题，先后委任西巴尔干事务代表和塞科对话代表，并促成塞科领导人于2020年9月4日在华盛顿各自签署“经济正常化”文本。[⑤]随后，美国国际发展金融公司在贝尔格莱德设立代表处，美国加大在塞尔维亚经济存在的用心可见一斑。因此，如何发展与北约和美国的关系将成为新政府的外交工作重点。

第三，维持塞俄关系并继续争取俄罗斯的支持是塞尔维亚外交的不变诉求。

---

① “Vucic in Brussels: Serbia may join EU by 2026; no opening of new chapter with EU,” June 26, 2020, http://rs.n1info.com/English/NEWS/a613828/Vucic-in-Brussels-Serbia-may-join-EU-by-2026.html.

② “Montenegro to open Chapter 8 on 30 June, Serbia not opening new Chapters this month,” June 26, 2020, https://europeanwesternbalkans.com/2020/06/26/montenegro-to-open-chapter-8-on-30-june-serbia-not-opening-new-chapters-this-month/.

③ “Nearly 90 pct of Serbia’s citizens against NATO membership, survey shows,” June 11, 2019, http://rs.n1info.com/English/NEWS/a491122/Eighty-nine-Serbia-s-citizens-have-negative-image-of-NATO.html.

④ 徐刚：《北约东扩将“再下一城”》，《世界知识》2019年第5期。

⑤ “Economic Normalization Between Kosovo and Serbia,” September 4, 2020, https://www.state.gov/economic-normalization-between-kosovo-and-serbia/. 塞尔维亚和科索沃各自签署的文本的前15条内容相同，第16条两个文本双方各有不同表述。在塞尔维亚签署的文本中，第16条规定，塞尔维亚（贝尔格莱德）同意于2020年9月20日在耶路撒冷开设商务代表处和国家办事处。2021年7年1日前将大使馆搬迁至耶路撒冷。在科索沃签署的文本中，第16条规定，科索沃（普里什蒂纳）和以色列同意相互承认。

俄罗斯在军事、安全以及科索沃问题等涉及塞尔维亚重大关切的领域给予其极大支持。俄塞两国共享集体安全条约组织的军事热线，俄罗斯、白俄罗斯和塞尔维亚“斯拉夫兄弟”军事演习连年举行。[①] 虽然2020年9月塞尔维亚迫于欧盟的压力宣布未来六个月内暂停一切与外部的军事演习，其直接影响就是退出2020年的“斯拉夫兄弟”军事演习，但塞军在2020年10月初举行的一次大型训练演习中展示了俄罗斯制造的武器。更为重要的是，同年10月，俄罗斯政府通过了一项文件，决定在塞尔维亚设立俄罗斯国防部办公室。[②] 可见，俄塞军事合作依然密切。此外，2019年10月，俄罗斯推动塞尔维亚与欧亚经济联盟签署了自贸区协定。[③] 塞尔维亚约90%的天然气自俄罗斯进口。更为重要的是，一俟科索沃问题出现紧张，塞尔维亚领导人都第一时间会向俄罗斯寻求支持。

第四，科索沃问题对塞尔维亚而言既是内政也是外交，且两者会产生交互作用。自2018年底以来，塞科“关系正常化”进程陷入僵局，对话中断。从表面上看，其主要症结是科索沃当局单方面向塞尔维亚加征了100%的关税。从根本上讲，这是双方围绕科索沃独立地位的争夺。虽然在欧盟的推动下，2020年7月16日塞尔维亚总统武契奇和科索沃“总理”霍蒂在布鲁塞尔举行了会谈，标志着塞科中断近两年的对话重启，然而由于找不到一个双方（长时段内）都能接受且触及主权问题的根本方案，科索沃问题的解决仍遥遥无期，塞科“关系正常化”的进程也不排除再次出现波折的前景。此外，大国在科索沃问题上加剧博弈和国际格局加速调整，也在相当大程度上对塞尔维亚新政府的科索沃政策产生深刻影响。

三、中塞关系走向：基本经验与干扰因素

“志合者，不以山海为远。”中国和塞尔维亚传统友谊深厚，两国关系历久弥新。巴基斯坦被许多中国人亲切地称为“巴铁”，与中国关系友好的塞尔维亚也同样被称为“塞铁”。近年来，在中塞两国元首的战略引领和亲自推动下，

---

① Milica Stojanovic, “Serbia Quits Joint Military Exercise, Citing ‘Terrible EU Pressure’,” September 10, 2020, https://balkaninsight.com/2020/09/10/serbia-quits-joint-military-exercise-citing-terrible-eu-pressure/.

② “Russia to open defence ministry office in Serbia in push to deepen military ties,” October 21, 2020, https://www.neweurope.eu/article/russia-to-open-defence-ministry-office-in-serbia-in-push-to-deepen-military-ties/.

③ “Serbia Signs Trade Deal with Russia’s Eurasian Union,” October 25, 2019, https://balkaninsight.com/2019/10/25/serbia-signs-trade-deal-with-russias-eurasian-union/.

在“一带一路”倡议和中国—中东欧国家合作的引领下，两国务实合作成果丰硕，双方关系实现跨越式发展，达到前所未有的高水平。中国议题在塞尔维亚选举中显著增加。在2020年议会选举开始前的几天，武契奇总统多次参访中企建设项目。在布尔纳比奇总理的施政纲领中，在发展与域外国家的关系方面，首先提到的就是中国，之后才是俄罗斯和美国。[①]

对于中塞关系，2016年6月习近平主席对塞尔维亚进行国事访问时做了这样的总结：“中塞关系之所以发展动力强劲、潜力巨大、前景广阔，源于两国人民世代友好和深厚情谊，源于两国在重大问题上相互理解和彼此支持，源于两国在发展道路上互学互鉴和互帮互助。”[②]

首先，两国人民始终心手相连，彼此怀有特殊的、跨越时空的感情和友谊。早在20世纪30—40年代，中国人民就同南斯拉夫人民遥相呼应，在东西方战场上英勇抗击法西斯侵略。在南斯拉夫社会主义联邦共和国时期，两国人民的友谊不断加深。《瓦尔特保卫萨拉热窝》《桥》等南斯拉夫电影曾经激发无数中国人的爱国热情，《桥》的主题曲《啊，朋友再见》至今仍然在中国传唱。中国开始改革开放后，南斯拉夫成为中国的重要学习对象。1999年北约轰炸南联盟时，中塞两国人民用鲜血和生命铸就了特殊的友好感情。2016年，两国元首决定在中国驻南联盟被炸使馆旧址上建立中国文化中心，贝尔格莱德方面则宣布将中国文化中心外的道路命名为“孔子大街”，大街附近的广场也被命名为“中塞友谊广场”。2017年1月，塞尔维亚成为与中国实行互免签证政策的首个欧洲国家。签证便利化措施进一步推动了两国的人文交流、旅游合作。2019年，中国成为塞尔维亚第一大游客来源国。

新冠肺炎疫情发生以来，两国各层级密切沟通，[③]用实际行动书写着团结合作、携手抗疫的佳话。当新冠肺炎疫情在中国开始蔓延时，塞尔维亚第一时间以各种方式声援中国，反对美西方针对中国搞疫情“污名化”，对中国引领全球抗疫合作予以有力支持。当疫情在塞国内暴发后，中国及时向其提供了紧急抗疫物资，帮助塞人民渡过疫情难关，并协助塞建立了新冠病毒检测实验室，

---

① “Program of the Government of the Republic of Serbia of the Candidate for Prime Minister Ana Brnabic,” p.15.

② 《习近平同塞尔维亚总统尼科利奇举行会谈》，新华网，2016年6月18日，http://www.xinhuanet.com//world/2016-06/18/c_1119068674.htm。

③ 2020年2月26日，塞尔维亚第一副总理兼外长达契奇访华，这是发生新冠肺炎疫情以来中方接待的第一位外方外长。10月12日，中共中央政治局委员、中央外事工作委员会办公室主任杨洁篪访塞，此系中国高层对中东欧国家的年内首访。

促进了中塞双边关系的发展，拉近了两国人民的心理距离。2020年3月21日，中国援助塞尔维亚的6人专家医疗队抵达贝尔格莱德尼古拉特斯拉国际机场，随着专机带来的还有中国政府紧急筹集的十几吨的呼吸机、口罩、试剂盒等防疫物资。塞尔维亚总统武契奇及卫生部长、国防部长等多位政府官员在停机坪等候，武契奇与医疗队成员一一碰肘，表示热烈欢迎和由衷感谢。武契奇还在五星红旗上献上了他深情的一吻，这一幕使现场很多人动容。2021年3月5日，第三批中国生产的新冠肺炎疫苗成功运抵塞尔维亚，武契奇在生日当天冒雨亲赴机场迎接，并在社交媒体上发布视频，再次向习近平主席和中国人民表达感谢之情。4月6日，武契奇带头接种了中国疫苗，也表达了对于中国和中国疫苗的信任。9月9日，由中国、塞尔维亚和阿联酋联合建设的塞尔维亚疫苗工厂奠基，武契奇出席了奠基仪式。目前，塞尔维亚疫苗接种人群80%以上接种的是中国疫苗。

其次，双方高层保持战略互信，坚定支持彼此核心利益和重大关切。中塞两国本着相互尊重、平等相待、互不干涉内政的原则，坚定维护联合国宪章宗旨和原则，维护以国际法为基础的国际秩序，在重大问题上持有相同或相近立场。在科索沃问题上，中国尊重塞尔维亚的主权和领土完整，赞赏塞尔维亚为寻求该问题的政治解决所做的努力，主张在联合国安理会相关决议框架内由当事方通过对话达成彼此均可接受的方案。同样，塞尔维亚坚定奉行一个中国原则，承诺不与台湾当局建立任何官方关系和进行任何官方往来。2020年在涉香港国安法问题上，塞尔维亚成为第一个表态支持中国的欧洲国家。此外，双方在联合国等国际组织和机构中相互配合，在重大国际和地区问题上重视和照顾彼此关切。① 需要提及的是，中塞两国在安全、军事等领域的合作也有较大进展。2018年7月，塞国防部长武林访华。2019年9月，中共中央政治局委员、中央军委副主席张又侠访塞。2019年，中塞首次举行警务联巡、特警联演。2020年7月初，塞尔维亚正式将6架中国CH-92A攻击/侦察无人机引入该国武装部队。

最后，中塞两国坚持发展是第一要务，尊重和支持彼此的道路选择。发展是中塞两国共同的主题，富强是两国共有的梦想。近年来，双方以基础设施建设合作为重要抓手，聚焦和拓展务实合作。匈塞铁路、贝尔格莱德跨多瑙河大桥、E763高速公路、科斯托拉茨电站改扩建、河北钢铁集团收购塞尔维亚斯梅

① 参见徐凤江:《中塞关系：机遇与干扰因素》,《世界知识》2020年第22期。

代雷沃钢厂等一批重大项目先后落地，[①] 玲珑、美达、延锋等项目取得积极进展。诸多项目不仅是中国—中东欧国家合作的标杆，也是中欧合作的典范。此外，双方始终充分理解和尊重彼此选择的道路，历史背景、社会制度、意识形态、发展模式的差异没有成为发展国家关系的障碍。

从未来趋势看，中塞关系充满发展机遇。从中方来说，当前和今后一段时期，发展和提升与塞尔维亚的关系意义显著。中美博弈加剧特别是美挑动“价值观联盟”对中国实施围堵背景下，中国在涉藏、涉疆、涉台、涉港、南海主权和人权等问题上需要塞尔维亚的支持。美国重返中东欧和欧盟挑起地缘政治博弈对中国—中东欧国家合作和“一带一路”建设的欧洲方向带来挑战。在三个与中国建立全面战略伙伴关系的中东欧国家中，波兰日趋“离中向美”，匈牙利亦有欧盟掣肘，塞尔维亚战略支点价值凸显。

然而，塞尔维亚对欧盟、美国和俄罗斯的经济乃至战略需求相对较多。在经贸领域，塞尔维亚进出口贸易额约90%为欧盟及周边国家，约80%的天然气自俄罗斯进口。在军事层面，塞尔维亚奉行军事中立政策，但与北约维持特殊伙伴关系，还是美国倡议成立的东南欧国防部长会议机制成员国和主导建立的《亚得里亚宪章》机制观察员国。[②] 此外，如前所述，俄塞军事合作十分密切。可见，与其说未来中塞关系发展存在较大的提升空间，不如说不可避免面临一些挑战。其中最大的干扰因素是美国。过去一两年来，美国全面“重返”巴尔干，积极介入北马其顿国名更改、塞尔维亚和科索沃“关系正常化”、波黑是否加入北约等关系地区和有关国家稳定的重大议题。美国总统特朗普对包括塞科关系在内的西巴尔干事务“亲自过问”，国务卿蓬佩奥则多次“巡访”。在中美战略竞争加剧和全球政经格局调整的背景下，维护中塞关系稳定的大局以及推动两国合作不断提质升级有着特殊的意义。从塞尔维亚的角度看，欧盟、美国、俄罗斯和中国的四支点平衡外交短期内不会改变，但对外政策面临的压力会越来越大。对此，我们应有清楚的认知和沉着的应对。

---

① 2016年河钢收购斯梅代雷沃钢厂后，当年就实现了扭亏为盈，现该厂已成为塞第一大出口企业。武契奇认为，该项目对塞尔维亚的未来发展具有深远意义。参见《集团与塞尔维亚政府签署斯梅代雷沃钢厂收购协议》，河钢集团网站，2016年4月20日，http://www.hbisco.com/site/group/groupnewssub/info/2016/9934.html；中企承建的匈塞铁路塞尔维亚段预计2021年开通，武契奇强调项目对塞至关重要，是留给子孙后代的礼物。参见《塞尔维亚总统说匈塞铁路对塞至关重要》，新华网，2020年5月31日，http://www.xinhuanet.com/world/2020-05/31/c_1126054678.htm。

② 1996年3月，在美国的倡议下，东南欧国防部长会议机制成立。2003年5月，在美国的支持下，《亚得里亚宪章》机制成立。

史料选译

意大利、巴尔干与二战之始：法文档案选编（二）

杨紫桐* 编译 狄安略 校

【编译者按】第二次世界大战爆发前后，英国、法国、意大利、德国、苏联、土耳其等国围绕巴尔干展开角逐。法国的主要外交目标是争取意大利中立。为此，英法曾提出以在巴尔干地区对意大利进行让步换取意大利保持中立地位，但这一设想又势必面临土耳其等巴尔干国家的不满。编译者从《法国外交文件集》（*DDF*）中选编4份档案，以反映这一时期大国的各种考虑。

19391019，FD000322

法国驻意大利大使弗朗索瓦－庞塞致部长会议主席[①]兼外交部长达拉第（第4360号电报）[②]

（罗马，1939年10月19日）

参见我的第4338—4339号[③]电报和第4358号[④]电报。

---

* 杨紫桐，中国国家图书馆助理馆员。

① 即法国总理，其在法兰西第三和第四共和国时期又被称为部长会议主席。——译者注

② 文件来源：*DDF*, 1939（3 septembre - 31 décembre）, p.443。——译者注

③ 在其1939年10月18日的电报中，A.弗朗索瓦·庞塞要求“立即尽可能地获悉苏土谈判中断的情况。事实上，这一事件可能不会影响意大利的态度。如果正如我们所设想的那样，土耳其不希望参加与它已签订的协议相违背的安排，无论是与巴尔干协约国的协议还是与英法签订的协议。意大利政府将与其交好并努力自己组织一个中立的巴尔干集团。也许促进这种和解对我们有利？无论如何，这一问题值得我们立即认真研究”。——见《Z欧洲》，1918—1940年，巴尔干，第21卷，文件未收录。——原编者注

④ 文件未找到。——原编者注

鉴于目前的这些安排，我认为，在与土耳其签署三方协议之后，[①] 最重要的是向意大利政府保证，该协议不包含任何对意大利的敌意，也不以任何方式排除在地中海或东南欧与意大利进行沟通和合作的可能性。这一行动应该与协议签订同时发生，或者至少紧随其后。这一行动应该由英法政府一同执行。

南特档案馆，伦敦大使馆，系列C，第134卷

19391020，FD000323

法国驻意大利大使弗朗索瓦–庞塞致部长会议主席兼外交部长达拉第（第4391号电报）[②]

（罗马，1939年10月20日）

面对苏土对话的中断和（英法）与土耳其签订的三方协议，意大利领导人的情感是复杂的。

人们的确想知道，土耳其是否会继续履行它与英法签订的初步协议，或者与此相反，它是否会屈服于德国的吸引力并进入德国的势力范围。另外，人们还想知道，土耳其政府是否会为了与苏联保持长久关系而完全放弃独立政策。几天来，M.萨拉吉奥卢先生[③] 以惊人的耐心在莫斯科的候见厅里等待着苏联政府的善意，似乎在很大程度地证实了这一观点。

土耳其政府这一举动给了意大利领导层很大的震动。同时，后者对三方协议的迅速签订并不感到惊讶。在他们看来，10月19日签订的协议是与莫斯科谈判失败的必然结果。由于一侧被暴露，土耳其从逻辑上讲必须确保其在西方国家一侧的安全。

另一方面，意大利外交界也认识到了英法在正在进行的外交斗争中刚刚取得这一成就的重要性。就意大利的立场而言，他们是否对同盟国的这一成就感到担心？在这方面，一些部分相互矛盾的因素影响了他们的判断。

事实上，意大利法西斯政府无疑对苏联的不断发展感到震惊。但是，只要

① 1939年8月23日《苏德互不侵犯条约》签订后，土耳其希望与苏联达成协议来保障自身安全，但苏联担心与土耳其缔约会导致其间接被拉到英法一边，因此提出苛刻的条件导致苏土谈判破裂。与此同时，英法为了阻遏德意的势力，于1939年10月19日与土耳其签订了三方协议。——译者注

② 文献来源：*DDF*, 1939（3 septembre - 31 décembre）, pp.456-458。——译者注

③ 穆罕默德·苏克鲁·萨拉吉奥卢（Mehmet Şükrü Saracoğlu），时任土耳其总理。——译者注

苏联仅在波罗的海地区扩张，那么意大利的利益似乎就不会受到直接威胁。不过土耳其的情况就不是如此了，意大利领导人想知道苏联把土耳其政府控制到了什么程度。土耳其会同意苏联接管这个苏联所谓的为海峡地区建立的新政权吗？如果是这样的话，这一动向会马上对地中海东岸产生影响，对意大利也是如此。

因此，意大利满意地看到欧洲的这一地区正在筑起堤坝，对抗苏联的野心。这种满意也体现在它看到罗马尼亚的地位得到了巩固。因为虽然法西斯集团意识到无法避免罗马尼亚被肢解的可能性，但他们并没有因此欣然接受德苏的进一步联合而可能给罗马尼亚带来的致命后果。

然而，在意大利看来，在最近的事件中，这些有利因素有时会令人担忧，有时又存在某些令人尴尬的原因。

一方面，人们担心土耳其与西方国家间牢固建立的团结可能引发反意大利的“浪潮”。在这一方面，我和我的英国同事委托齐亚诺伯爵[①]所采取的行动，[②]无疑将产生令人满意的结果。事实上，意大利领导人依然认为，只有在与英法达成协议的情况下，才有必要达成一个地中海协定，而仍在生效的意德同盟无疑不会阻止意大利领导人自满地审视在这个方向上可能存在的前景。另一方面，据说现在对这些可能的方向的考虑已经引起了人们的关注。如果法西斯政府走上了这种合作的道路，那么意大利一再重申的对地中海和帝国主义的主张会变成什么样呢？近几个月意大利一直对此沉默，有意大利政府参与的任何解决方案仍在议程上吗？人们对此仍然担心，面对德苏联合的意外后果，据说法国和英国“再次”试图通过回避意大利的主张，以低廉的代价将其拉到身边，然后把它再次降级到二流国家的行列。

此外，意大利法西斯政府尚未考虑与西方盟国达成决定性和解的方式。只有欧洲其他地区发生的其他事件才会使它在此事上下定决心。目前，意大利只是带着困惑在考虑能够与东方刚刚出现的新局势和解的条件，而它在欧洲这一地区采取的政策是巩固一个在意大利支持下的中立国集团，并在这些中立国中

---

① 加莱阿佐·齐亚诺（Galeazzo Ciano），时任意大利外长。——译者注

② 关于他的建议（见第250号文件），安德烈·弗朗索瓦·庞塞受到意大利外交部邀请，就三方协议向齐亚诺伯爵致函。庞塞在10月19日晚上向齐亚诺说明了信函的“实质内容”之后，又在10月20日对他做了详细说明：“据他说，齐亚诺伯爵为此对我表示感谢。在前一天我打完电话后，他已经警告了墨索里尼先生，他告诉我，墨索里尼对此很敏感。部长补充说，媒体的态度实际上证明了意大利政府对于英法土三方协议的签订既不激动也不担忧，态度非常平和。”（10月20日第4383—4383号电报二，南特档案馆，伦敦大使馆，系列C，134卷，文件未收录。）——原编者注

处于“首要位置”。从逻辑上讲，这一政策的延续应该意味着发展与英国和法国的良好关系。但在意大利领导人看来，苏联的真实态度和意图是一个需要谨慎对待的谜。苏联政府在德国面前玩的是什么把戏？它是否正在准备进行一些新的、惊人的转向，从而导致德国的孤立？这就是我们现在问的问题，我们饶有兴致地观察着法国和英国对苏联的态度。

无论如何，意大利只会极其谨慎地行事，而我们所希望的结果将在很大程度上取决于英国和法国从土耳其的新立场中得出什么结论。但目前我们可以观察到的是，德国刚刚经历的间接性失败并没有被视为意大利的失败。现在已经不是那个罗马—柏林轴心中一方的任何成功或失败都自动被认为是另一方同样的成功或失败的时候了。

1940年文件，罗沙文件，第26卷

19391023，FD000324

法国驻意大利大使弗朗索瓦–庞塞致部长会议主席兼外交部长达拉第（第533号电报）[①]

（罗马，1939年10月23日）

近几日，我已经多次指出，苏土谈判的失败以及法英土政府三方协议的签订是如何被意大利解读的。

根据我得到的信息，意大利政界在为M.萨拉吉奥卢先生在对苏外交上的失败感到高兴之后，没有恼怒但有些不悦地接受了安卡拉三边协议的签订。英国大使和我本人在齐亚诺伯爵那里所做的安抚和声明，事实上在一定程度上平息了人们对于西方列强与土耳其凯末尔政权签订协议而引起的忧虑。在新闻界而言，他们没有直接评论这些事件，只是转载了源自德国和苏联的消息，反映了德国和苏联政府的愤怒和痛苦。新闻界也转载了来自巴黎和伦敦的新闻，报道了法国和英国政府对此非常满意。只有盖达先生认为有必要在这一问题上发表一份社论。但法西斯政府非官方的解释只提到了意大利在巴尔干地区组织中的经济利益，尤其是政治利益，在这一地区，没有意大利的同意，任何事情都无法持久。因此,《意大利日报》(*Giornale d'Italia*）的主编向土耳其发出了一种

① 文献来源：*DDF*, 1939（3 septembre - 31 décembre）, pp.484-488。——译者注

间接的邀请，而土耳其应该参与进去，与意大利合作。

因此可以说，目前意大利没有严格地追随德意志帝国的立场，也没有顺从地接受德国的论调。

然而事实是，意大利对于英法在东地中海的政策的发展仍然存有顾虑。正如我的一位同事所指出的那样，土耳其外交部长使苏联人遭受挫败被意大利视为一个意义重大的事件，并且人们乐于见到苏联在其扩张道路上遇到阻碍。相反，台伯河畔[①]的人们认为目前正式签订三方协议并不是绝对必要的。我们认为，该协议最初是针对德国和意大利提出的，而自谈判以来，情况已完全改变。这个协议不应该被用来对付苏联。因此，它只限于意大利和德国。然而，随着苏联人抵达罗马尼亚边境，德国已不再直接威胁到罗马尼亚，而法英向罗马尼亚政府提供的保证只适用于德国发动入侵的情况。另一方面，该协议旨在保护希腊免受的意大利可能的侵略。不过，意大利政府捍卫了与希腊的关系，并沿着希腊边境从阿尔巴尼亚撤出了部分军队。它甚至努力与希腊续签最近到期的互不侵犯条约。[②]在这种情况下，我们看不到为什么根本没有受到威胁的希腊需要被保护。

人们把意大利在巴尔干和博斯普鲁斯海峡阻挡苏联的前进看作一件好事。没有人反对英法土三方合作的发展；但前提是，这不是纯粹和简单地为了维持地中海的现状，因为意大利政府绝不赞成这么做。最重要的是，通过与英法达成协议而实力增强的土耳其，不会在巴尔干地区（基本上是指巴尔干协约国[③]）恢复其最终目标是巩固该地区目前的力量平衡的政策。

事实上，意大利希望维护巴尔干半岛的和平。这是我们一再重申的。意大利希望所有这些国家都在它的支持下重整旗鼓，这将保持它们的中立性。但事实上，意大利政府并不打算为巩固巴尔干地区的现状而努力，相反，对它来讲重要的是，至少在一定程度上改变现状。虽然意大利认为它不能直接干预苏联可能收复贝比萨拉比亚的问题，但匈牙利对特兰西瓦尼亚的要求和保加利亚对

---

① 法国驻意大利大使馆所在地。——译者注

② 9月中旬，意大利向希腊提出将其在阿尔巴尼亚的军队撤离希腊边境20千米，以及续签两国1931年签订的即将于1939年9月30日到期的互不侵犯条约。（关于这一问题，见1940年文件，罗沙文件，第6卷，未收录。）——原编者注

③ 即希腊、南斯拉夫、罗马尼亚和土耳其四国。1934年2月9日，在法国的倡议和英国的支持下，上述四国签订了旨在维持巴尔干地区现状的《巴尔干条约》，组成了军事政治联盟。——译者注

南多布罗加的要求却并非如此。当意大利还是国联成员时，[①] 它就一直对国联从未计划执行和应用新的《国联盟约》第19条表示遗憾。[②] 我们依然认为，应该找一个替罪羊并且在情况需要的时候弃车保帅。同样，我们也认为就匈牙利特别是保加利亚来说，如果没有从罗马尼亚那里得到一定的满足，那么几乎不可能让这两个国家真心地参与这个巴尔干国家集团，一同抵抗来自苏联和德国的压力。我们认为，如果执意执行一项毫不妥协的政策，那么我们将冒着使我们努力建造的大厦根基不稳的风险。意大利领导人深信，如果保加利亚和匈牙利实际上仍然处于计划中的巴尔干联邦之外，那么它们将成为德国和苏联宣传活动的牺牲品，迟早会被迫向罗马尼亚投诚，而罗马尼亚本身已处于苏联的压力下。这就是为什么我们希望土耳其在一定程度上支持意大利政府倡导的温和修正主义政策，该政策将使保加利亚和匈牙利从罗马尼亚政府那里得到某些让步，以促进它们与巴尔干半岛其他国家可能的合作。因此，我们希望土耳其的政策不再反对法西斯外交的目标，甚至转而为实现这些目标作出贡献；与此同时，意大利也会发现自己更接近英法。

这些愿望，这些希望，能被理解吗？现实中它们能够实现吗？

在这一问题上，巴尔干政界抱有强烈的疑虑。他们想知道，随着地中海地区新的事态发展，英国是否觉得它和法国的地位日益稳固，并且既然它现在可以完全依赖土耳其的帮助，那它是否会对意大利越来越坚决和专横。而且，如果发生战争，意大利就不得不与英国、法国、土耳其、埃及甚至希腊对抗。另外，如果德国想进攻罗马尼亚，它必须经过匈牙利，因为苏联占据了加利西亚以东的整个罗马尼亚边境。在这样的情况下，土耳其可能不得不进行干预，事态也会变得相当复杂。因为意大利正在把防御线推到罗马尼亚一侧，它认为自己有责任保证匈牙利的安全。意大利当然担心罗马尼亚的分裂将不可避免地引发冲突，但罗马尼亚被认为过于妥协而难以维持现状；另一方面，在英法的保证下，它将不会直接归意大利领导。

此外，与匈牙利人的说法相反，意大利政府认为，如果德国要求匈牙利政府允许其军队自由通过匈牙利人的领土，那匈牙利将很难拒绝。即使不情愿，它也将屈服。如果德国和苏联达成一致，那匈牙利除了反过来攻击罗马尼亚外

① 20世纪30年代起，德日意法西斯对外扩张加剧，但国联未能起到实现裁军和制止侵略的作用。1933年3月27日和10月19日，日本和德国先后退出国联。1937年12月11日，意大利也退出国联。——译者注

② 《国联盟约》第19条："大会可随时邀请联盟会员国重新考虑已不适用之条约以及长此以往将危及世界和平之国际局势。"——原编者注

别无选择。因此，无论如何，在意大利人看来，土耳其的任何干预都只会进一步扩大冲突地区，从而不必要地加剧已经非常微妙的局势。

另一方面，意大利法西斯政府指出，英法明显是在玩分化苏联和德国的把戏。这就是为什么英国人会说，无论如何，他们都希望土耳其可以与苏联达成协议。如果这样的政策能够成功，对德国和意大利的包围实际上就完成了。但是我们在这里看到，苏联的态度仍然十分神秘。的确，罗马尼亚并没有得到对抗苏联的保证，因为英国、法国和土耳其不想与苏联开战，即使是在它侵占了比萨拉比亚的情况下。这足以赢得克里姆林宫的谢意吗？意大利人对此表示怀疑，官方报刊《消息报》（*Izvestia*）最近发表的一篇文章称，萨拉吉奥卢先生在英法的鼓励下给苏联带去了难以接受的提案。然而，这篇文章的内容与土耳其部长会议主席的官方声明大相径庭，后者声称苏联的建议与土耳其政府公开奉行的政策不符。尽管如此，意大利政府并没有完全排除调整对苏立场的可能性。

然而，人们的印象是，意大利在巴尔干的影响力现在将与苏联和英国发生冲突。很明显，如果现在紧密团结的法国、英国、土耳其政府反对的话，巴尔干中立区将会很难形成。因此，人们同样认为，意大利在目前的情况下必须非常谨慎。一些人认为，英国现在不会试图通过正式宣布其中立来强迫意大利政府确立其立场。如果发生这种情况，人们不禁怀疑希特勒总理会接受什么样的态度。据一些意大利人说，希特勒不希望看到目前的冲突蔓延到地中海地区，这将迫使他与意大利合作并提供援助。在这种情况下，他可以毫无困难地接受意大利的中立宣言。但与之相反，另外一些人认为，德国会反过来要求意大利支持它或谴责仍然有效的《国联盟约》。但这样的话，意大利难道不会迟早被卷入与德国的冲突中吗？

这些都是这里所讨论的各种可能性，它们加剧了意大利政府的困惑。意大利政府起初对苏土谈判的中断感到满意，尽管他们看似袖手旁观，但实际上仍然非常关切“安卡拉条约”可能产生的后果。他们希望土耳其凯末尔主义政府向他们表明善意，这种姿态能让他们放心，但他们尽力不提出这样的要求。他们准备同土耳其合作来改变巴尔干的现状，然后通过维护该地区的和平予以巩固，但他们担心这会间接导致他们不得不放弃对地中海的愿景。他们还非常担心土耳其在法国和英国的大力支持下在巴尔干地区占据主导地位，并且其政策会成功地阻碍意大利的计划。

部长会议主席先生，请接受我最崇高的致敬。

Z 欧洲，1918—1940年，意大利，第276卷

19391101，FD000330

法国外交部给英国驻法国大使的照会①

（巴黎，1939年11月1日）

外交部认真研究了英国大使馆10月28日的备忘录，其中阐述了对英国政府与意大利政府就巴尔干局势进行对话的可取性的意见。大使馆表示，英国政府主要关心的是对意大利采取更积极的态度，并寻求与其进行对话和合作的机会。英国政府认为，巴尔干地区的局势使法国、英国和意大利的利益趋于一致，这可能会成为会谈的主题。②

法国政府完全赞同英国政府的看法，即法国和英国要避免对意大利采取纯粹的消极态度，相反，要给意大利的印象是，我们将永远乐于同它寻求我们认为可取的任何合作的可能性，但合作的范围和有效性显然将取决于意大利的政策所追求的目标与两个同盟国政府的政策之间的一致性。

意大利没有参与其正式的轴心国盟友的侵略所引发的冲突的原因有很多，英国政府没有忽视这些原因。德国政府今年在试图通过战争解决波兰争端时，无疑违反了它对意大利政府所做的承诺，并给意大利提供了一个立即摆脱其联盟义务的借口。由于种种原因，尤其军事准备的不足，意大利在履行联盟义务

---

① 文献来源：*DDF*, 1939（3 septembre - 31 décembre）, pp.546-550。——译者注

② “英国政府有理由相信，现在可能是时候对意大利采取更加积极的态度了。（……）目前利益一致的一个问题是巴尔干。就意大利的政策而言，意大利似乎急于避免战争蔓延到该地区。英国政府收到的消息表明，意大利为确保建立巴尔干中立国集团而进行的合作，目前有望得到包括土耳其在内的东南欧国家的欢迎。此外，英国政府从各方面收到的信息似乎表明，巴尔干各国目前处于受到影响的状态，因此必须抓住这一时机。

在这种情况下，英国驻意大利大使被授权努力与齐亚诺伯爵讨论巴尔干地区存在共同利益的政治问题，并设法了解他对意大利是否愿意合作，以便毫不拖延地促进巴尔干中立国集团的看法。P.洛兰爵士（英国驻土耳其大使）获悉，英国政府期待在这项任务中与意大利政府进行合作，并希望在巴尔干地区具有相当大影响的土耳其也愿意提供支持。

哈利法克斯勋爵（英国外交大臣）向洛兰爵士建议，洛兰爵士可以告诉齐亚诺伯爵，英国政府并不比意大利政府更渴望看到战争在巴尔干地区蔓延，因此他想知道齐亚诺伯爵是否会同意本着友好的精神讨论为实现两国政府似乎都希望达到的目的而采取的手段。在试图根据这些建议与齐亚诺伯爵接近时，洛兰爵士在进行面谈时应使齐亚诺伯爵主动提出具体建议，以便使他了解到，无论是什么形式的计划，都将意大利发出倡议的起点。英国政府在巴尔干的目标是——至少我们希望如此——意大利政府能加强巴尔干各国和匈牙利保持中立的决心，以对抗来自任何地方的任何政治或军事压力，并为此目的相互合作。齐亚诺伯爵对如何实现这一目标有什么建议吗？”——原编者注

时将给自己带来严重的风险。该国公众的中立情绪得到了一致的支持，这股力量是政权领导人所不能忽视的。这种中立立场本身就为意大利经济带来了可观的利润，而法国和英国也没有忽视意大利在维持这种立场时可能产生的利益。德国和苏联的勾结及其可以为斯拉夫人向亚得里亚海和地中海扩张提供的便利会产生如下影响：一方面，当地中海发生冲突时，土耳其肯定会出面；另一方面，会有助于意大利保持谨慎观望的态度。

这些因素并不是暂时性的，有些因素甚至会随着时间的推移而加强。因此，意大利在接下来的几个月内不太可能改变其态度，除非德国取得决定性的军事胜利，否则它永远不会放弃这种在物质上有利可图而在条件上又受制于各种可能性的政策。

因此，意大利可以被视为处于某种平衡的地位，它是否会以损害我们的利益为代价来破坏它，这是值得怀疑的。这种朝着如此有利于我们的方向发展的变化，是在环境的自然压力下自行发生的，而不是我们间接促成的。这样一个令人满意的结果表明，法国政府一贯主张的礼让和有所保留的政策是合理的。它使我们能够在达成和解之前采取一切必要的措施，如果我们不合时宜地推进这种和解，那将是不明智的，而且只有在意大利采取主动行动的情况下，这种和解才会持久和富有成效。最后，只有在仔细翻阅相关资料后，我们才有可能解决像英国大使馆的备忘录里提及的那样敏感的问题，而其中一些资料实际上是特别敏感的。

自冲突爆发以来，巴尔干国家都采取了倾向和重点有所不同的中立立场，但在当前阶段，保持这些立场符合我们的利益。虽然罗马尼亚和南斯拉夫的地理位置使它们在执行其政策和表达同情时非常谨慎，但我们毫不怀疑它们是有意支持我们的。希腊受到同样趋势的启发，最近通过拒绝意大利的某些投资，表明它绝不打算放弃行动自由。最后，土耳其向我们做出了善意的中立承诺，它将以忠诚来奉行这种我们了解其价值的中立。在组成巴尔干协约国的这四个大国（希腊、南斯拉夫、罗马尼亚和土耳其）中，我们确信，没有任何一个国家会放弃中立而损害我们的利益，并且至少有一个国家在某些情况下会站在我们一边。

保加利亚的中立具有完全不同的性质。苏联改变阵线只会加剧将保加利亚推入德国阵营的趋势。从德国向保加利亚提供的大片领土中可以看出，德国得到了保加利亚对它打算在巴尔干单独或与苏联联合采取的任何行动的支持。到目前为止，由于担心不得不单独面对巴尔干协约国，保加利亚才没有以牺牲罗马尼亚、希腊和南斯拉夫为代价继续实现其领土主张。由于意识到自己目前无能为力，保加利亚被迫保持中立，当有朝一日它的行动与德国（或许还有苏联）的行动相结合的时候，它将脱离中立状态，从而为获得有保障的利益开辟前景。它的邻国现在为吸引它而要付出的代价太高了，因此协约国不可能为了不稳定的结果而做出如此巨大的牺牲。[①] 因此，就法国和英国的利益而言，巴尔干的中立似乎已经建立在足够稳固和令人满意的基础上，因为我们确信，包括保加利亚在内的所有这些国家都不会主动破坏这一中立，并且土耳其在巴尔干协约国内部所占据的主导地位将保证这一集团朝着对我们的利益最有利的方向前进。

法国政府自然不反对让意大利政府在英国和法国大使平时与齐亚诺伯爵举行的会谈中注意到这种情况，并承认这符合意大利的利益。这种中立旨在加强和保护的现状只会受到德国对罗马尼亚或南斯拉夫可能采取的行动或保加利亚企图实现其领土收复主义野心的威胁。意大利通过放弃支持保加利亚政府的要求，以及向德国表明自己对维护巴尔干地区和平的积极兴趣，可以为维持巴尔干现状作出重要贡献。只有接受了这一现状，英国、法国、意大利和土耳其的政策才能达成一致。它们的共同利益是尽可能地设置一道强大的屏障，阻挡德意志主义和斯拉夫主义对地中海的渗透，并避免保加利亚在这一过程中受到拉拢。因此，法国政府不会反对在齐亚诺伯爵面前提到意大利可以为这项工作提供的外部援助，而法国和英国接受这种援助，也意味着它们承认阿尔巴尼亚的新地位。[②]

相反，让意大利政府从这些会谈中留下英法会立即赞成在意大利支持下建立一个巴尔干中立集团的印象，这似乎是有严重问题的。

---

① 法国驻英国大使夏尔·科尔班（Charles Corbin）在10月31日通知巴黎，根据从伦敦收到的消息，保加利亚政府“担心错过一个可能是和平解决其诉求的独一无二的机会”；在这种情况下，英国外交部“毫无疑问会很高兴看到罗马尼亚和南斯拉夫——我们知道希腊是不会让步的——同意割让某些领土给保加利亚。我们认为，南斯拉夫和罗马尼亚的这一倡议将大大加强保加利亚政府面对其本国舆论的立场，使其能够抵御来自德国或苏联的任何诱惑，并可能导致保加利亚加入巴尔干协约国”。（参照第3824—3827号电报，1940年文件，罗沙文件，第10卷，文件未收录）。然而，据报道，法国驻罗马尼亚大使阿德里安·蒂埃里（Adrien Thierry）也在10月31日通知巴黎，罗马尼亚外长礼貌地拒绝了他：“由于我坚持认为必须迅速向保加利亚人做出实质性让步，M.加芬库先生（M. Gafenco）同意了这一点。但在他看来，目前最好是（与保加利亚）谈判建立一个中立国集团的计划，而不是将保加利亚纳入巴尔干协约国，因为这将立即引起放弃部分多布罗加的问题。”（参照第1320—1324号电报，来源同上，文献未收录）。——原编者注

② 1939年4月7日，意大利军队入侵阿尔巴尼亚，8日，阿尔巴尼亚被意大利占领，而英国和法国并未承认政变。——原编者注

我们对意大利的某些潜在政治目标的这种支持，既不是因为需要促进意大利的发展，也不是因为其他因素——正如已经指出的那样，其他因素足以维持目前的趋势，也不是为了巩固巴尔干的中立——在目前的情况下，半岛五国的利益和机遇已得到充分保证。

意大利政策在这方面的任何直接干预，即使假定现在可以充分相信其诚意和无私，也有可能产生与所寻求的目标相反的效果。土耳其和希腊都不会接受一个由意大利主导的巴尔干集团，[①] 希腊也不会理解我们赞成在意大利的支持下重组巴尔干共同体。意大利和德国之间的官方关系仍然过于密切，这使罗马尼亚和南斯拉夫不会对意大利的外交活动抱有不信任的态度。他们似乎甚至把我们的外交活动和意大利的外交活动联系起来看待，并且倾向于承认意大利在巴尔干地区享有土耳其独有的庇护权和至高无上的权力。巴尔干国家的巴尔干半岛，只有在这一方针的基础上，才能明确制定有关国家的中立和援助政策。正如法国和英国所做的那样，出于类似的原因，意大利可能会被要求从外部向这个联合体提供支持。它通过明确地表达善意可以更容易地做到这一点，因为它与德国和保加利亚的关系能让它接近为数不多的几个威胁着该地区现状和中立性的大国。然而，我们不能鼓励它企图在巴尔干共同体内部进行更大程度的干预，因为这会在该共同体中种下不信任和混乱的种子，甚至会破坏我们与土耳其建立的牢固关系，而这种关系就源自我们双方认可需要限制意大利在欧洲这一地区的扩张。

最后，我们必须坚持英国和法国政府必须保留其自身在地中海和巴尔干地区采取行动的充分自由。战争的演变有朝一日可能会迫使我们在东线战场与土耳其达成协议，使我们能在德国的侧翼展开军事行动。法国政府打算尽快与英国政府讨论这种可能性，对此的研究已被推迟到在莫斯科举行的苏土会谈结束之后。两国政府一直同意在这一问题发展到时机成熟时与意大利进行接触，但重要的是，意大利不能利用我们在巴尔干政策上向它做出的道义承诺，在没有充分保证的情况下通过强调这些承诺进行结盟，从而与我们对抗。

上述意见向英国大使馆表明，外交部长在考虑英国政府希望邀请珀西·洛兰爵士（Sir Percy Loraine）交换意见时，有哪些保留意见，以及他认为应将其限制在什么范围内。

1949年文件，罗沙文件，第6卷

① 1939年4月13日，英国、法国和罗马尼亚都向希腊做出了（安全）承诺。——原编者注

学术信息

2021年布拉格第六届
巴尔干学国际学术会议综述

雷乐天

作者简介 雷乐天，捷克查理大学人文学院本科生

一、会议概况

“巴尔干之声”（Balkan Express）是捷克科学院和捷克查理大学自2013年以来定期举办的巴尔干学国际会议，其不仅集中展示捷克和斯洛伐克学者对巴尔干地区尤其是前南斯拉夫地区的最新研究成果，而且基于地理和语言优势，广泛邀请来自中欧和东南欧相关国家和地区学者与会，呈现出欧洲巴尔干学界的前沿学术动态。

2021年11月12日至13日，第六届巴尔干学国际会议在捷克查理大学人文学院举办。本届会议的工作语言为英语，由查理大学人文学院、查理大学社科学院国际研究所、捷克科学院民族学研究所、捷克科学院历史研究所以及捷克斯拉夫、巴尔干和拜占庭学会共同承办。

本届会议的主题为巴尔干地区的“邻居与邻里关系”（Neighbors and Neighborhood），“邻居”包括邻国和邻族，“邻里关系”（komšiluk）指涉邻国间的关系和杂居地区的族群间关系。会议根据不同主题分为9个小组，共有20余位各国专家学者作了报告并参与讨论。波黑驻捷克大使、作家玛蒂娜·姆利纳雷维奇（Martina Mlinarević）女士出席会议并朗读了自己新书的部分内容。

二、分组报告

第一组的研讨主题为从19世纪到第二次世界大战的巴尔干邻里关系。克罗地亚扎达尔大学民族学与人类学系助理教授马里奥·卡蒂奇（Mario Katić）作了关于奥匈帝国时期波斯尼亚的邻里关系的报告。卡蒂奇以位于波黑中部的瓦雷什镇（Vareš）为案例，根据一位当地教师米约·祖利奇（Mijo Žuljić）的民族志档案，在奥匈帝国占据波黑时期工业快速发展和当地采矿及冶铁业兴起的背景中，探讨族群混居的波斯尼亚族人、克罗地亚族人和塞尔维亚族人之间的关系。

波兰雅盖隆大学历史学院助理教授克日什托夫·波佩克（Krzysztof Popek）基于保加利亚瓦尔纳国家档案馆的原始文献作了关于19—20世纪之交保加利亚农村和市镇议会中的穆斯林的报告。穆斯林群体作为保加利亚国内最大少数民族，是奥斯曼土耳其帝国对保加利亚长达5个世纪殖民的结果。1881年，保加利亚超过四分之一的人口是穆斯林，1910年，这一比例下降到14%。然而，穆斯林在保加利亚中央行政部门以及一般的地区（okrag）和县（okoliya）中没有担任过任何职务。不过，在公社（obshtina）政府中的情况则有所不同。穆斯林在保加利亚东北部和罗多彼山脉（即穆斯林集中地区）的城市和村庄的议会中有适当的代表，并有机会在相关关键问题的决策中发挥实质性或象征性作用。19、20世纪之交的保加利亚已取得半独立国家的地位，但其内政外交仍受制于原宗主国奥斯曼帝国。争取完全独立的反殖民斗争和平等对待国内少数民族两种政治诉求之间出现紧张，穆斯林群体在保加利亚政治机构中的代表权乃至更广泛的社会权利问题应运而生并延续至今。

第二组的研讨主题为科索沃地区的邻里关系。塞尔维亚近代史研究所高级助理研究员博齐卡·斯拉夫科维奇·米里奇（Božica Slavković Mirić）作了关于两次世界大战之间科索沃和梅托希亚地区以家庭合作社（porodične zadruge）为中心的邻里关系的报告。在两次世界大战之间，当地人以父系部落、金融机构和家庭合作社的形式组织起来。这些合作社是经济和社会单位，其中每个成员在保护和培育传统和习俗等方面都发挥着特定的作用。一个家庭合作社可以有多达 80 名成员。家族合作社的成员组成了一个血统共同体，只要有共同血统的意识，不同合作社就不会互相通婚。在土地改革和工业化的背景下，家庭合作社逐步解体，形成了更小的家庭。

波兰科学院斯拉夫研究所的玛泽娜·马丘莱维茨（Marzena Maciulewicz）基于2017年和2018年在科索沃米特罗维察市进行的定性和定量实地研究的结果，作了关于当地族群关系的报告。自1999年科索沃战争以来，该市北部和南部分别被塞尔维亚族人和阿尔巴尼亚族人占据。

英国曼彻斯特大学社会人类学博士生罗萨法·贝里沙（Rozafa Berisha）采取人类学方法，根据在科索沃南米特罗维察市（Mitrovica）的田野调查，记录了青年群体的咖啡馆生活、等待和日常社交活动，指出这是对经济边缘化、无聊和等待的反应，同时也是令人愉悦的亲密关系的来源。

第三组的研讨主题为邻居间的共生与和解。斯洛文尼亚卢布尔雅那大学文学院民族学与文化人类学系教授博日达尔·耶泽尼克（Božidar Jezernik）分析了“南—斯拉夫—亚（Yugo-slav-ia）”[①] 一词的斯洛文尼亚渊源。南斯拉夫（Jugo-slav-ija）这个词于 1849 年 10 月 19 日首次出现在卢布尔雅那报纸《斯洛文尼亚》（*Slovenija*）的一篇文章中。这篇文章的作者称自己对事关斯拉夫民族独立的政治问题不感兴趣，但呼吁统一奥匈帝国境内斯拉夫诸民族的语言文字，建立一种通用的南斯拉夫语。

德国柏林洪堡大学哲学院历史研究所东南欧史高级助理研究员鲁扎·佛提亚迪斯（Ruža Fotiadis）围绕“传统友谊”“东正教兄弟”和“好邻国”三个关键词，分析了20世纪90年代塞尔维亚—希腊友好双边关系的形成历程。南斯拉夫战争期间，希塞友谊作为两国之间传统纽带的概念主导了两国的公共话语。这一方面引起希腊公众对南斯拉夫冲突中的塞尔维亚人的同情，另一方面也引发巴尔干邻国和西方盟国的担忧。

此外，奥地利格拉茨理工大学建筑理论、艺术与文化研究所的安东尼奥·格吉奇（Antonio Grgić）研究了人民解放战争纪念碑在二战后南斯拉夫民族和解进程中扮演的角色。

第四组的研讨主题为波黑的邻里关系。比利时法语区鲁汶大学人类学博士生艾琳·卡特（Aline Cateux）长期专注于波黑莫斯塔尔市的人文地理研究。波黑战争（1992—1995）期间，莫市西部地区遭到克罗地亚武装部队的暴力种族清洗。卡特探讨了由此形成的创伤性记忆的时间和地理分布。

斯洛文尼亚卢布尔雅那大学文学院民族学与文化人类学系助理教授阿连

---

① 中文里Yugoslav和Yugoslavia通常被译作南斯拉夫，但前者指族群、民族，后者指国家、居住之地（-ia）。

卡·巴尔图洛维奇（Alenka Bartulović）聚焦20世纪90年代波黑战争期间和战后波黑人口从农村向城市的迁徙以及外迁现象，作了关于波黑城市“农村化”和人口外流导致社会空心化的报告。

此外，捷克查理大学的埃涅阿斯·乌尔诺（Eneja Urnaut）介绍了作为和解工具的视觉艺术表达。

第五组的研讨会主题为黑山、塞尔维亚和波黑的邻居与民族主义。捷克查理大学社科学院国际研究所助理教授弗兰蒂谢克·什斯特克（František Šístek）和黑山语言文学院教授博班·巴特里切维奇（Boban Batrićević）共同揭示了鲜为人知的二战期间波黑犹太人的处境。两次世界大战期间，约50名犹太人分散在黑山的不同城镇。1941年南斯拉夫被占领后，有数百名来自塞尔维亚和波斯尼亚的犹太难民在意大利占领下的黑山寻求庇护。

美国威顿堡大学社会学荣休教授基斯·道特（Keith Doubt）研读了武克·德拉什科维奇（Vuk Drašković）[①] 1982年的著作《刀》（*Nož*）。根据传播学家肯尼思·伯克（Kenneth Burke）对希特勒的《我的奋斗》的分析，道特认为《刀》在功能上具有相似的修辞和话术。《刀》是德拉什科维奇出版的第二部小说，讲述了一位波斯尼亚的穆斯林孤儿起初相信塞尔维亚族人杀害了其家人，后来发现自己的亲生父母其实就是塞尔维亚族人，而其穆斯林收养家庭犯了谋杀罪的故事。由于涉及地方民族分裂主义和族群清洗等敏感历史问题，该著旋即被禁止出版。冷战结束后，随着南斯拉夫主义意识形态的瓦解，这部小说又再次受到重视，其中最具争议的问题是民族界定的标准是先天继承确定的血统还是后天教养形成的文化。

匈牙利布达佩斯安德拉什大学博士生玛蒂娜·普兰塔克（Martina Plantak）和艾迪娜·帕列维克（Edina Paleviq）作了关于2020年抗议活动期间黑山日常的邻里关系与抗议音乐的报告。她们从日常生活的角度探讨了生活在同一边界下的两个对立民族，即黑山族人和塞族人的民族主义和民族认同。

第六组的研讨主题为他异性（otherness）的话语和邻里关系的实践。波兰雅盖隆大学语文学院斯拉夫研究所研究助理彼得·米罗哈（Piotr Mirocha）基于2007年至2017年发表在4份不同意识形态的主流报刊上的2万篇文章，展示了2007年以来塞尔维亚和克罗地亚媒体有关欧洲的报道中的对方国家形象。

---

① 冷战结束后，德拉什科维奇曾任南斯拉夫联盟共和国副总理、塞尔维亚和黑山外交部长、塞尔维亚外交部长。

阿尔巴尼亚学者施凯尔岑·加希（Shkëlzen Gashi）分析了科索沃和塞尔维亚历史教科书中关于科索沃战争的叙事。科索沃的阿尔巴尼亚族学生使用由科索沃教育部出版的历史教科书，而科索沃的塞尔维亚族学生则使用塞尔维亚教育部出版的历史教科书。加希认为，两种教材的叙事都对民族和解进程无助。

塞尔维亚贝尔格莱德大学文学院历史系的卡特琳娜·米特罗维奇（Katarina Mitrović）基于2019年8月至2020年11月在贝尔格莱德市实地研究和深度访谈的结果，研究了巴尔干大龄青年与父母同居的现象，即年轻人在经济、住宅和其他方面对父母的依赖。

第七组的研讨主题为希腊及其邻居。希腊约阿尼纳大学语言学院博士生彼得罗斯·马拉佐普洛斯（Petros Marazopoulos）阐释了欧洲语境中的东方主义概念，特别是19—20世纪现代希腊的文学、外交、历史和政治文本中对“巴尔干”一词的东方主义语用，即将欧洲、西方和文明的“希腊”与非欧洲、东方和原始的“巴尔干”区分开来。

捷克查理大学社科学院的玛丽亚·帕斯卡琳娜·迪莫普卢（Maria Paschalina Dimopoulou）总结了从1991年至2019年希腊对马其顿国名的争议的看法。自1991年北马其顿宣布独立以来，希腊与北马其顿的关系一直动荡不安。两国冲突的民族主义根源可以追溯到19世纪后期的民族主义运动。

捷克查理大学文学院希腊与古典学研究所助理教授康斯坦丁诺斯·齐沃斯（Konstantinos Tsivos）根据捷克国家档案馆的资料，介绍了1949年希腊内战结束后捷克斯洛伐克的希腊和马其顿移民群体之间的共生关系。当时大约有10万名左翼游击队员、同情者及其家人在苏联及其“卫星国”避难，其中有1.3万人来到捷克斯洛伐克，大约三分之一其实是所谓的斯拉夫马其顿人，他们是战后希腊国内最大的少数民族。

第八组的研讨主题为巴尔干语言特别是塞尔维亚—克罗地亚语中的“邻里”（komšiluk）一词所指涉的概念。该词源自奥斯曼土耳其语的“邻里”（komşuluk；قونشولق），由“邻居”（neighbor；konşu；قونشو）一词及其后缀（-hood；-luk；-لق）两部分组成。

斯洛文尼亚卢布尔雅那大学文学院民族学与文化人类学系教授博扬·巴斯卡（Bojan Baskar）、捷克查理大学文学院政治研究所助理教授佐拉·赫索娃（Zora Hesová）和波黑裔美籍历史教师桑德拉·格鲁迪奇（Sandra Grudić）围绕邻居、公民和教徒（džemat）等身份以及亲身经历，对塞尔维亚—波斯尼亚语中“邻里”一词的社会语用发表了见解。巴斯卡分析了犹太教、伊斯兰教和基督教文本中关于邻里的书写，认为只有伊斯兰教对这一概念有充分编排的语料库，而犹太教和基督教侧重于比邻（proximus）的概念。赫索娃研究了穆斯林现代主义者和传统主义者、世俗和神职人员、建制派和反对派人士如何将波斯尼亚的共生（suživot）构建为他们民族身份的基本特征。

在第九组研讨会上，主办方放映了一部名为《和平》（*MIR*）的实验性“真实电影”（cinéma vérité），聚焦四位斯雷布雷尼察种族灭绝中的儿童幸存者的日常生活及其观点，以民族志的形式展现了后斯雷布雷尼察时代当地人的日常生活。在诸多斯拉夫语言中，mir都意指和平。1995年的斯雷布雷尼察种族灭绝使得这些穆斯林家庭不再完整，但这些战争中的儿童幸存者都强调和解与共生的必要性。

三、会议总结

本届会议的主题为巴尔干地区的“邻居与邻里关系”，从选题上看，虽然会议并未列出具体的研究对象，但很多学者都不约而同地把目光聚焦到巴尔干的穆斯林族群身上——除了被反复讨论的波黑，还涉及科索沃、梅托希亚、保加利亚穆斯林聚居区，甚至严格意义上处在域外的土耳其，而犹太族群和希腊也被偶尔提及。相比之下，占巴尔干地区人口绝对主体的南斯拉夫诸民族和罗马尼亚只是作为背景被提及或根本没有被提及，由此可见斯拉夫学与巴尔干学的区别以及当前巴尔干学问题意识的倾向性。

从取材上看，学者们的报告大致可以分为民族学和人类学与历史学两类。无论是田野调查、访谈还是原始档案文献，这些报告的内容都很翔实，切入点也十分具体，往往是某个较短时间段内某较小区域的对象，极少进行宏大叙事。这些报告可为国内巴尔干学界提供技术性的参考。

从方法上看，民族志和历史解释代表了两种研究路径：民族志的方法关注社会中普通人的日常生活，以共时为背景；历史解释的方法以民族、国家、政治等作为框架，以历时为背景。不过，历史解释也对文化层面的观念变迁、集体记忆等特别关注，由此形成历史人类学或历史学人类学化的交叉学科趋势。这一趋势不仅在巴尔干学，也在其他国际和区域研究分支中存在。

从理论上看，承认政治（politics of recognition）和多元文化主义（multiculturalism）占据主导地位。与会人士普遍认为，鉴于近代以来巴尔干地区出现了多次种族清洗、内战和战争，现代民族国家的建构和民族主义意识形态是存在争议的。与其强调国家主权和统一、固定的身份认同，不如更加注重对少数族群权利的保障和社会中存在的语言、宗教和传统等文化的多元性。

中国的巴尔干研究契合“一带一路”框架下的中国—中东欧国家务实合作。虽然中国的巴尔干研究与欧洲本土学者的研究旨趣不尽相同，但就语言、文献、田野调查的资料取材和学科方法论等方面而言，欧洲巴尔干学界的学术传统和研究范式对于方兴未艾的中国巴尔干学裨益良多。

国际巴尔干研究的重镇
——萨洛尼卡巴尔干研究所

贺清令

作者简介　贺清令，重庆市江津区双福中学历史教师

萨洛尼卡巴尔干研究所（Ίδρυμα Μελετών Χερσονήσου του Αίμου; Institute for Balkan Studies, IMXA）是位于希腊第二大城市萨洛尼卡的一所研究机构。该研究所最初成立于1953年3月，此后20年间作为马其顿研究协会的下属机构，主要承担教学与研究等方面的工作。1974年，巴尔干研究所从马其顿研究所独立出来，成为一所由私法管辖的独立法人研究机构。该所现任所长为知名国际法教授帕洛拉·纳斯库-佩拉基（Paroula Naskou-Perraki），荣誉主席为马其顿大学名誉教授扬尼斯·塞库拉斯（Yannis Tsekouras），所内现有研究人员14人。在希腊文化部、教育部、宗教事务部门的大力支持下，该所逐步发展为希腊国家的智囊团和思想库，并在学术研究、人才培养、决策咨询、国际交流等多方面发挥功能和作用。

巴尔干研究所一隅

一、巴尔干研究所简介

萨洛尼卡是现代希腊第二大城市和境内主要的文化中心，同时也是东南欧主要的交通枢纽地。依托于独特的地理位置和悠久的文化底蕴，萨洛尼卡的巴尔干研究所应运而

生。从20世纪50年代创立研究所伊始，希腊就十分重视研究所的发展，在国家政策与机构工作人员的支持和努力下，巴尔干研究所逐渐完成了从教学型单位向研究型教学型单位的转型。经过70余年的积累和发展，目前巴尔干研究所已经获得了硕士和博士学位的授予资格，形成了相对完备的学位授予体系。而国家的重视与研究所的定位赋予了巴尔干研究所当下非同寻常的社会责任和学术责任，即关切东南欧目前的局势和发展，促进巴尔干学术界与国际学术界的合作。因此，研究所对希腊而言的意义越来越重大，已成为希腊国家的重要智囊团和思想库。

除了国家的政策扶持外，社会力量的支持也是巴尔干研究所能够取得长足发展的重要原因。巴尔干研究所得到了包括希腊议会、希腊国民银行、阿提卡银行、希腊语传播协会（雅典）、斯塔夫罗斯·S. 尼亚尔霍斯基金会（Stavros S. Niarchos Foundation）、希腊广播公司、亚历山大·S. 奥纳西斯公益基金会（Public Benefit Foundation Alexander S. Onassis）、博多萨基基金会等社会力量的赞助。

进入21世纪后，巴尔干研究所的主要活动总体包含以下几方面。第一，立足于本土历史，重心放在巴尔干半岛历史发展、考古发掘、文化保护等方面。与此同时，对古代地中海世界格局、当代世界国际关系和经济发展方面也有所涉及。第二，为学者提供出版著作、学术论文和期刊等方面的服务。第三，定期举办国际学术会议。一方面，研究所保证与国际学术前沿接轨；另一方面，它也为国际学术界提供最新的巴尔干研究状况。第四，开设多种语言培训课程。为促进学术发展，巴尔干研究所开设了巴尔干国家相关语种及俄语、波兰语等语言课程。第五，定期开设暑期国际学生交流会，促进青年学者、学生的交流与合作。

巴尔干研究所图书馆一角

除了积极开展学术活动与社会活动外，巴尔干研究所在硬件设施方面也不断完善，这主要体现在其下属图书馆的建设上。目前，巴尔干研究所是希腊境内唯一一所拥有专门研究巴尔干半岛相关主题且完全数字化的图书馆，其设立的初衷是为了满足东南欧国家和人民的文化需要。该图书馆现有藏书3万余册，其中包含期刊（杂志）1519种，大量关于巴尔干国家相关语种及俄语等语言的小册子，以及1870年以前出版的450余种珍版书籍。1991年以来，巴尔干研究所在全球范围内搜集了与巴尔干主题相关的期刊文章和专题会议的文章，并按照英美通行的编目规则对资料进行编目分类，极大地便利了学者参阅相关资料。

巴尔干研究所图书馆中的资料除了对研究人员、大学教授、学生开放以外，在规定时间内，对社会人员完全开放。图书馆规定图书不能外借，但是除珍版图书、近年来的硕士、博士学位论文外，读者均可自行拍摄和复制。根据巴尔干研究所图书馆的统计，社会公众除了对常规的主题（诸如历史、政治、民俗、艺术、文化、教育、语言学、考古学）感兴趣外，对与巴尔干半岛切身利益相关的问题也十分关注（诸如少数民族、民族国家诞生、战后的巴尔干半岛格局等问题）。

近年来，巴尔干研究所图书馆与巴尔干地区及周边的多所研究机构达成了合作协议，其中最重要的当属与希腊国家资料中心（National Documentation Centre）展开合作。巴尔干研究所图书馆的图书资料被纳入希腊国家资料中心的数据库，而研究所则可以远程获取国家资料中心的电子资源，互惠互助。同时，该图书馆还与诸如希腊色雷斯德谟克利特大学（Democritus University of Thrace）、希腊马其顿大学东方研究所（Oriental Studies in the University of Macedonia）以及世界各地的研究机构和图书馆签订了交换协议，定期采购和捐赠图书。2004年以来，巴尔干研究所图书馆积极参加了“信息社会”“文化轴”等社会公益活动，将图书馆的大部分藏书进行数字化加工，并对外完全开放。尤其是图书馆珍藏的典籍卡拉曼利迪卡藏书（The Karamanlidika Books Collection），其学术意义和社会意义十分重大。

二、巴尔干研究所的研究成果

在70余年的发展和积淀中，巴尔干研究所取得了非凡的学术成果，这主要体现在该所主持召开的多场学术会议以及出版专著、开设语言课程等方面。

首先，自成立以来，巴尔干研究所组织并举办了有关历史、考古、文化以及关于泛东南欧国家和地中海地区的现代政治、社会经济问题的地区性和国际性会议和类似的学术会议。20世纪60年代以来，该所一直定期举办关于古代马其顿（1968年第一次举办）、希腊与其他巴尔干国家的双边关系（第一次是1975年举办的“希腊—塞尔维亚双边关系论坛”）与巴尔干民俗文化（第一次是1975年举办的关于希腊北部民间神话传说的研讨会）等主题的研讨会和讲座。不过，巴尔干研究所举办的国际学术会议不只局限于巴尔干地区的地域范围，而是越来越多地关注欧洲乃至全球问题（1981年第一次举办了“希腊—苏联国际研讨会”）。进入21世纪后，巴尔干研究所更是主持举办了多场国际学术会议。

2002年，巴尔干研究所与埃夫瑟里奥斯·K.维尼泽洛斯国家研究基金会（The National Research Foundation “Eleftherios K. Venizelos”）在萨洛尼卡共同举办了“萨洛尼卡战区与世界大战的结果”（The Salonica Theatre of Operations and the Outcome of the Great War）主题会议，讨论了萨洛尼卡在第一次世界大战中的地位与角色以及希腊对世界大战进程和结果的影响。而定期举办的“马其顿国际研讨会”在2002年的讨论主题是“从铁器时代到腓力二世去世时期的马其顿”（Macedonia from the Iron Age to the Death of Philip II），其探讨了古代马其顿国家的历史发展演变历程。

2003年，巴尔干研究所与希腊—美国商会组织联合举办了“冷战后美国在欧洲东南部的存在”（American Presence in Southeastern Europe in the Post-Cold War Era）主题会议，重点讨论了冷战之后美国对巴尔干地区的政策以及如何和平促进双边经济贸易的发展对策，有重大的现实意义。同年5月，巴尔干研究所又与贝尔格莱德的塞尔维亚科学艺术学院共同举办了“20世纪上半叶的希塞关系”（Greek-Serbian Relations in the First Half of the 20th Century）主题会议，以史为鉴，达成了和平共处的共识，寻求新的发展之道。

2006年，巴尔干研究所与萨诺尼卡亚里士多德大学历史考古系举办了“重评希腊内战：政治、意识形态、史学张力”（The Greek Civil War—An Appraisal: Political, Ideologal, Historiographic Extensions）史学主题论坛。

2007年，在欧洲经济承受重压、全球贸易体系萎靡不振的大背景下，巴尔干研究所与保加利亚科学院共同举办了“欧洲危机下的希腊与保加利亚”（Greece and Bulgaria before the European Challenge）研讨会，共同探求缓解危机的方法。

2008年，巴尔干研究所举办的第八届“希腊—德国研讨会”（8th Greek-German Symposium）专门讨论了当时东南欧的处境与解决之道，达成了加强区域合作的共识。

2009年，在阿拉伯难民大量涌入巴尔干地区的现实背景下，巴尔干研究所与萨洛尼卡亚里士多德大学的法学院、经济与政治学院合作举办了“希腊与阿拉伯难民”（Greek and Arab Diaspora）主题会议，分析了难民现象的原因以及解决之道。

2015年，恰逢第一次世界大战爆发100周年，为纪念与反思历史，巴尔干研究所与萨洛尼卡亚里士多德大学、希腊马其顿大学和法国驻萨洛尼卡领事馆联合举办了关于“第一次世界大战中的萨洛尼卡阵线”（The Salonica Front in World War I）的国际学术讨论会，并邀请了来自法、英、德、奥、美、匈等12个国家的38名与会者参加研讨会。同时，还有275名本科生、40名研究生和博士生、35名大学教授、外交使团代表、文武机关代表、科学团体代表、协会代表和学院代表等出席了研讨会。这次研讨会主要探讨了一战期间萨洛尼卡与俄国、法国、奥匈帝国等大国之间的博弈，重点分析了萨洛尼卡在战争中的角色与地位。

2017年巴尔干研究所举办的“马其顿国际研讨会”实际上是2002年会议的延续。此次会议的主题是“从腓力二世去世到奥古斯都掌权时期的马其顿”（Macedonia from the Death of Philip II to the Rise of August in Power），重点探讨了马其顿在古代世界格局中的地位。

值得一提的是，无论是巴尔干研究所单独举办的会议，还是其与希腊或其他国家的研究机构联合举办的会议，该所的研究人员都积极参与其中并已经发表了数百篇相关报告和论文。

巴尔干研究所部分著作书影

其次，巴尔干研究所出版了大量的学术著作。20世纪60年代至今，研究所总共出版了250余本专著，其中大部分涉及政治和社会史、国际双边关系、考古学、艺术史、语言学、民俗学等方面。它们是该所几代研究者辛苦耕耘的成果，也是研究巴尔干地区的宝贵资源。以下笔者将简单对巴尔干研究所的部分重要研究成果加以介绍。

V·卡拉科斯坦诺格卢（V. Karakostanoglou）等著的《科索沃和巴尔干半岛上的阿尔巴尼亚人》（*Kosovo and the Albanian Populations on the Balkan Peninsula*，萨洛尼卡，2000年）主要讨论了自1999年北约介入科索沃战争以来，西巴尔干地区阿尔巴尼亚人的生存状况。同时，在回顾历史的基础上，作者从政治、外交和法律的角度分析了科索沃危机爆发三年来的事态发展。

埃莱夫塞里娅·曼塔（Eleftheria Manta）的《希腊的阿尔巴尼亚族穆斯林：伊庇鲁斯的阿尔巴尼亚社区（1923—2000）》［*Muslim Albanians in Greece: The Chams of Epirus (1923-2000)*，萨洛尼卡，2008年］主要关注的对象是被希腊史学界所忽视的伊庇鲁斯地区的穆斯林群体。该书介绍了这个群体从1923年被纳入希腊之后以及在两次世界大战中的生存情况，重点论述了希腊—意大利战争期间及战后该群体的命运。

丽迪雅·帕帕达基斯（Lydia Papadakis）的《民族教育：19世纪马其顿的希腊民族主义与教育》（*Teaching the Nation: Greek Nationalism and Education in Nineteenth-Century Macedonia*，萨洛尼卡，2006年）通过考察奥斯曼帝国时期马其顿的几所师范院校，从它们的组织架构、建校原则及其与当地社会的冲突等方面进行论述，得出了希腊民族的思想、价值观念深深影响了马其顿人的意识形态的结论。

此外，2008年第八届“希腊—德国研讨会”的成果《希腊与德国视域下的当代东南欧：问题与前景》（South-Eastern Europe Today: Problems and Perspectives—The Greek and the German Aspect，萨洛尼卡，2010年）主要包含了10位希腊和德国学者提出的重要观点。这些学者探讨了当下世界的一些重要政治和经济问题，同时提出了关于欧盟与巴尔干国家合作的前景问题，并特别关注和分析了希腊所关心的问题，即土耳其与欧盟之间的关系以及未来一体化的前景。

除了出版学术著作外，巴尔干研究所还创立了两种期刊:《巴尔干研究》（*Balkan Studies*，英语）和《巴尔干杂志》（*Valkanika Symmeikta* / Βαλκανικα Συμμεικτα，希腊语）。《巴尔干研究》作为年刊在国际学术界享有盛誉，自1960年创刊以来，它收录了希腊和国际知名学者所撰写的文章，为巴尔干的学术研究作出了巨大的贡献。《巴尔干杂志》于1980年问世，与《巴尔干研究》的定位有所区别，它主要是为研究人员提供一个展示研究成果及发表简要研究报告和文章的平台。总而言之，两种期刊为学者们提供了学术交流和争锋的平台，也极大地促进了学术的发展与进步。

最后，巴尔干研究所还经常组织公益讲座并成功开设了语言培训班。巴尔干研究所经常邀请该所的研究人员和其他国内外的杰出学者做主题讲座，关注点往往集中在历史、文化以及希腊、巴尔干半岛、东地中海地区在当代所面临的政治、经济和社会问题等方面，而且往往会将大多数的讲座文本以独立作品的形式进行出版。在开设语言培训班方面，巴尔干研究所最早在1964年就开设了希腊语言暑期培训班，面向国内招生。1973年和1985年，该培训班进行了两次改革，被重组为一个国际化的语言培训班，面向全世界招生。目前，世界各地的大学中从事研究和教授现代希腊语工作的大多数非希腊人都曾在巴尔干研究所开办的语言班里进修过。该培训班一般8月开学，参加者将完全沉浸在希腊的语言和文化传统中学习一个月。多年来，希腊文化部一直非常支持巴尔干研究所开设语言培训班，并向国外学生提供大量奖学金，鼓励青年学生和学者参加培训。

综上所述，巴尔干研究所历经70余年的积淀，成果丰硕，已经逐步成为世界知名的文化研究机构。

三、巴尔干研究所的作用与影响

经过数十年的苦心耕耘，巴尔干研究所取得了非凡的成果，也成为希腊国内重要的智囊团和思想库。具体而言，该研究所在学术研究、人才培养、国际交流、决策咨询等方面都发挥着举足轻重的作用。

首先，研究所提供了良好的学术研究环境，极大地促进了关于巴尔干地区的学术研究。如前文论述，研究所定期组织和举办会议，出版了大量的学术著作，还创办了两种学术期刊，为学术争鸣提供了良好的平台。

其次，研究所为希腊培养了一批又一批的高质量人才。人才是兴国之本，国家的发展和振兴都离不开人才的支持。巴尔干研究所从1963年以来，已培养了8000多名优秀毕业生，不少学生已成为本领域内的精英和专家。

最后，研究所充分发挥了促进国际交流的作用。在国际舞台上，巴尔干研究所与东南欧多个顶级研究中心和科学院建立了广泛的联系与合作关系，与美国、英国、法国、意大利、俄罗斯、德国等国家的同行建立了合作关系，而定期举办的国际语言培训班，更是增强了青年人才之间的交流与互动。

总而言之，巴尔干研究所不仅致力于学术研究，更准确地讲，它还是一所集学术研究、人才培养、决策咨询、文化交流于一体的综合性研究机构和智库。

文学的鸿篇　思想的巨著
——评《黑羊与灰鹰：一次苦难与希望的探索之旅》

李建军

作者简介　李建军，首都师范大学历史学院副教授

在中国—中东欧国家合作阔步向前、“一带一路”倡议行稳致远之际，在巴尔干国别区域研究从未显得像今天这样如此重要、急迫之时，由英国作家丽贝卡·韦斯特所著的《黑羊与灰鹰：一次苦难与希望的探索之旅》（以下简称《黑羊与灰鹰》）中文版①于2019年3月由中信出版集团分上、中、下三册翻译出版。虽然该书中文版在其首次出版78年后才问世，但它仍是世人了解巴尔干的最佳资料来源之一，也必将促成中国读者对南斯拉夫和巴尔干地区相关知识的了解和积累。

该书作者丽贝卡·韦斯特（Rebecca West, 1892-1983）原名塞西莉·伊莎贝尔·费尔菲尔德（Cecily Isabel Fairfield）②，是一位英国作家、记者、女权主义活动家、文学评论家及游记作家。她的作品涵盖新闻报道、政治评论、小说、杂文和历史文学等几乎所有文学类型，代表作包括《士兵的归来》（1918年）、《思想的芦苇》（1936年）、《黑羊与灰鹰》（1941年）、《叛逆的意义》（1947年）、《跌落的鸟》（1966年）、《向日葵》（1987年）、《溢出的泉水》（1956年）等。可以说，博学多识的韦斯特在她生活的年代是一位享有世界声誉的名人。不过她

① ［英］丽贝卡·韦斯特：《黑羊与灰鹰：一次苦难与希望的探索之旅》，向洪全、夏娟、陈丹杰译，中信出版集团，2019。

② 笔名取自易卜生剧作《罗斯莫庄》（*Rosmersholm*）的女主人公丽贝卡·韦斯特。

虽然写了大量小说，但是她的声誉却是建立在非小说类作品的基础上。其中，《黑羊与灰鹰》便是使其广受赞誉的一部旅游文学作品。

这里有必要介绍一下旅游文学这种体裁在西方的流行背景。旅游文学从18世纪开始繁荣，那时"旅行的欲望"取代了"责任"成为旅行的动力。[①] 追求快乐和知识的旅行作家几乎扮演着民族学家的角色，通过选择性叙述，传达其他文化和民族的信息，同时将家乡文化传递给读者。[②] 18世纪后在欧洲各地产生了大量旅游文学作品，但其最广泛和最受欢迎的市场是在英国，因为它有更多的机会向广大读者传播特定的态度。"虽然旅游文学不是最高级别的文学种类，……然而，英国文学史恰恰给这些书留出了一个空间，因为这类作品或许比其他任何作品都更能表达和影响民族偏好和民族性格。"沙夫茨伯里伯爵三世，将游记与他祖先时代的骑士小说相比较，认为游记是"装饰一个博物馆的主要史料"。[③] 在英国，两次世界大战之间的这段时间通常被认为是旅行写作的黄金时代。《黑羊与灰鹰》的写作素材便是韦斯特在这一多产的旅行写作时期收集而成。

《黑羊与灰鹰》是作者韦斯特三次旅行（1936年、1937年、1938年）南斯拉夫的经历和感想，字数超过100万字，1150多页。该书最初于1941年在美国，几个月后于1942年在英国出版。该书由12个部分组成，除了序章和尾声，上册涉及克罗地亚、达尔马提亚、黑塞哥维那、波斯尼亚，中册记述塞尔维亚、马其顿，下册描述老塞尔维亚和黑山。该书跨越了历史、考古、政治、民俗、神话和民族等交叉领域，并从多个视角展示了作者对宗教、哲学、伦理、艺术和性别等的个人观点。对她来说游记显然不是最重要的，更重要的是伴随她旅行产生的想法、情感或者启发。

其实从书名就能体现出评论家们对该作品的共识"不仅仅是一本旅游书籍"。[④] 作品最初的名字叫"Gone with the Balkans"，书名明显模仿了美国作家玛格丽特·米切尔创作的长篇小说《飘》（*Gone with the Wind*），后来才改为《黑羊与灰鹰》。"黑羊"和"灰鹰"是马其顿和塞尔维亚的献祭象征，"黑羊"象

① C. Travel Blanton, *Writing, The Self and the World* (New York: Simon Schuster Macmillan, 1997), p.16.

② Ivona Grgurinovic, "Constucting the Other in Rebecca West's 'Black Lamb, Grey Falcon'," *Etnološka Istraživanja* (Ethnological Researches), No. 12/13, 2008, pp.159-169.

③ Maria Todorova, *Imagining the Balkans* (New York: Oxford University Press 2009), p.89.

④ Clare Colquitt, "A Call to Arms: Rebecca West's Assault on the Limits of 'Gerda's Empire' in 'Black Lamb and Grey Falcon'," *South Atlantic Review*, Vol. 51, No. 2 (May, 1986), pp. 77-91.

征着以牺牲来赎罪的教义，诗歌《灰鹰》意味着上帝指引在世俗与精神胜利之间做出选择。她借黑羊与灰鹰，一方面要强调马其顿和塞尔维亚文化在她解读巴尔干中的重要地位，另一方面要挑战基督教面对痛苦、失败和死亡时做出的理想选择。韦斯特把书中自己的使命视为既是挽歌又是训诫的灰鹰，她试图督促英美人民以“被摧毁”但“从未投降”的南斯拉夫军队为英雄榜样，成为拿起武器抵抗纳粹主义的联合力量。作者探索的是，确如中译本副标题所用词语——苦难与希望。

因此，本书的主题之一是牺牲人类历史的观念所造成的破坏性，而这种观念却是基督教传统的组成部分。她在书中强调了巴尔干作为基督教堡垒所做出的巨大牺牲，认为其属于悲剧的范畴。作者认为通过牺牲来赎罪是有害的，她在马其顿对这一观点的厌恶情绪尤其明显，在那里她目睹了圣乔治节上一只黑羊的祭祀仪式。在书中她追溯了基督教赎罪教义中献祭观念的起源，认为这是人类历史上许多罪恶的根源。

与之相关，另一个贯穿全文的主题是帝国及其在人类历史上所扮演的破坏性角色。她主要关注的是奥斯曼帝国和哈布斯堡王朝，认为帝国主义的压迫造成了南斯拉夫物质上的贫乏和精神上的肮脏。作者虽“对帝国产生了新的怀疑”并“成长为它的尖锐批判者”，但是作者“生来就是有史以来最伟大的帝国之一的公民”，“没有愚蠢到去谴责有人构思了帝国主义理论，或去否认它经常在实践上被证明的宏伟”。[①]

此外，她在文中还突出了两性在个人和社会层面的关系。她认为男人和女人感知现实的不同方面，女人关注私人领域，男人转向公共领域。在她的整个旅行过程中，她目睹了妇女处于从属地位的例子。尤其是对普里什蒂纳一对塞尔维亚夫妇的描述令人印象深刻，当男人和旅行老板说话时，疲倦的女人无法坐下。尽管韦斯特没有和这对夫妇交谈，但她认为这种扭曲的性别角色象征着几个世纪以来奥斯曼、奥地利、意大利、俄罗斯等帝国对巴尔干的压迫。

最后需要说明的是，她还着重分析了信仰天主教的克罗地亚人和信仰东正教的塞尔维亚人之间存在的紧张关系。她指出，塞尔维亚和克罗地亚之间的隔阂不仅仅是宗教。由于历史的不同，这两个地区在帝国压制下的发展出现了巨大差异，面对局势会做出不同的应对。这一点从韦斯特夫妇在克罗地亚逗留期间朋友之间的多次争吵中得到证实。

① ［英］丽贝卡·韦斯特：《黑羊与灰鹰：一次苦难与希望的探索之旅》，第1026页。

长期以来，人们对巴尔干保持着刻板印象。在欧洲的象征地理中，西欧象征着进步、文明、文化、城市化、理性等，而“巴尔干”成为落后、停滞、迷信、暴力、专制、畏缩不前的同义词，巴尔干从地理名词变成贬义象征在20世纪尤其明显。玛利亚·托多洛娃、维斯那·戈兹沃西、博日达·叶泽尼克等许多研究巴尔干印象的学者对消极负面标签产生和延续的过程，即“想象帝国主义”的兴起和传播进行了深刻的分析。[①]

虽然韦斯特的记述也属于西方东方主义话语，但是《黑羊与灰鹰》塑造的巴尔干形象与之前的负面渲染不一致，使其产生过两次非常强烈的影响。第一次是该书初次出版时，那时正值第二次世界大战期间，该书的措辞有别于早期英语作品中普遍的傲慢姿态，以一种反殖民的方式统一了欧洲地图，强调巴尔干也是欧洲的组成部分，而且对它做出了巨大的贡献。第二次影响发生在20世纪90年代，那时的南斯拉夫联邦共和国正在经历一场血雨腥风，最终分裂成民族国家，欧洲的目光再次聚焦于该地区。于是象征地理再次复兴，欧洲和巴尔干的关系又处于殖民主义对立话语之下。《黑羊与灰鹰》引发了一系列的争论，既有赞赏，又有批评，其影响力和共鸣甚至超过了初次出版时期，以至于布莱恩·霍尔1996年《纽约客》上提出疑问：“为什么50多年前丽贝卡·韦斯特写的那本冗长、浪漫、说教、亲塞尔维亚、长达1100页的大部头著作，会成为新一代巴尔干评论员的主要参考？”[②]

这本书虽然受到广泛阅读和研究，但并不是现代专家所期望的那种“客观的”学术专著。作者在短时间内试图综合、解释、分析大量历史数据，对历史的看法不免过于主观。例如韦斯特称马丁·路德为“猪”。韦斯特习惯把巴尔干半岛的历史看作是象征性的和寓言性的，这往往使事件的意义超出了它们所能承载的范围。[③] 在许多情况下，她对人物的分析似乎更多地来自她的想象，而不是原始材料。例如，她声称奥地利伊丽莎白如果没被谋杀，她可能已经解决了南斯拉夫的问题。不过，这些缺憾并不影响该书的伟大地位。

---

① Maria Todorova, *Imagining the Balkans* (New York: Oxford University Press, 2009); V. Goldsworthy, *Inventing Ruritania: The Imperialism of the Imagination* (New Heaven and London: Yale University Press, 1998); B. Jezernik, *Wild Europe: The Balkans in the Gaze of Western Travellers* (London: Saqi Books, 2004).

② Brian Hall, “Rebecca West’s War,” *New Yorker*, 15 April 1996. From Vesna Goldsworthy, Black Lamb and Grey Falcon: Rebecca West’s Journey through the Balkans, *Women: A Cultural Review*, 8:1, 1-11, DOI: 10.1080/09574049708578291.

③ John C. Adams, “Review of Black Lamb and Grey Falcon by Rebecca West,” *Slavonic and East European Review*, American Series, Vol.2, No.1 (Mar 1943), pp.263-265.

中国广大读者对巴尔干的认知如同韦斯特去巴尔干之前所承认的，“对欧洲东南角一无所知，而且那地方一直以来都是一系列事件的发生地，这些事件于我亦是危险之源，事实上，在四年里一直威胁着我的安全，永久剥夺了我很多的利益。换言之，我对于自己的命运一无所知。”可见欧洲东南角发生的事情，对个人的安全和命运来说，至关重要。如果读者打算了解巴尔干在全球历史中的空间位置及其对世界和个人的意义，请从《黑羊与灰鹰》这部作品开始吧！

南斯拉夫的建立、发展和消亡
——评玛丽–雅尼娜·卡利奇著《南斯拉夫史》

武　垚

作者简介　武垚，河南科技大学人文学院历史系教师

玛丽–雅尼娜·卡利奇（Marie-Janine Calic）是德国慕尼黑路德维希—马克西米利安大学历史与艺术学院东南欧历史研究所教授，主要研究领域包括东南欧现代史、巴尔干的冲突预防、冲突管理与和平建设及西巴尔干的政治与社会等，是德国著名的巴尔干问题专家。[①] 她曾担任东南欧稳定公约特别协调员的政治顾问和联合国前南斯拉夫问题特别代表，还曾在前南斯拉夫国际刑事法庭和欧盟委员会和欧洲议会的预防冲突网络工作。

《南斯拉夫史》[②] 是卡利奇教授在2019年出版的研究南斯拉夫历史的最新著作。这本书论述了南斯拉夫建立、发展和消亡的历史，全书按照南斯拉夫历史的发展阶段划分为以下6个部分：南斯拉夫运动和南斯拉夫奠基（1878—1918）；第一南斯拉夫（1918—1941）；第二次世界大战（1941—1945）；南斯拉夫社会主义联邦共和国（1945—1980）；铁托之后（1980—1991）；南斯拉夫的灭亡（1991至今）。

---

① 参见该校网站，https://www.en.gose.geschichte.uni-muenchen.de/people/professors/calic/index.html，访问时间：2020年9月28日。

② Marie-Janine Calic, translated by Dona Geyer, *A History of Yugoslavia* (Indiana: Purdue University Press, 2019).

一、内容与结构

本书第一部分包括四章，分别是：1900年前后的南斯拉夫国家：新世纪的曙光；整个巴尔干地区的民族问题（1875—1903）；激进（1903—1912）；三次巴尔干战争（1912—1913、1914—1918）。作者指出，南斯拉夫人的思想诞生于启蒙运动。进步、人道主义、理性和科学理想孕育了克罗地亚人和塞尔维亚人共同的民族、国家概念，并将自决、参与和繁荣的愿望导向具体的政治计划：建立南斯拉夫国家。不仅是精英群体，而且许多普通人对这个计划寄予厚望。尽管在19世纪，这个计划仍然让人觉得完全是个乌托邦式的理想。因此，虽然建国只是第一次世界大战的结果，但它不是一个“人为”的创造。对塞尔维亚人、克罗地亚人和波斯尼亚人来说，宗教是民族认同和区别的主要来源，对斯洛文尼亚人和马其顿人来说，语言是最重要的，对黑山人来说，这是一种特殊的历史政治遗产。在第一次世界大战前夕，斯洛文尼亚人、克罗地亚人和塞尔维亚人有着相当成熟的民族自我意识，而穆斯林、黑山人和马其顿人则是在这几十年后才发展起来的。这一时间差也可能是南斯拉夫人对国家地位的完整认识未能巩固的原因。尽管存在语言和文化联系、种族共存的传统以及各民族为国家建设采取的积极步骤，但建国前后的南斯拉夫都是巴尔干半岛的民族大熔炉。如果民众没有抓住南斯拉夫给予他们的身份认同，是因为各种形式的集体意识已经过于固化，传统造成的社会认同阻力太大，集体利益和政治文化的表达往往不相容。巨大的历史政治和社会经济差异助长了生活条件、经历和利益的多样性。在政治上，他们提倡启蒙运动、法国大革命和自由主义的理想，但南斯拉夫的农业社会性质意味着他们缺乏必要的社会结构。这就是为什么现代化的宪政国家制度、经济政策和政治治理要素与古老的文化传统、身份认同和价值观奇怪地混合在一起。

第二部分包括三章，分别是：塞尔维亚、克罗地亚和斯洛文尼亚王国（1918—1929）；20世纪20年代：传统与变革；南斯拉夫王国（1929—1941）。作者认为，两次世界大战之间持续不断的欧洲危机加剧了南斯拉夫的各种遗产、社会困境和民族结构性问题的政治对抗。缺乏合法性的、年轻的议会制度以及国家落后综合征和世界经济危机的冲击波，缩小了南斯拉夫各政治阵营和利益集团之间的妥协和补偿范围，加深了内部矛盾。然而，与条件相似的较发达的欧洲国家相比，法西斯主义等极端意识形态在南斯拉夫萌芽和发展的社会土壤并不肥沃，它们从来没有成为自由资产阶级模式的替代品。诚然，其他的因素也在削弱南斯拉夫的社会民主和自由，如第一次世界大战的经历、议会政治制度的弱点、新兴阶级的战争和文化悲观主义。但与邻国不同的是，南斯拉夫并没有为这些极端主义意识形态的滋生提供有利条件。农村地区根深蒂固的宗教、家庭和社会亲和力使得农民对社会进行激进批判的可能性很小。此外，与意大利、德国和西班牙不同，南斯拉夫的保守派和君主主义势力没有与激进右翼达成有关权力分享的妥协。

第三部分由两章组成，分别探讨了“占领、协作和抵抗”与“20世纪40年代：全面战争”。1941年4月6日，德国入侵南斯拉夫。仅11天之后，南斯拉夫便宣告投降，并很快被德国、意大利、阿尔巴尼亚、保加利亚和匈牙利瓜分。然而，德国和意大利分裂南斯拉夫的动机不同。希特勒在巴尔干地区追求政治、军事和经济目标；意大利则将东南欧视为其历史发展的影响范围，并将其自然生活空间的一部分从亚得里亚海延伸至非洲和中东。南斯拉夫境内出现了受到德意支持和控制的克罗地亚独立国，塞尔维亚“救国政府”等伪政权。同时，南斯拉夫也涌现了德拉扎·米哈伊洛维奇领导的切特尼克和铁托领导的共产党游击队等反法西斯武装。与切特尼克相比，共产党游击队作战积极、指挥有力，同时又奉行民族平等政策，最终赢得广大人民的拥护。正是由于德国和意大利军事占领的不合法性，南斯拉夫共产党才得以动员了大部分人口。经济困境、恐怖统治和无所不在的暴力在很短的时间内就摧毁了几乎构成传统社会的所有要素，旧秩序的政治、社会、经济和心理基础成为不可逆转的历史废墟。战争加速了基本的社会变革，创造了弥合城乡人口旧裂痕的方法。与旧时期政党不同的是，共产党在政治上和军事上都有很好的组织，最重要的是，他们没有因为缺席南斯拉夫国内抵抗运动而在声名上受到损害，国王和南斯拉夫流亡政府则恰恰相反。旧制度的彻底崩溃和它无法挽回的名誉，是由二战期间社会关系的剧烈动荡塑造的，同时国际格局的变动也推动了这一历史进程。

第四部分对铁托时代的南斯拉夫历史进行了分析论述。本部分由六章组成，分别为：共产党统治的巩固（1943—1948）；铁托的社会主义（1948—1964）；20世纪60年代：向工业社会的过渡；改革与竞争（1964—1968）；新民族主义（1967—1971）；景气之后（1971—1980）。作者认为，南斯拉夫社会主义模式起源于19世纪和20世纪的思想家、社会改革家和政治家的各种思想和概念。他们的核心思想是如何应对南斯拉夫面临的现代化挑战。面对南斯拉夫长期面临的三个基本问题：农民和工人的生存、阶级剥削和外国霸权以及民族冲突，南斯拉夫共产党致力于通过全面的社会干预来实现正义和现代化。一方面，它的理想受到启蒙运动和19世纪、20世纪的改革运动的启发。这些运动强调理性、效率、教育、卫生、繁荣和社会保障等价值观。另一方面，它的理想受到共产主义理论的实质性影响：马克思主义意识形态、激进的人道主义、无神论、集体主义和爱国主义美德，如人民之间的友谊与“兄弟情谊和团结”。

此外，南斯拉夫的社会模式还包括资产阶级的价值观、社会原则，发展市场经济和保护私有财产、消费主义、劳动力自由流动等现代化战略。20世纪50年代以来社会和政治改革的变化加深了社会分层、生活方式和价值观的复杂性，扩展了民众的利益范围，增强了挑战一党统治的离心力。不经意间，社会主义现代化成了新民族主义的催化剂。首先，社会主义现代化拉大了地区差距，而不是消除差距。其次，教育革命、经济结构变化和地域流动产生了向上流动的社会群体，他们最终将成为完成穆斯林、阿尔巴尼亚人和马其顿人民族建设进程的人。再次，社会主义现代化造成了南斯拉夫民众对地位、权力和资源的新一轮竞争。最后，大众媒体和大众社会提供了新的传播手段和政治动员手段，新的精英可以利用这些手段来实现他们的民族主义事业，从而使与南斯拉夫主流社会日益疏远的社会现象得以生根。

20世纪60年代标志着一个转型阶段，在这一阶段，社会不再是传统的农业社会，但同时它还没有完全成为现代工业社会。经济奇迹、更开放的知识自由和国际交流引发了南斯拉夫在艺术、文化和消费领域的全盛时期，并为很大一部分人的生活带来了前所未有的机遇，这一时期后来被称为“黄金时代”。同时，南斯拉夫社会主义建设的巨大成果和不结盟运动，也为南斯拉夫带来巨大的国际影响力，南斯拉夫被很多发展中国家视为学习的榜样。但是，繁荣之下也潜藏着一些危机。随着工业增长放缓，贸易赤字和通货膨胀的增加以及经济增长的萎缩，各共和国在资源分配、银行业改革、外汇管制、市场自由化等问题上的矛盾也日益显现，两个极端的立场由此形成。斯洛文尼亚人和克罗地亚人希望以牺牲国家联盟为代价加强各共和国，并增加各共和国之间的竞争。塞尔维亚中央集权主义者则主张相反的立场，他们坚持国家在宏观经济政策和促进较贫穷共和国的发展方面发挥更大的作用。20世纪70年代，南斯拉夫的老工业部门开始衰落，从而破坏了战后的繁荣。工业长期资金不足，技术落后，而且过于官僚化。建立在特权基础上的谈判经济没有能力适应快速变化的全球环境。20世纪70年代工业化的衰退引发了制度危机。

第五部分由三章组成，对从铁托逝世到南斯拉夫解体这一段时期的历史进行了讨论。20世纪80年代，南斯拉夫陷入了历史上最严重的经济、政治和社会心理危机，导致民众迷失方向、对未来感到恐惧和不安。经济困境和社会积弊导致中央政府合法性和民众信心日益丧失，而各共和国的顽固态度剥夺了中央政府最后的底牌。这场危机的规模和影响是全面的，因为它削弱了普通民众的社会角色、价值观和身份认同。中央政府越是失去了信念的力量，它就越容易逃到信仰、民族认同、民间文化和历史中去。然而，其目的不是重振过去，而是重新协商国家、政治和社会之间的混乱关系。20世纪80年代，所有的共和国都转向了民族主义，新政党从中获利最多。他们在社会主义幻灭之后的意识形态真空中创造了一种新的政治文化。所有类型的冲突都被宣称为民族差异。正如在多民族国家经常发生的那样，民主化在两极分化和分裂过程中起到了助推器的作用。在如此艰难的时期，许多人认为，唯一能被接受的领导人是那些鼓动民族主义，宣称坚持民主合法性的政客。然而，这些口号实际上并不真实。

第六部分包括两章，研究了从南斯拉夫解体到科索沃战争时期的南斯拉夫历史。作者认为，政治秩序的侵蚀，多民族空间的瓦解，以及国家武力垄断权力的丧失，在20世纪80年代末留下了一个危险的权力真空。南斯拉夫本身的结构性冲突和长期的民族紧张关系，导致南斯拉夫最终因军事暴力而崩溃。一方面，南斯拉夫各共和国在强权政治和社会经济对立的驱使下，民族矛盾不断升级；另一方面，第二次世界大战的血腥冲突史是民族紧张局势的历史渊源，而这段历史一直是人们重新解释社会现状的基础。在南斯拉夫解体期间，各共和国在政治独立、综合实力上的对称性特别危险，因为在它们看来，敌对双方存在着不可调和的利益冲突。虽然谋求独立的共和国和自治省认为除了独立别无选择，但对塞尔维亚人来说，国家的崩溃是威胁国家核心原则的头等大事。随着南斯拉夫国家体系的最后残余，如政党、总统、媒体网络和安全部门在1990—1991年的消失，没有任何制衡机制来引导和平解体进程。身份和忠诚被重新界定，既定的权力分享和调解机制被抛弃。既没有政治意愿，也没有任何机制可以打破内部僵局。归根结底，中央政府使用武力的垄断权力随着国家机构的消亡而消失，最终导致各共和国之间的矛盾升级为战争。在由此产生的权力真空中，那些具有发动战争政治意愿的总统、政客和将军们以及其他有影响力的代理人（如军阀、犯罪网络和海外侨民）一起，从武装冲突中获得了经济利益。

综上所述，本书探讨的核心问题是南斯拉夫为何解体。在回溯南斯拉夫历史的过程中，作者也对一些重要问题进行解答，如南斯拉夫是否可以避免以战争方式解体，南斯拉夫人民是否是民族主义受害者，南斯拉夫跨民族国家何以坚持数十年之久，南斯拉夫存在的历史意义等。

二、对比与评价

与约翰·R.兰普的《南斯拉夫史》[①]、伊万·博日奇的《南斯拉夫史》[②]和马细谱的《南斯拉夫通史》[③]等同题材作品相比，卡利奇的这本著作具有以下三方面的特点。

首先，本书在关注南斯拉夫政治、外交、经济的同时，也对其社会风俗、建筑、交通等的变迁予以关注，为读者提供了南斯拉夫的全景历史。如在第六章“20世纪20年代：传统与变革”中，作者提到了“农村地区的住房、营养和健康状况”“工业化和社会变革”“社会福利国家的开端”“国际交流与新大众文化”和“宗教政治化”等主题；在第十二章“20世纪60年代：向工业社会的过渡”中，作者提到了“乡村生活”“城市化与社会主义城市文化”“媒体、动员、移民”“旅游业和转型”“南斯拉夫的双重身份”“人口、家庭和性别关系”“教育革命、新精英和‘社会主义资产阶级’”和“文化开放”等主题。这些内容为读者了解南斯拉夫各历史时期的社会动态以及政治、经济和外交对社会的切实影响，提供了重要的参考资料。

其次，在论述南斯拉夫如何处理民族矛盾、落后和贫困、对外关系以及政治合法性和宪法秩序等问题上，不同于传统的种族、宗教和文化分歧以及文明冲突的解释方法，卡利奇更加强调20世纪现代大众社会的差异政治化对南斯拉夫的冲击。卡利奇认为，南斯拉夫人民会同时受到历史和现实的影响，但现实差异的政治化对他们的影响更大。作者认为，南斯拉夫20世纪30年代末和80年代盛行的排他性民族主义、民族狂热和宗教激进主义，与南斯拉夫社会文化的快速转型带来的精神、心理冲击不无关系。而当时南斯拉夫面临的政治、经济危机，则重创了南斯拉夫人民对未来的美好期盼。许多南斯拉夫人选择将语言、民族和宗教作为身份的标志。

最后，与其他南斯拉夫史著作从中世纪开始叙述不同，本书在论述南斯拉夫历史时，将历史的起点安排在塞尔维亚获得完全独立国家地位的1878年。南

① ［美］约翰·R.兰普：《南斯拉夫史》，刘大平译，东方出版中心，2016。
② ［南斯拉夫］伊万·博日奇等：《南斯拉夫史》（全两册），赵乃斌译，商务印书馆，1984。
③ 马细谱：《南斯拉夫通史》，上海社会科学院出版社，2020。

斯拉夫作为一个近现代民族主义运动的概念，作者将1878年作为南斯拉夫形成的开篇，并不妨碍读者对第一南斯拉夫（1918—1941）和第二南斯拉夫（1945—1991）的认知。不过，这一部分内容的缺失，也算是本书的一点小缺憾。

历史的记忆　岁月的磨难
——评哈罗德·坦珀利《塞尔维亚史：困扰巴尔干半岛一千五百年的火药桶》

徐　蕊

作者简介　徐蕊，北京市第六十五中学教师

随着世界史研究不断向纵深发展，世界各国尤其是西方国家文明的源流、发展和未来已经成为当下世界史研究的一个热点。2020年1月，英国剑桥大学近代史教授哈罗德·坦珀利（Harold Temperley, 1879-1939）的著作《塞尔维亚史：困扰巴尔干半岛一千五百年的火药桶》[①]（以下简称《塞尔维亚史》）的中文版在国内正式出版。这是国内第一部关于塞尔维亚的通史性译著，也是一部兼具学术性与权威性的高质量作品。全书以塞尔维亚的历史发展进程为经，以不同时期塞尔维亚的基本概况为纬，勾勒出了塞尔维亚1500年历史发展的全貌。该著依托英国外交部的档案史料，以南斯拉夫民族的核心国家塞尔维亚为主要角色，着重阐述19世纪大国外交对塞尔维亚民族命运的影响。

一、背景介绍

《塞尔维亚史》的作者哈罗德·坦珀利的主要研究领域为现代外交史和巴尔干问题。他曾多次参与20世纪早期英国官方外交史的编辑出版工作，其中最具

① ［英］哈罗德·坦珀利：《塞尔维亚史：困扰巴尔干半岛一千五百年的火药桶》，张浩译，华文出版社，2020。原著为：Harold Temperley, *History of Serbia*（London: G. Bell and Sons, 1917）。

代表性的作品是《英国关于一战起源的文件(1894—1914)》[①]。第一次世界大战期间，坦珀利被借调到英国作战部，从事巴尔干半岛的情报收集和政策咨询工作。1915—1918年，他领导总参谋部的政治部门，并于1918年成为萨洛尼卡的塞尔维亚军队的武官。坦珀利曾在近东地区游历和学习，得益于此次经历，他获得了写作《塞尔维亚史》的第一手资料。坦珀利的初衷是想讲述19世纪塞尔维亚独立复兴到第一次巴尔干战争爆发前的历史。随着研究的深入，他决定将书籍的叙事范围定为6—20世纪，在着重阐述“19世纪大国外交对塞尔维亚民族命运的影响”之前，追溯“塞尔维亚辉煌而又悲壮的过去”。

《塞尔维亚史》全书行文流畅，思路清晰，既能在长时段中平衡地把握影响塞尔维亚历史的重大事件，也有作者对各个时期欧洲整体局势的基本判断。坦珀利在严谨的史学叙事之外，铺满了对于巴尔干问题的真知灼见。他在叙述历史事件的同时也尝试对塞尔维亚的命运路径做出回答，尤其强调塞尔维亚人兼具保守与好战的国民特性。历史学家常因研究南斯拉夫问题而绝望，塞尔维亚的历史同样纷繁复杂。即使最公正的巴尔干历史学家也无法逃脱偏见的蒙蔽，各种政治观点已经侵入了历史的肌底。在巴尔干地区撰写历史就像一场战争，而每一位本土学者都是一位将军。坦珀利沿袭了英国史学家的叙事传统，他的研究更像是基于经验主义之上的、带着同情之眼的旁观。在撰写《塞尔维亚史》的过程中，坦珀利巧妙地平衡了历史学界各种彼此矛盾的观点。对于如此错综复杂的历史，局处人的历史评判或许比本土历史学家的更有价值。

塞尔维亚是南斯拉夫民族的重要组成部分，也是错综复杂的南斯拉夫民族结构的核心。与南斯拉夫民族的其他分支不同，塞尔维亚拥有辉煌而又悲壮的过去。短暂的辉煌凝结成了长久的记忆，口耳相传的史诗保持了塞尔维亚人的自我认同。塞尔维亚王国的塞尔维亚人或保持着自由，或实现了自由，为南斯拉夫人提供了某种统一的希望和范例。在过去的两千年里，塞尔维亚都被当成一道东西方文明之间的战壕。拜占庭与奥匈帝国想利用它们来抵抗东方穆斯林，东方的奥斯曼帝国则想要利用它们来对抗西方基督教文明。但同时，这两方势力都不愿意看到一个强大的塞尔维亚帝国崛起，不愿其成为整合巴尔干半岛南斯拉夫民族的向心力。

在《塞尔维亚史》中，坦珀利对塞尔维亚怀着深刻的同情，介绍了他们悠

① G.P. Gooch and Harold Temperley, (eds.), *British Documents on the Origins of the War, 1898-1914* (London: H.M.S.O., 1926-1938), 11 vols.

久的历史和民族特性，讲解了这里的山川河流、宗教信仰以及饕餮强邻，如何影响了塞尔维亚的历史面貌与社会万象。近代，不甘沦为大国博弈的棋子的塞尔维亚人，进行了旷日持久的独立斗争。他所提供的简洁而精彩的观察——塞尔维亚的历史，是南斯拉夫民族历史的缩影，是一部由文明冲突、强权政治、民族独立斗争交织而成的启示录。

二、结构和内容

《塞尔维亚史》除引言外，共分为15个章节。在引言的前半部分，作者开宗明义地阐述了南斯拉夫民族的总体特征及自然地理环境对斯拉夫民族的影响。后半部分着重介绍了南斯拉夫各分支的具体特点和基本状况。作者试图探讨塞尔维亚和黑山在众多斯拉夫民族中的特殊地位，同时解释塞尔维亚在众多斯拉夫民族中脱颖而出的原因。正文包括十五个章节，作者按照时间顺序，纵向叙述了塞尔维亚历史发展进程中的重要历史事件，叙事时间从中世纪起，止于第二次巴尔干战争前夜。从内容上看，全书大致分为六个部分：第一部分的主题是“寻根溯源”，对应书中的第一章节。书籍开篇追溯南斯拉夫民族的历史源流，主要介绍南斯拉夫人的起源及其早期迁徙、定居活动。内容涵盖南斯拉夫地区的地理位置、关于南斯拉夫人的文字记载、南斯拉夫人的身体特征、宗教信仰和民族特性。章节后半部分以南斯拉夫民族的几个主要区域民族为主线，概述南斯拉夫民族五个分支的主要特征和发展进程。最后，坦珀利提出了关于南斯拉夫民族政治体制的重要论点，他指出：“同时采用民主制度和封建制度，而且有时还会集两种制度的弊端于一身，是斯拉夫政治体制的根本弱点。”

第二部分的主题是“塞尔维亚辉煌而又悲壮的过去”，对应书籍的第二到第五章节。第二章“中世纪塞尔维亚王国的崛起”聚焦中世纪塞尔维亚人建立的泽塔王国和拉什卡王国，着重阐述其建立初期的外部环境和追求独立的历史进程。第三章的主要阐述“尼曼雅王朝与塞尔维亚王国的辉煌崛起”。章节伊始，作者首先明确了尼曼雅王朝在塞尔维亚历史上的重要地位，肯定了尼曼雅家族对南斯拉夫民族的贡献。章节的主体部分不仅介绍了斯特凡·尼曼雅一世及其继任者的在位时期的发展目标和统治政策，也探究了这些政策对塞尔维亚国家发展的影响。顺着第三章的叙事逻辑，坦珀利在第四章节对中世纪辉煌的塞尔维亚帝国进行了深度描绘。在这一章中，作者着重分析了缔造塞尔维亚帝国的两位统治者的个人性格和历史功绩。这为之后坦珀利的重要论点埋下伏笔。

即“一个政府成功与否，主要取决于统治者的个性，这一点在巴尔干地区更加典型”。第五章开篇，作者试图从宗教和军事方面分析塞尔维亚帝国灭亡的原因。在论及“中世纪塞尔维亚的社会概况”时，注重具体细节的把握，不仅详尽地介绍了南斯拉夫人民族政体的主要特征，也阐述了塞尔维亚王国的地方组织、阶级构成、法律制定、军事制度等重要内容。通过将中世纪塞尔维亚与西欧国家的社会发展状况进行横向比较，坦珀利试图为斯拉夫民族制度正名。他指出：“正如认为佛教不如西方基督教一样，认为斯拉夫民族制度不如西方制度是无稽之谈。”他肯定了塞尔维亚人提高农奴地位的人道主义行为，以及修改拜占庭法典、改进斯拉夫法典的开明尝试。在这一章中，坦珀利探讨了一个重要的问题：“为什么中世纪没有国王统治过所有南斯拉夫人？”在肯定斯蒂芬·杜尚的历史功绩的同时，坦珀利指出：“斯蒂芬·杜尚在建立塞尔维亚帝国时也故意地摈弃了纯粹的民族观念，将民族国家的理想变成了帝国的理想，并将其权力建立在多民族和解，而不是统一的基础之上。在拜占庭帝国的压迫下，南斯拉夫民族的团结是种族的，而不是民族的，这反映出一个真实而又令人感到可悲的道理，即让南斯拉夫民族团结在一起的不是爱而是恨。”

第三部分重点论述奥斯曼帝国征服巴尔干半岛与塞尔维亚帝国灭亡的关系，对应书籍的第六章和第七章。第六章主要阐述奥斯曼帝国在巴尔干地区的征服活动及其对塞尔维亚帝国的灾难性影响。奥斯曼帝国进入巴尔干半岛的年代，正值塞尔维亚帝国的衰落时期。奥斯曼帝国军队兵强马壮，铁蹄所到之处，寸草不生。众所周知，科索沃战争在塞尔维亚历史中具有重要意义。作者在本章节中，简明扼要地叙述了科索沃战役的背景、过程及影响。科索沃战役后，塞尔维亚人所珍视的语言、文明、宗教等一切都被推翻。奥斯曼帝国必然要征服塞尔维亚人。于是，塞尔维亚人的努力付诸东流。即使有邻国相助也未能成功。在第七章中，坦珀利不仅回顾了奥斯曼帝国占领塞尔维亚的历史，同时精到地分析了奥斯曼土耳其征服塞尔维亚的原因。土耳其人战胜塞尔维亚人与其说是军事层面的胜利，不如说是制度层面胜利。土耳其人建立的制度纯粹是为了确保在军事上取胜。稳固的管理机构造就了一个品质卓越的民族，从而确保军队在战争中快速取胜。

第四部分的核心内容是“塞尔维亚民族大起义”。第九章和第十章分别介绍了塞尔维亚获得独立的历史背景和具体过程。在书籍的第九章中，作者除了交代塞尔维亚起义的背景外，也具体分析了塞尔维亚最先获得自由的原因。书籍的第十章以“塞尔维亚的两次起义”为叙事主线，重点关注起义的经过和影响。在叙事过程中，作者聚焦起义领导者的个人经历和性格，突出强调领导者对起义成败的影响。第十章分为两个小节，分别叙述了“塞尔维亚第一次起义与卡拉乔尔杰·彼得罗维奇的英勇事迹”和“米洛什·奥布雷诺维奇和塞尔维亚的第二次暴动”。第一节先后阐述了塞尔维亚获得自由的先决条件、第一次起义的主要特点、起义领导者卡拉乔尔杰·彼得罗维奇的个人经历和性格。坦珀利试图将塞尔维亚追求民族独立的历史进程置于更宏大的历史背景下加以考察。他力图使用更为精细的笔法，平衡考量法、俄等欧洲大国对塞尔维亚民族起义的外部影响。

第五部分围绕“塞尔维亚父权制君主政体的存在及消亡”展开论述。第十一章主要包括两个小节。第一小节聚焦“米哈伊洛·奥布雷诺维奇的第一帝国”，具体阐述这一时期塞尔维亚争取外交承认和进行政治重建的基本进程。在第十二章中，作者充分肯定了米哈伊洛·奥布雷诺维奇的统治政策。坦珀利着重介绍了奥布雷诺维奇的个人性格和统治政策，充分肯定了奥布雷诺维奇在外交方面的重大成就。他以堡垒事件为例，论证米哈伊洛·奥布雷诺维奇善于利用外交手段在大国之间周旋。章节末尾，坦珀利高度评价了米哈伊洛·奥布雷诺维奇的个人功绩：“米哈伊洛·奥布雷诺维奇于短新？的统治时期内在教化、教育和鼓舞塞尔维亚人方面做出的大贡献，远超其他任何一位塞尔维亚统治者……在米哈伊洛·奥布雷诺维奇明智而仁慈的统治下，塞尔维亚实现了空前绝后的进步与强盛。”

第六部分以“19世纪大国外交对塞尔维亚民族命运的影响”为研究重点，是全书的关键所在。第十三章主要探讨《柏林条约》及奥匈帝国对塞尔维亚的影响。在这一章中，坦珀利并未赘述黑塞哥维那、保加利亚的起义以及黑山和塞尔维亚公国之间的战事，而是着重分析俄土战争之前的国际背景。关于《圣斯蒂法诺合约》和《柏林条约》的细节，坦珀利的主要关切仅是条约对塞尔维亚公国命运的影响。第十四章的主题是“亲俄时期的外交政策”。在本章的开篇，坦珀利试图勾画出1903—1910年塞尔维亚外交状况的全貌。随后，作者简要叙述了克罗地亚、达尔马迪亚、南匈牙利和波斯尼亚的反抗奥匈帝国的基本状况。在章节的末尾，作者在回顾1908—1909年塞尔维亚历史发展进程时，也分析1912—1913年巴尔干战争的原因。坦珀利认为：“奥匈帝国是侵略行为的主犯，但还有很多从犯与之相伴。奥匈帝国支持别国效仿自己去攻击奥斯曼帝国，从而破坏了1878年以来巴尔干各国一直维持的政治层面上的休战状态。因此奥匈帝国是破坏巴尔干半岛政治和平的罪魁祸首。而大国们放弃了在马其顿的管理工作，这是导致1912—1913年巴尔干战争爆发的另一个原因。”承接第十四章的叙事逻辑，坦珀利在第十五章着重阐述1903—1910年的马其顿问题。塞尔维亚王国无法避开马其顿的政治漩涡。自13世纪起，随着拜占庭帝国的势力开始衰落，塞尔维亚国不得不与保加利亚第二帝国展开对马其顿的争夺。无独有偶，到了1878年，随着奥斯曼帝国的衰败，保加利亚人建立了大公国，塞尔维亚人又开始渴望得到马其顿。1903年，当塞尔维亚王国卡拉乔尔杰放弃依靠奥匈帝国，转而亲近俄罗斯帝国时，巴尔干地区的势力平衡便遭到了破坏。虽然奥匈帝国确实对塞尔维亚王国依旧满怀敌意，但塞尔维亚王国与俄罗斯国之间的友谊制约了奥匈帝国带来的威胁。然而，那些头脑原本清晰的人却因此忘乎所以，结果忽略了马其顿。因此，巴尔干地区不可避免地呈现出新态势——马其顿爆发了战争，相互冲突的各个民族都汇集于此。

此外，第八章是书中较为特殊的章节，全章围绕“黑山及其在塞尔维亚发展中的地位”展开论述。主体内容大致分为三个部分：第一部分主要介绍黑山地区的整体地理特征、社会发展状况及其对黑山民族特性的影响。第二部分阐述黑山与俄罗斯帝国的友好关系。第三部分充分肯定黑山在南斯拉夫民族中的重要地位，重点论述塞尔维亚与黑山的关系。坦珀利指出：“黑山代表着过去最好的一切——南斯拉夫人的英勇与自由。但塞尔维亚王国具有强大的武装实力，他们征服了奥斯曼帝国，粉碎了保加利亚大公国，与奥地利大公激烈对抗，黑山不再领导塞尔维亚公国。两国变成了盟友。黑山只能作为‘塞尔维亚的小兄弟’生存下去。”

三、特点和评价

坦珀利的《塞尔维亚史》是一部强调“史源性”且在现有世界史出版物具有拾遗补阙价值的作品。总体来看，该书具有以下特点。

第一，视角宽阔，结构完整。就该书的历史语境而言，作者尝试用“塞尔维亚民族”一词指代整个南斯拉夫民族，或者指代黑山以及塞尔维亚之外的南斯拉夫人。全书时间跨度长，叙事范围广，通过叙述塞尔维亚历史上的重要事件，连接南拉夫民族发展的整体历史进程。关于塞尔维亚的历史书写，是研究南斯拉夫民族整体的有益尝试。全书以南斯拉夫民族的核心国家塞尔维亚为主要角色，兼论塞尔维亚与南斯拉夫民族其他分支的联系，以达到研究南斯拉夫民族的目的。

第二，主线明晰，详略得当。坦珀利史学功底深厚、叙事技巧高超，他在书中清晰地勾勒出塞尔维亚各个历史阶段的发展主线，且旁逸斜出地叙述了黑山问题和马其顿问题。从中古时期民族大迁移、南斯拉夫人来到巴尔干半岛定居，到中世纪塞尔维亚帝国的兴衰、战乱的频仍，再到塞尔维亚人摆脱异族统治的斗争、重建民族国家的过程，《塞尔维亚史》系统完整地展现了6—20世纪塞尔维亚民族发展的历史进程。

第三，图文并茂，可读性强。在原著基础上，中译本中插入了很多功能性的图片（包括绘画作品与摄影作品），全方位、多层次、宽视角地展现了当时的重大历史事件。这些插图与文字相结合，赋予文字视觉的艺术，增加了本书的趣味性和可读性。

同时，《塞尔维亚史》也存在一定的不足之处。就原著来说，一方面，该书原著成书时间较早，在档案利用、研究视角上均有较大的提升空间。另一方面，尽管作者在前言中强调，应注重运用英国档案馆中尚未被人发掘的档案史料，但全书几乎并未注明参考文献及写作材料的具体来源，是为该书的一大缺憾。

就中译本来说，通读全书可以发现，坦珀利将塞尔维亚视为整合南斯拉夫民族的重要力量，并将其比喻为"南斯拉夫人民的希望和灯塔"。从作者的情绪和态度与书中传达的内容来看，这与我们长久以来用于描述巴尔干的"火药桶"等词汇完全相反。因此，中译本的副标题"困扰巴尔干半岛一千五百年的火药桶"与原著的写作基调有所不符。通过对比原著还可以发现，原著中的部分重要内容在中译本中被删节。例如，原著中章节的副标题（包括第三章、第十二章和第十四章）在中译本中被删除，第十四章"亲俄时期的外交"的副标题原为"波斯尼亚和南斯拉夫问题"，而中译本删除副标题可能会导致章节的主题不够明晰。此外，原著中黑山和塞尔维亚中世纪及现代统治者的世系表、参考书目、阅读书目推荐、书籍索引等重要内容在译著中并未体现。这些内容不仅是作者的研究成果，也是读者进行进阶阅读的重要指南，因故删节实属遗憾。当然，由于英文版原著已进入公版领域，中译本中存在的一些问题可能是译者参考的原著版本不同所致。

值得一提的是，哈罗德·坦珀利的《塞尔维亚史》在2022年又有新的中译本[①]，该译本与华文出版社2020年的中译本相比缺少插图内容，因此阅读时更推荐2020年版。这些译本如雨后春笋般出现，从中也可以看出中国—中东欧国家合作的积极影响和国内巴尔干研究的发展壮大。

---

① ［英］哈罗德·坦珀利：《塞尔维亚史》，许敏译，应急管理出版社，2022。

巴尔干史的必读之作——《想象巴尔干》

狄安略

作者简介 狄安略，世界知识出版社编辑

提起巴尔干，国人的第一反应可能是“欧洲火药桶”的概念，进而想到第一次世界大战，以及民族独立和民族解放斗争风起云涌的时代；或者是“巴尔干战争”，这更多地与20世纪90年代该地区的一系列动荡联系在一起。但大多数人，对这片“矛盾和纷争的多事之地”的历史文化和发展变迁知之甚少。

历史文化是国家和民族间搭建沟通桥梁、拉近心灵距离的基石。随着中国—中东欧合作机制和“一带一路”倡议的推进，部分巴尔干国家作为“一带一路”沿线国家与中国的合作取得了突飞猛进的发展，了解和研究巴尔干国家的历史和现实的需求也与日俱增。

中国与巴尔干国家在某种程度上具有很多相似性，例如，它们都是历史悠久、民族共生、文化多元的文明体，并深远地影响了周边其他国家和民族的历史文化；它们都遭受了殖民主义和帝国主义的压迫，被列强漠视、争夺和瓜分，并为了实现民族独立和解放做出了巨大的牺牲、取得了伟大的胜利；在新生国家的建构过程中，它们都卷入了第一次世界大战、第二次世界大战和冷战的国际权力角逐、话语博弈和意识形态对抗之中，最终都走上了独立自主的发展道路；在“东方主义”或“西方中心论”的话语和视角之下，它们与欧美发达国家之间存在着隔阂和矛盾，遭受着偏见和排斥，甚至至今仍然经常被“污名化”。

因此，理解巴尔干的内涵乃至其被污名化的历史，也可以说是回顾了近代欧洲民族解放和思想解放的历史，巴尔干也是百余年国际关系格局变迁的缩影。了解巴尔干的民族文化，对增进我们与巴尔干国家的“国之交”和“民相亲”

都大有裨益。

在此要介绍的正是国际知名巴尔干研究专家、美籍保加利亚裔学者玛莉亚·托多洛娃（Maria Todorova）的代表作《想象巴尔干》[①]。托多洛娃1949年出生在保加利亚索非亚，1971年获索非亚大学英语学士学位和历史学硕士学位，1977年获索非亚大学历史学博士学位。1973—1992年，她一直在索非亚大学任教。从1988年起，她先后在美国马里兰大学、加州大学、莱斯大学担任客座教授，后于1992年正式将学术阵地移至美国，先后在佛罗里达大学和伊利诺伊大学任教。值得一提的是，托多洛娃的父亲是保加利亚历史学家和政治家尼古拉·托多罗夫（Nikolai Todorov），他曾担任保加利亚科学院巴尔干研究所所长、保加利亚科学院副院长、保加利亚驻希腊大使等职务，并于1990—1991年担任保加利亚国民议会议长和保加利亚代理总统。

玛莉亚·托多洛娃在父亲的光环下得到了很好的成长和发展，但她青出于蓝，著述更丰，独著作品有《巴尔干家庭结构和欧洲模式：奥斯曼帝国时期保加利亚的人口发展》（*Balkan Family Structure and the European Pattern: Demographic Developments in Ottoman Bulgaria*, 1993）、《想象巴尔干》（*Imagining the Balkans*, 1997）、《巴尔干身份：民族与记忆》（*Balkan Identities: Nation and Memory*, 2004）、《争论的焦点：瓦西里·列夫斯基的活态档案和保加利亚民族英雄的诞生》（*Bones of Contention: The Living Archive of Vasil Levski and the Making of Bulgaria's National Hero*, 2011）、《纪念共产主义：东南欧生活经历的私人和公共回忆》（*Remembering Communism: Private and Public Recollections of Lived Experience in Southeast Europe*, 2014）、《衡量巴尔干：东欧纠葛文集》（*Scaling the Balkans: Essays on Eastern European Entanglements*, 2018）等。其中，《想象巴尔干》自1997年首次以英文出版以来，已经成为对巴尔干感兴趣者的必读之作。

在《想象巴尔干》中，托多洛娃引用了英语、德语、法语、保加利亚语、希腊语、塞尔维亚—克罗地亚语、土耳其语和俄语等超过12种语言的文献资料，研究的内容涉及历史学、政治学、地理学、哲学、社会学、人类学、民族学、语言学、文学、宗教、艺术等多个学科，展现了她语言上的才华和智识上的博学，其所阐释的内容既有深度又有广度，随之引发了广泛的学术讨论，并确立了本书经典著作的地位。尤其是在20世纪90年代巴尔干地区接连爆发冲突

① ［美］玛莉亚·托多洛娃：《想象巴尔干》，李建军译，世界知识出版社，2020。

之后，人们对当时东南欧局势的担忧也使本书的影响力扩展到了专家学者之外。在短短的几年内，本书被翻译成多种欧洲国家的语言（德语、法语、保加利亚语、塞尔维亚—克罗地亚语、罗马尼亚语、斯洛文尼亚语、马其顿语、希腊语、意大利语、土耳其语、波兰语等），并在2009年出版了第二版的英文增订版以及后续的法文版等。本书也被认为是近几十年来东南欧史学最有影响力的著作之一。

“如果巴尔干不存在，它就会被发明出来。”这是1928年德国哲学家赫尔曼·凯泽林在环球旅行并领略各国文化之后写就的著作《欧洲》一书中的断言，意即欧洲需要一个“他者”，西方需要一个“东方”来作为显示自己优越性的参照物。在《想象巴尔干》中，托多洛娃受爱德华·赛义德（Edward Said）“东方主义”的启发，首次提出了“巴尔干主义”的概念。她凭借自己成长于保加利亚而工作在美国的特殊经历，利用内外部的双重优势和资源，并受到身份和责任的驱使，考察、探讨了“巴尔干”这一名称的由来和特殊内涵，分析了巴尔干如何从最初的一个地理名称转变为在历史、国际关系、地缘政治以及当今一般知识分子话语中最具贬义的称谓的过程。

作为现代欧洲文明的发源地，巴尔干地区自古以来就是多民族、多宗教、多文化的交汇之地，其历经古希腊—罗马时期、拜占庭帝国时期、奥斯曼帝国时期，其中尤其受到了拜占庭和奥斯曼历史传统和历史遗产的影响。伴随着奥斯曼帝国的瓦解和民族主义的兴起，特别是第一次世界大战的影响下，帝国主义的漠视和掠夺加剧了巴尔干的各种矛盾，滋生了其内部暴力和冲突，使其长期处于落后和动荡之中，由此，“巴尔干”的贬义性开始凸显。在东方主义的视野下，西方塑造了对巴尔干的偏见和刻板印象。“巴尔干”从一个地理名称被建构为近代历史上最著名和最广泛的贬义名称之一，其一直承受着“野蛮”“落后”“无序”等污名，并逐渐与“暴力”“动乱”“纷争”等词语联系在一起，甚至成为“欧洲火药桶”的代名词。历经20世纪的两次世界大战和长达近半个世纪的冷战，在关于“东方主义”和“后殖民主义”的讨论过后（托多洛娃不认同“东方主义”和“后殖民主义”），“巴尔干主义”又轻易地成为“东方主义”情感宣泄的替代品，使西方免受殖民主义、种族主义、宗教压迫、欧洲中心主义的指责。巴尔干成了欧洲内部的一个“他者”，成了欧洲的“消极特征仓库”、第二自我和内在的黑暗面。随着20世纪90年代巴尔干地区的动荡，关于巴尔干的这些形象和想象又被强化。同时，巴尔干国家的一些学者也建构起地区内部的“东方主义”（托多洛娃不认同“巴尔干主义”是“东方主义”的变体）。如同19世纪末在逐渐取得民族独立之后选择迅速摆脱奥斯曼遗产而拥抱西方民主制度一样（托多洛娃认为这一时期就是在摆脱“巴尔干性”），在东欧剧变和南斯拉夫解体的过程中，巴尔干国家也努力摆脱“巴尔干”或“东欧”国家的身份，取而代之的是“中欧”“中东欧”“东南欧”“西巴尔干”这些似乎更加中性的名称。

托多洛娃在《想象巴尔干》开篇的“致谢”中写道：“本书献给我的父母，我从他们那里学会热爱巴尔干，无须以其为荣，亦无须以其为耻。”这或许是曾经创造过辉煌又遭受过屈辱的各族人民的内心写照。

今天，巴尔干从欧洲的“火药桶”正在变成欧洲的“后花园”，但在它们融入欧洲一体化进程的路径和竞争中，“巴尔干主义”依然在内外部的地缘政治博弈中发挥着影响。历史和现实一脉相承，变化与不变之间，西方关于巴尔干的想象如同关于中国的想象一样，值得我们加强交流，增进了解，知往鉴今，以启未来。

此外值得一提的是，本书是首都师范大学文明区划研究中心与世界知识出版社合作推出的“巴尔干研究译丛”系列的成果之一。丛书旨在通过引进国际学者有影响力的代表性著作，向国内有志于巴尔干研究的学者，特别是青年学者提供一批高水平的权威读本，帮助他们博观约取，后来居上，为提升我国巴尔干研究的水平贡献力量。丛书计划首批翻译出版十本在国际学术界具有重要影响的巴尔干研究力作，除《想象巴尔干》之外，还包括保加利亚学者伊万·伊尔切夫的《巴尔干玫瑰：保加利亚简史》，塞尔维亚学者斯维托扎尔·拉雅克等主编的《巴尔干冷战史》，美国学者塞布丽娜·P.拉梅特的《三个南斯拉夫：国家建构和合法化》，塞尔维亚学者杜赞·比耶利奇和奥布拉德·萨维奇主编的《作为隐喻的巴尔干：全球化与碎片化之间》等。这些著作都是经国内外一流的巴尔干学者认真推荐、极具代表性的学术佳作。它们的翻译出版对于我国学者开阔视野、追踪前沿、深化巴尔干研究都有重要的意义，对于普通读者了解和认识巴尔干国家的历史文化也很有启发。

新书速递（十二本）

王　欢

作者简介　王欢，首都师范大学历史学院博士研究生

一、《巴尔干纷争：史学问题及争论》（*Battling over the Balkans: Historiographical Questions and Controversies*）

【出版社】Central European University, Budapest

【ISBN】9789633863251

【出版时间】2020年

【作者】John R. Lampe and Constantin Iordachi

【主要内容】巴尔干地区动荡纷乱的历史受到了大量内部与外部相互矛盾的阐释的影响。为了克服对巴尔干历史的各种刻板印象，本书集中讨论了该地区历史和历史学无法回避的共产主义时代的五大问题：1914年前的奥斯曼和东正

教遗产；1918年后的建国斗争；整个战间期欧洲除政治与外交干预之外的经济和文化的影响；暴力和准军事力量在战间期挑战该地区的政权方面的作用；第二次世界大战前后少数民族，尤其是犹太人、穆斯林和罗姆人的命运。

为了给予当地知名学者发言权，该书提供了一些新的区域学术研究样本，探讨一些有争议的问题，其中大多数是首次翻译成英文，并以历史学概述作为开场白，论述关于这些具体争议的争论情况。这些翻译有助于克服将东南欧学者及其学术传统与英语学术界分离开来的语言障碍。希望该书能帮助读者了解该区域历史写作的共同模式及其影响，并能够有助于促进使用新的跨国和比较的方法来开展巴尔干历史研究。

【目录】

Iordachi and James Frusetta

The Holocaust and the Treatment of Minorities in Wartime Balkans

The Holocaust in Romania

The Bulgarian Debate over "Who Saved the Jews?"

The Albanian Debate over "Who Saved the Jews?"

二、《为民族发声：知识分子与后南斯拉夫时代的民族构建》（*Speaking for the Nation: Intellectuals and Nation-Building in the Post-Yugoslav Space*）

【出版社】John Benjamins Publishing Company, Amsterdam

【ISBN】9789027205650

【出版时间】2020年

【作者】Federico Giulio Sicurella

【主要内容】这本书从批判性话语分析的角度探讨了知识分子和民族建设之间的联系。该书研究了来自塞尔维亚、克罗地亚以及波斯尼亚和黑塞哥维那的公共知识分子如何在社论和评论文章中评论重要的民族事件，为理解在不断扩大的欧洲产生当代民族建设话语提供了独特见解。通过详细重建与特定事件有关的讨论，该书还提供了新的经验性证据，用以证明前南地区的后社会主义时期过渡、冲突的和解、民主化以及欧洲一体化所面临的影响与挑战。该书通用的分析框架将社会学和语言学的方法创新地结合到知识分子的复杂定位中，可以很容易地应用于分析知识分子对时事和一般公共生活的参与。

【目录】

三、《从人民到民族：一部东欧史》（*From Peoples into Nations: A History of Eastern Europe*）

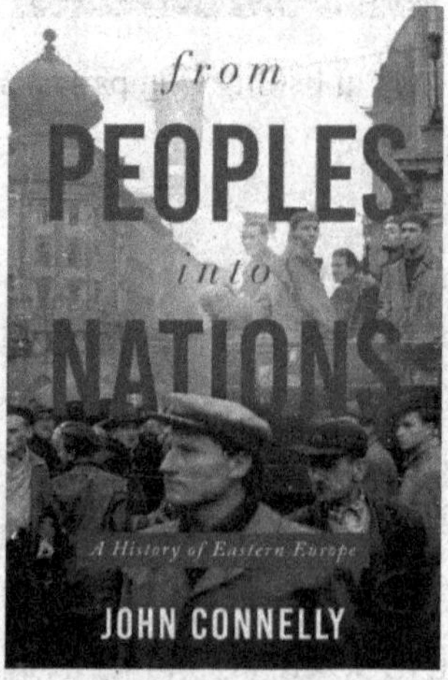

【出版社】Princeton University Press, Princeton, New Jersey

【ISBN】9780691167121

【出版时间】2020年

【作者】John Connelly

【主要内容】18世纪80年代，哈布斯堡王朝约瑟夫二世颁布法令，宣布德语将成为王国的语言。他意图将自己庞大而分散的领地建立成一个统一的国家，但这一举动却产生了相反的效果，导致匈牙利、捷克与其他主体之间出现了相互竞争的民族主义，他们担心自己的语言和文化将会消失。在对于18世纪末以来的东欧广阔的历史叙述中，约翰·康纳利将该地区各族人民的故事联系了起来，深刻地阐述了他们对于过去的共同理解。

古代历史上的入侵和移民使该地区成为一个文化多样性的地区，斯洛伐克人、波斯尼亚人和无数其他民族在这一拼凑的土地上比邻而居，要求民族自治的呼声往往在相互交织的种族之间产生了血腥的影响。康纳利追溯了民族主义在波兰、奥匈帝国以及奥斯曼帝国的崛起；第一次世界大战后建立的新国家，后来被纳粹帝国和苏联集团吸收；共产主义崩溃后，民主和分离主义运动重新出现；以及整个地区最近民粹主义政治的兴起。

由于这种动荡的共同经历，东欧人对历史的不稳定性有着敏锐的感知能力：他们知道国家不是永恒的，而是变动不居的。

【目录】

四、《中世纪波斯尼亚与东南欧关系：亚得里亚海十字路口的政治、宗教与文化生活》（*Medieval Bosnia and South-East European Relations: Political, Religious, and Cultural Life at the Adriatic Crossroads*）

【出版社】Amsterdam University Press, Amsterdam
【ISBN】9781641890229
【出版时间】2019年
【编者】Dženan Dautović, Emir O. Filipović and Neven Isailović

【主要内容】在地理和历史意义上，亚得里亚海的达尔马提亚海岸及其广阔的巴尔干腹地是中世纪欧洲不可分割的一部分。然而，由于语言问题与资料来源的匮乏，整个地区很大程度上为西方史学界所忽视。这部颇具特色的著作出自一批新生代中世纪史学者之手，他们正致力于弥补这种叙述缺失。 作为一个内陆小国，中世纪的波斯尼亚努力地保持了它的个性，其特点是宗教多元化以及自身古老习俗的持续存在。但是它处于这样一个区域的中心位置：坐落于东西方之间，天主教和东正教之间的边界划分贯穿着中世纪。这意味着它受到了这一文明鸿沟双方的深刻影响，并在政治和文化上受到威尼斯共和国、匈牙利王国和拜占庭帝国的影响。

【目录】

五、《谁是敌人?：重新思考塞尔维亚与阿尔巴尼亚关系》（*Rethinking Serbian-Albanian Relations: Figuring Out the Enemy*）

【出版社】Routledge, London and New York

【ISBN】9781138574830

【出版时间】2019年

【编者】Aleksandar Pavlović, Gazela Pudar Draško and Rigels Halili

【主要内容】通过重新考察该地区过去与当下的事件，本书审查并解释了一些共同的观点、思想及传统，对传统的塞族—阿族敌对概念提出了挑战。作者提出了以批判为导向的倡议和替代方案，以阐明一系列关系和观点。

该书的主要目的是厘清塞尔维亚人和阿尔巴尼亚人之间的矛盾关系，即理解其起源和所涉及的参与者，并找到处理这种仇恨的方法。来自塞尔维亚、科索沃和阿尔巴尼亚的学者和知识分子将敌对情绪作为塞尔维亚人或阿尔巴尼亚人关于“他者”的长期话语建构的结果，研究了这种话语从18世纪至今的起源、传播渠道、代理人以及媒介。通过追溯两个族裔政治分歧的根源，当今的实践与行动使研究者能够重新思考相互持有的负面看法，并进一步找寻共有的历史元素。过去和当下合作的事例被用来对这个社会进行批判性分析。

该跨学科著作综合了史学、文学、社会学、政治、人类学以及哲学的分析和研究方法，也将会引起社会学、政治学、文化研究、历史学或人类学领域的研究人员的兴趣，也符合从事斯拉夫和东欧研究学者的研究旨趣。

【目录】

Nationalist Barriers / Armanda Hysa

Chapter 11 Cultural Heritage in Kosovo: Strengthening Exclusion through Inclusive Legislation / Jelena Lončar

Chapter 12 "Face to Face": Serbian-Albanian Cultural Cooperation in the Media / Ana Birešev

Chapter 13 The Community of the Dispossessed: Women's Peace Coalition / Adriana Zaharijević

六、《黄星、红星：共产主义之后的大屠杀记忆》（*Yellow Star, Red Star: Holocaust Remembrance after Communism*）

【出版社】Cornell University Press, Ithaca, NY

【ISBN】9781501742408

【出版时间】2019年

【作者】Jelena Subotić

【主要内容】该书探讨了为什么关于大屠杀的记忆仍然如此困扰（被忽视、挪用、混淆）着整个东欧。叶莲娜·苏博蒂奇（Jelena Subotić）认为，作为加入欧盟的一部分，东欧国家必须参与到西方所建立的大屠杀叙事中来，并为之作出贡献。这一要求在后共产主义国家造成了焦虑和不满：关于大屠杀的记忆取代了关于共产主义的记忆，成为东欧的主流叙事，二战中犹太人的苦难成为焦点。后共产主义国家试图通过推行纪念大屠杀的新策略来调和这两种记忆，并在此过程中影响了欧洲自身的政治记忆和立法。

本书详细介绍了塞尔维亚、克罗地亚和立陶宛的大屠杀纪念活动，并将讨论范围扩大到其他东欧国家。这本书展示了该地区各国如何利用大屠杀纪念活动作为解决其当代“不安全感”的政治策略，这些不安全感源自其身份、国际地位以及与其他国际行为者之间的关系。正如苏博蒂奇的结论所言，无论是在共产主义时期还是之后，东欧的大屠杀记忆从来都不是关于大屠杀的，也并不是在回忆过去，而是为了在一个动荡不定的世界中处理民族认同问题。

【目录】

Contents

七、《关于民族主义的辩论：民族的全球传播》(*Debating Nationalism: The Global Spread of Nations*)

【出版社】Bloomsbury, London

【ISBN】9781350098107

【出版时间】2020年

【作者】Florian Bieber

【主要内容】本书简明扼要的引言概述了自18世纪后期以来民族主义在全球的兴起和传播。通过对关键议题以及现有学术的反思，本书为追踪现代民族的出现提供了个案研究和基本资料，并解释了民族主义如何引发了认同冲突、威权政治、民粹运动等现象。

本书超越了西欧的视野，运用了一个包容各方的视角来探讨民族主义如何在民族国家中展现自己，并如何在过去300年中影响了一系列的政治意识形态。在民族主义研究领域之内，本书主要讨论了诸如民族起源、巩固民族的机制与参与者以及种族冲突的动态。通过运用历史透镜来阐明当代问题，本书还讨论了现代新民族主义中移民、多样化、威权政治等问题。

本书专辟一章并附有术语词汇表，作为关键辩论和进一步阅读的指南，以帮助学生全面理解民族主义的历史。

【目录】

八、《捷克与东南欧国家和民族的关系》（*Czech Relations with Nations and Countries of Southeastern Europe*）

【出版社】Srednja Europa, Zagreb
【ISBN】9789538281082
【出版时间】2019年
【作者】Ladislav Hladky等

【主要内容】本书由捷克著名历史学家拉迪斯拉夫·赫拉基（Ladislav Hladky）主编，最初于2010年在捷克出版。本书简明而全面地展现了中世纪至今捷克与东南欧各国和各民族之间的交往与联系的图景。本书的最大价值之一是除了政治和经济交往之外，还非常关注文化交往，而文化交往在捷克与东南欧关系史上常常起着关键的作用。几个世纪以来，捷克人通过各种活动为东南欧的文化和经济福祉作出了巨大贡献，并在科学和新闻工作中促进了国内外有关该地区的信息交流。

【目录】

九、《巴尔干的妇女与工业：南斯拉夫纺织业的兴衰》（*Women and Industry in the Balkans: The Rise and Fall of the Yugoslav Textile Sector*）

【出版社】Bloomsbury, London

【ISBN】9781784539603
【出版时间】2019年
【作者】Chiara Bonfiglioli

【主要内容】妇女通过生产劳动获得解放是二战后南斯拉夫社会主义政治的重要宗旨。铁托领导下的大规模工业化使得许多年轻妇女加入传统的“女性化”行业。因此，纺织业迅速发展，迅速成为工业化、消费主义和社会主义现代性的性别化象征。 到20世纪80年代，南斯拉夫已成为世界领先的纺织品和服装生产国之一。但是，1991年南斯拉夫的解体导致工厂破产关闭和裁员，迫使成千上万的制衣业工人进入不稳定且常常是剥削性的私营部门工作。这本书利用对制衣工人60多次的口述史访谈材料，以及在克罗地亚、北马其顿、塞尔维亚、波斯尼亚—黑塞哥维那和斯洛文尼亚收集的工厂期刊和当代新闻材料，首次描绘了南斯拉夫纺织部门的兴衰以及后社会主义过渡时期的影响。在这一论述过程中，本书探讨了社会主义记忆、对社会主义福利制度的眷恋之情以及后社会主义时代的复杂性等更广泛的问题。是一部所有从事南斯拉夫和巴尔干历史和政治、口述史、记忆研究和性别研究的学者的重要读物。

【目录】

十、《档案之外的游击队：追溯南斯拉夫人民解放斗争中的艺术与记忆的断裂》（*The Partisan Counter Archive: Retracing the Ruptures of Art and Memory in the Yugoslav People's Liberation Struggle*）

【出版社】De Gruyter, Berlin

【ISBN】9783110682069

【出版时间】2020年

【作者】Gal Kirn

【主要内容】在南斯拉夫解体仅几十年之后，实现欧洲式民主的希望似乎仍然是脱节的。曾经战胜法西斯主义的共同记忆变成了什么？后南斯拉夫背景下的历史修正主义和民族主义宣传试图消除游击队和社会主义斗争的遗产，而南斯拉夫怀旧风则将游击队或社会主义的过去商品化。针对这些占主导地位的“档案”，该书发起了“非档案”的游击队研究。突出强调艺术作品有力的象征性作用，这些艺术作品反映并预见了游击队遗产的传承与破裂。它包含了一系列在人民解放斗争时期或在其后的社会主义时期出现的作品，追溯了非档案的遗存和革命性遗产，从而创造了记忆和纪念的替代礼仪。本书涵盖了丰富的非档案资料：从游击队诗歌、绘画作品和摄影作品到纪念碑和电影，结尾阐述了最近的修正主义对游击队历史的解构。本书为南斯拉夫政治美学的“被压迫者的历史”作出了贡献，它从历史中为当下汲取革命性的资源，构建了南斯拉夫“被压迫者的历史”的政治美学，来代替对游击队历史的回溯。

【目录】

十一、《南斯拉夫制造：流行音乐研究》（*Made in Yugoslavia: Studies in Popular Music*）

【出版社】Routledge, London and New York

【ISBN】9781138489530

【出版时间】2020年

【作者】Danijela Š. Beard and Ljerka V. Rasmussen

【主要内容】本书从历史、社会学、音乐理论方面全面介绍了20世纪到21世纪（前）南斯拉夫地区的流行音乐。本书各章由诸位著名学者撰写，涵盖了这一地区主要的音乐人物、音乐风格以及社会背景。通过探讨音乐在南斯拉夫艺术、文化、社会运动、国家话语中所扮演的角色，本书提供了一个对东欧关键区域进行学术分析的重要路径。导言概述了南斯拉夫流行音乐的概况和背景，其后分为四个专题章节：娱乐流行音乐，摇滚、朋克及新浪潮，民谣与新民谣，社会主义下的流行乐政治。

【目录】

十二、《帝国怀旧：新奥斯曼主义政治》（*Nostalgia for the Empire: The Politics of Neo-Ottomanism*）

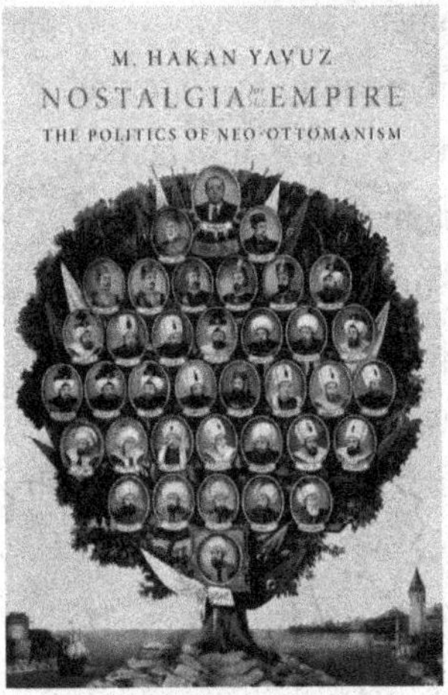

【出版社】Oxford University Press, Oxford

【ISBN】9780197512289

【出版时间】2020年

【作者】M. Hakan Yavuz

【主要内容】让国家再次伟大是民族主义独裁者鼓吹的主题。在那些曾经经历过大帝国时代的国家里，民族主义政客往往会追忆那个黄金时代。在本书中，M.哈坎·亚武兹（M. Hakan Yavuz）聚焦于这一趋势是如何在土耳其发展起来的，该民族在一个世纪前失去其帝国，现在正在被一个利用对奥斯曼帝国时代的怀旧情绪来巩固其统治的民族主义独裁者所统治。

亚武兹深入探讨了土耳其各群体对奥斯曼怀旧情绪的社会与政治起源。通过探索土耳其社会的某些部分为何以及如何选择性地将奥斯曼帝国带回到公众意识中，亚武兹追溯了关于奥斯曼帝国的记忆是如何变化的。他通过20世纪40年代到21世纪土耳其的文学、主流历史书籍和其他文化产品来说明这种转变。他发现土耳其文学存在两个关键方面：一方面，是对阿塔图尔克领导下的雅各宾派现代化的批判；另一方面，是作为替代性政治语言追寻奥斯曼帝国的过往。

【目录】

征稿启事

《巴尔干研究》是首都师范大学文明区划研究中心创办的学术辑刊。本辑刊的宗旨是创立致力于推进中国巴尔干学发展的学术交流平台，促进中外巴尔干研究最新学术成果的传播，推动中外巴尔干研究机构、研究人员之间的学术对话。

本辑刊侧重从历史与现实的双重视角来解读巴尔干的方方面面，内容主要分为三大类，包含历史研究、热点追踪和信息传递。辑刊同时收录中英文稿件，每年一辑。每辑都围绕一个主题征稿，主题的设定围绕巴尔干地区关注的问题和外界聚焦巴尔干的领域。

本辑刊第三期的主题是“百年变局下的巴尔干”，计划于2022年年底出版，现面向广大致力于巴尔干研究的中外学者、专家征文。要求如下：

一、请围绕主题写作，文字精练，每篇稿件字数在8000—15000字。

二、关于论文格式，中文稿件请参照《中华人民共和国新闻出版行业标准》的编辑技术规范，或通过邮箱获取范本。

三、为便于读者阅读，中文稿件请提供300—500字的中英文摘要，英文稿件请提供1000词的英文摘要，并都提供3—5个关键词。

四、请写明作者的真实姓名、性别、出生年、籍贯、单位、职务、职称、通信地址、邮编、联系电话、联系邮箱等信息。

第三辑的征稿截止日期为2022年9月30日。

收稿邮箱：civillized@163.com

联系地址：北京市西三环北路105号首都师范大学本部文明区划研究中心

邮编：100048

联系电话：010-68901620

联系人：李建军

首都师范大学文明区划研究中心

2021年12月1日